Der Mariendom Linz

Glaube, Gesellschaft, Kunst, Kultur

Der Mariendom Linz

Glaube, Gesellschaft, Kunst, Kultur

Herausgegeben von Pro Mariendom aus Anlass 100 Jahre Domweihe 1924–2024

Redaktion: Josef Wallner

Wagner Verlag

Mit Unterstützung von:
Katholischer Pressverein der Diözese Linz
Preßverein Salzkammergut Privatstiftung
Amt der Oö. Landesregierung, Direktion Kultur und Gesellschaft, Abteilung Kultur

Bibliografische Information der Deutschen Bibliothek
Die Deutsche Bibliothek verzeichnet diese Publikation in der Deutschen Nationalbibliografie; detaillierte bibliografische Daten sind im Internet über https://dnb.de/ abrufbar.

Herausgeber und Eigentümer: Pro Mariendom, DomShop Linz GmbH, Herrenstraße 26, A-4020 Linz

Wagner Verlag: DDr. Helmut Wagner, Harrachstraße 7, A-4020 Linz, office@wagnerverlag.at, wagnerverlag.at
Redaktion: Mag. Josef Wallner
Gestaltung: Studio Kehrer, A-4100 Ottensheim, studiokehrer.at
Lektorat: Wort-Treffpunkt, Mag. Dr. Eva Drechsler, Schießstättengang 16, A-4060 Leonding
Druck: Salzkammergut Druckerei Mittermüller, A-4810 Gmunden
ISBN 978-3-903040-78-6
Linz 2024

Inhalt

Dombau in stürmischer Zeit 8

Ein Dom für den Bischof 28

Ein Dom zum Glauben und Feiern 70

Ein Dom zum Schauen 108

Ein Dom zum Hören 138

Ein Dom geht zu den Menschen 166

Ein Dom für Stadt und Land 174

Ein Dom als ewige Baustelle 198

Wem gehört der Mariendom? 228

Liebe Leserin, lieber Leser!

Wer den Mariendom betritt, ist beeindruckt von seiner Größe. Der weite Raum zieht in seinen Bann. Die größte Kirche Österreichs fasst 20.000 Menschen. Die Zahl hat ihren Reiz, aber kirchliche Mega-Events sind selten geworden. Doch: Wenn schon nicht zu einer einzigen Veranstaltung, in den Mariendom kommen Tag für Tag unzählige Menschen, einzeln und in Gruppen. Das Gotteshaus mit seiner Länge von 130 und seiner Breite von 60 Metern ermöglicht es, dass jeder und jede darin seinen/ihren Platz finden kann.

Da sind die Gläubigen, die täglich zur Eucharistiefeier kommen. Da sind die Touristen, die sich von der architektonischen Qualität des neugotischen Gebäudes angesprochen fühlen. Da sind jene, die beim Rudigierportal „hereinhuschen" und bei der Pilgermadonna ein Licht anzünden. Nicht vergessen werden dürfen die Mitglieder der Dompfarre, für die der Mariendom Pfarrkirche ist. Und gar nicht so klein ist die Zahl derer, welche die Musik im Dom anzieht bei kirchlichen Hochfesten und zu Konzerten. Die Aufzählung, die sich noch lange fortsetzen ließe, macht klar: Dank seiner Weite kann der Mariendom ganz unterschiedlichen Menschen Platz geben, zum Ort der Gastfreundschaft werden, wo jeder und jede willkommen ist und sich niemand zu erklären braucht.

Ebenso beeindruckend wie die Größe ist die Höhe des Gotteshauses: 30,5 Meter ragt das Hauptschiff empor. Auch diese Höhe enthält eine Botschaft. Sie zieht den Blick nach oben. Die großen Glasflächen der mehr als hundert bemalten Fenster erschließen Baugeschichte, religiöse Zentren und die Heilsgeschichte. Sie regen an, nach oben zu schauen. Im Brief des Apostels Paulus an die Kolosser heißt es: „Seid ihr nun mit Christus auferweckt, so strebt nach dem, was oben ist, wo Christus zur Rechten Gottes sitzt! Richtet euren Sinn auf das, was oben ist, nicht auf das Irdische!" (Kol 3,1–3). Das kunstvoll gemauerte Gewölbe belohnt ebenfalls den Blick in die Höhe.

Länge, Breite und Höhe machen den Mariendom zu einem beachtlichen Bauwerk; es fehlt noch das Betrachten der Mitte. An der Kreuzung von Querschiff und Langschiff – in der Vierung – befindet sich der Ort, wo an den Sonntagen und Hochfesten des Kirchenjahres Eucharistie gefeiert wird. Ohne diese Mitte bliebe der Dom leer.

Anlass für die Herausgabe dieses Buches ist das 100-Jahr-Jubiläum der Domweihe: Am 1. Mai 1862 begann man – initiiert von Bischof Franz Joseph Rudigier – mit dem Bau; 62 Jahre später konnte er mit den Feierlichkeiten der Domweihe von 28. April bis zum 1. Mai 1924 abgeschlossen werden. Das Buch will die Freude über das Fest der Weihe spürbar werden lassen. Maria Empfängnis-Dom, Neuer Dom oder Mariendom: Alle drei Bezeichnungen sind gebräuchlich, im Buch werden auch alle drei verwendet. In den letzten Jahren hat sich Mariendom durchgesetzt.

Die einzelnen Beiträge wollen Sie, liebe Leserin, lieber Leser, durch den Mariendom führen – kreuz und quer –, und Sie einladen zum Schauen, Entdecken und Weiterdenken. Manches Detail wird auch den Kennern des Doms neu sein, manche Beschreibungen, wie die Entstehung des neuen Altarraums oder des Domcenters, finden sich hier zum ersten Mal veröffentlicht. Die Artikel sind eine Fundgrube für Details, aber auch für die großen Linien des

Verstehens, welche Botschaften der Mariendom vermittelt – angefangen von der Krippe in der Krypta, über die Glasfenster, den Altarraum, hinauf zu den Glocken und bis zum zweithöchsten Turmhelm Österreichs.

Bischof Dr. Manfred Scheuer geht dem Gedanken über die Bedeutung des Doms für die Diözese nach, Landeshauptmann Mag. Thomas Stelzer würdigt jene für das Land Oberösterreich und Bürgermeister MMag. Klaus Luger streicht die Bedeutung für die Stadt Linz heraus. Der Dom ist ein besonderes Haus der Gottesbegegnung. Deshalb nehmen kirchliche Feiern und das Leben der Dom-Pfarrgemeinde sowie persönliche Erlebnisse einen privilegierten Raum in diesem Buch ein.

Allen 35 Autor:innen sei ein großes Danke für ihre Beiträge ausgesprochen. Wenn Sie, liebe Leserinnen und Leser, ein und dasselbe Faktum auch in einem anderen Artikel wiederfinden, sehen Sie das nicht als unnötige Dopplung an, sondern als Rufzeichen, das Aufmerksamkeit erwecken will. Es gibt rund um die Jahrzehnte lange Geschichte des Dombaus Ereignisse, die jede Generation und jeden Einzelnen immer wieder neu zum Staunen bringen. Und das will eben erzählt werden.

Einen besonderen Charakter verleihen dem Buch die großformatigen Aufnahmen des Fotografen Volker Weihbold. Seine Bilder sind das Ergebnis intensiver, jahrelanger Beschäftigung mit dem Mariendom. Sie lassen seine persönliche Beziehung zum Bauwerk spüren. Danke für diese Fotos.

Zur Bebilderung hat auch das Diözesanarchiv mit seinem Direktor Dr. Klaus Birngruber und seiner emeritierten Direktorin Dr. Monika Würthinger wesentlich beigetragen, ebenso wie der Fachbereich Kommunikation der Diözese Linz und das Team von Pro Mariendom. Für alles Engagement Ihnen und den Fotografen, welche die Aufnahmen gemacht haben, herzlichen Dank.

Weit über seine Aufgaben als Verleger hinaus hat sich DDr. Helmut Wagner um das Buch über den Mariendom angenommen. Zu seinem Team gehört als Lektorin Mag. Dr. Eva Drechsler. Beiden ein von Herzen kommendes Dankeschön ebenso wie dem Grafiker Mag. Ulrich Kehrer.

Ein Meilenstein in der Geschichte des Mariendoms waren in den vergangenen Jahren die Renovierungsmaßnahmen: des gesamten Turmhelms, der Krippe, der Mosaike und der Glasfenster. Deren Sanierung wird noch weitere Jahre in Anspruch nehmen. Altlandeshauptmann Dr. Josef Pühringer als Vorsitzender des Beirates von Pro Mariendom und die Dombauhütte wissen von dem vielen Einsatz und dem Einsatz der Vielen, den die Renovierung erforderte und weiterhin erfordert.

Allen Mitgliedern und Mitarbeiterinnen und Mitarbeitern von Pro Mariendom und besonders allen Spenderinnen und Spendern ein ganz herzliches Vergelt's Gott. Sie tragen dazu bei, dass der Mariendom auch in den kommenden hundert Jahren ein ansprechendes und einladendes Gotteshaus bleiben kann.

Johann Hintermaier	Josef Wallner
Bischofsvikar	*Redakteur des Buches*
und Domkustos	*„Der Mariendom Linz"*

Dombau in stürmischer Zeit

Franz Rohrhofer

Knapp siebzig Jahre wurde am Mariendom geplant und gebaut. Jede Bauphase hatte ihre besondere Herausforderung. Der Journalist und Historiker Franz Rohrhofer zeigt auf, was Jahrzehnt für Jahrzehnt an Widrigkeiten zu bewältigen war, bis der Dom 1924 geweiht werden konnte.

Zeitsprünge

Am Linzer Maria-Empfängnis-Dom wurde von der Grundsteinlegung bis zur endgültigen Weihe 62 Jahre lang gebaut. Gemessen an den Domen des Mittelalters war diese eine kurze Bauzeit. Selten ist jedoch ein Dombau in solch stürmischen Zeiten mit Umbrüchen und Zeitsprüngen in allen öffentlichen und privaten Bereichen, im Staat, in der Wirtschaft, in der Gesellschaft und nicht zuletzt in der katholischen Kirche bewältigt worden.

1855 wurde dem jungen Kaiserpaar in Wien, Franz Joseph und Elisabeth, das erste Kind geboren, 70 Jahre später war das Haus Habsburg Geschichte.

Mitte des 19. Jahrhunderts baute Franz Joseph I. sein absolutistisches Herrschaftssystem aus, wählen durften nur privilegierte Schichten. 1920 machte die Republik ihre ersten, unsicheren Schritte, und wählen durfte jetzt jeder, auch die Frauen.

1855 gab es den sogenannten 1. Krimkrieg zwischen Russland und dem Rest Europas, der mit einem Friedensschluss endete. Krieg galt als probates Mittel der Politik. 1918 ging ein Weltkrieg zu Ende, und die Politik versagte; der Friede war brüchig, und der nächste Weltkrieg zog herauf.

Zur Zeit des Baubeginns des Doms gab es noch keine deklarierten politischen Parteien, nur weltanschauliche Strömungen. Im 20. Jahrhundert sollten sich politische Parteien blutig bekriegen.

Im 19. Jahrhunderte schuf die beginnende Industrialisierung Arbeitsplätze für breite Schichten der landwirtschaftlich geprägten Bevölkerung. Hundert Jahre später führten die Arbeitsbedingungen in den „seelenlosen“ Massenbetrieben zu heftigen Klassenkämpfen.

1855 fuhr erstmals eine dampfbetriebene Lokomotive von Linz nach Lambach. Um 1920 begann der Siegeszug des Automobils als beherrschendes Verkehrsmittel der Zukunft.

1855 freute sich ein bescheidener Schulgehilfe in Linz namens Anton Bruckner über die Berufung zum Domorganisten. 1924 wurde von eben diesem Musikgenie zur Domweihe die D-moll-Messe aufgeführt.

Und nicht zuletzt: In Rom herrschte im 19. Jahrhundert ein Papst, der sich in Glaubensfragen als unfehlbar erklärte, und in einem Konkordat zwischen Österreich und dem Heiligen Stuhl wurde die Dominanz der Kirche im Staat bestätigt. Im 20. Jahrhundert sollte der schmerzliche Weg der Kirche aus der unheilvollen Verflechtung mit den Mächtigen im Staat mühevoll vollzogen werden.

Dass vor diesem turbulenten Hintergrund ein Dom in nicht einmal siebzig Jahren erbaut und vollendet werden konnte, ist eine historische Leistung. Sie ist den prägenden Persönlichkeiten dieser Epoche, den Bischöfen, Dombaumeistern und ihren Mitarbeitern, vor allem aber der Bevölkerung von Linz und Oberösterreich zu danken. Sie hat Opfer in wirtschaftlich und sozial belastenden Zeiten gebracht und durfte sich zu Recht über die Vollendung und die festliche Weihe ihres Doms vor hundert Jahren freuen. Von diesen Menschen handelt diese Darstellung der Geschichte des Linzer Dombaus, nicht in einer lückenlosen Chronologie, sondern orientiert an markanten Daten und Jahreszahlen, die den Zugang zu den einzelnen Bauphasen erleichtern sollen.

Grußkarte mit Idealansicht des „Maria Empfängnis-Doms“ nach dem Entwurf von Vincenz Statz.

13. April 1855
Bischof Rudigier verkündet den Baubeschluss

Für die Geschichte des Mariendoms in Linz ist Freitag, der 13. April 1855, ein entscheidendes Datum. Bischof Franz Joseph Rudigier gab an diesem Tag in einem Hirtenbrief seinen Beschluss bekannt, in seiner Bischofstadt Linz eine großartige Kirche bauen zu wollen, die zugleich Domkirche werden sollte. Und sie sollte der Unbefleckten Empfängnis der Gottesmutter Maria geweiht werden.

Zwei Jahre war der Vorarlberger Kirchenmann Franz Joseph Rudigier nun schon Bischof in der oberösterreichischen Landeshauptstadt. Es war Zeit, sein besonderes Anliegen Realität werden zu lassen. Ein Dom in Linz sollte ein Zeichen setzen in mehrfacher Weise.

Kirchenpolitisch ging die katholische Kirche daran, nach den Wirren der Aufklärung und dem Aufkommen des Liberalismus Einfluss und Macht zurückzugewinnen. Seit dem Revolutionsjahr 1848 war Pius IX. Papst in Rom. Er setzte sich aktiv gegen die Strömungen der Zeit zur Wehr und verkündete in seinem langen Pontifikat bewusst Glaubenssätze, die jeden Widerspruch ausschalten sollten: Die Dogmen über die Empfängnis Mariens ohne Erbsünde und die Unfehlbarkeit des Papstes in Glaubens- und Sittenfragen. Im Syllabus errorum verurteilte er 80 Aussagen der Zeit als falsch. Im Ersten Vatikanischen Konzil versuchte Pius IX. den politischen Machtverlust des Kirchenstaates durch eine Demonstration der Einheit der Kirche wettzumachen. Ein großer Dombau als Symbol einer erstarkten Kirche in Linz konnte von diesem Papst nur mit Wohlwollen aufgenommen werden.

Franz Joseph Rudigier sah sich im Einklang mit den Zielsetzungen des Papstes. Er hatte im Priesterseminar in Brixen studiert, das als besonders romtreu galt. Bei seinem Amtsantritt in Linz hatte er in einem Hirtenbrief klargestellt, er werde „dem römischen Papste mit kindlicher Hingabe bis zum letzten Lebenshauche in allem, was die Religion betrifft, auf´s treulichste gehorchen“. Zeit seines Lebens kämpfte Rudigier daher gegen das liberale Weltbild an. Als Mitglied des oberösterreichischen Landtags, dem er von Amts wegen angehörte, kritisierte er immer wieder scharf die liberale Gesetzgebung. Er riskierte sogar eine Haftstrafe wegen Störung der öffentlichen Ordnung, nachdem er in einem Hirtenbrief gegen die staatlichen Ehe- und Schulgesetze protestiert hatte.

1855 hatte ein Konkordat zwischen dem Heiligen Stuhl und der Habsburger-Monarchie die Stellung der Kirche in Fragen der Eheschließung und des Schulunterrichts gestärkt und ihr einen dominierenden Einfluss gesichert. Dass dieses Konkordat in der Praxis durch die liberale Gesetzgebung ausgehöhlt wurde, schmerzte den Bischof. Durch einen großartigen Kirchenbau hoffte er auch nachweisen zu können, dass das Kirchenvolk des Erzherzogtums ob der Enns hinter seinem Bischof und dessen Zielen stand. Dass er als ehemaliger Hofkaplan in Wien den jungen Erzherzog und Thronfolger Franz Joseph unterrichtet hatte, konnte seinem ehrgeizigen Vorhaben nur förderlich sein

Eine Kirche für den Bischof

Es gibt noch einen weiteren Grund, der Bischof Rudigier zum Beschluss eines Dombaus motivierte. Als er nach Linz kam, musste er feststellen, dass es keine Bischofskirche gab, die der wachsenden Bevölkerungszahl von Linz gerecht wurde. Die Stadtpfarrkirche am Pfarrplatz sollte offiziell Kathedralkirche sein, tatsächlich diente aber die frühere Kirche der Jesuiten als Bischofskirche; sie wird noch heute Alter Dom genannt. Rudigier war entschlossen, seiner Bischofstadt Linz einen eigenen Bischofsitz zu bauen, der sich auch nach außen deutlich von den Barockkirchen der Stadt unterscheiden sollte. Womit auch bereits eine Vorentscheidung zum Baustil des künftigen Gotteshauses gefallen war.

Die Chronik berichtet, dass der Entschluss des Bischofs, einen Dom zur Unbefleckten Empfängnis Mariens zu bauen, bei der Bevölkerung freudigen Anklang gefunden habe. „Ein schöner und großer Tempel soll in Linz entstehen und mit seinen majestätischen Hallen, mit seinen hochragenden Türmen und seinem erhabenen Gottesdienste eine fortdauernde Lobpreisung des großen Geheimnisses werden."

Ohne Kostenvoranschlag

Der Rückhalt in der Bevölkerung sollte sich in der fast 70-jährigen Baugeschichte des Linzer Doms als wichtiger Faktor herausstellen. Der Vorarlberger Rudigier dürfte sein Kirchenvolk in Oberösterreich richtig eingeschätzt haben. Er bestand darauf, dass die Finanzierung dieses riesigen Bauvorhabens vor allem aus Spenden erfolgen sollte. Damit der Dom eine Kathedrale für die ganze Diözese werde, sei das ganze Volk eingeladen mitzubauen. Jeder könne auch mit kleinen Spenden Mitglied des Dombauvereins werden. Der geringste Beitrag sei monatlich ein Kreuzer. Der Bischof verlangte von niemandem, dass er sich „wegen des Gebens wehe tue und wer wieder austrete, bekomme das Geld zurück". Rudigier rechnete ganz fest mit den kleinen Spenden, den „Marienpfennigen, wegen ihrer Menge und wegen des Segens, der auf ihnen ruht".

Wie sehr sich der Bischof auf die Spendenfreudigkeit der Oberösterreicher verließ, zeigt die Tatsache, dass er es ablehnte, für das Bauvorhaben einen Kostenvoranschlag einzuholen. So sollen auch die Dome des Mittelalters gebaut worden sein. Rudigier gestattete es jedenfalls seinem Dombaumeister nicht, eine Kostenberechnung zu erstellen. Als im oberösterreichischen Landtag Bedenken wegen der ungesicherten Vorgangsweise erhoben wurden, wurde der Bischof sehr deutlich: „In Betreff des Kostenpunktes wurde gesagt, der Bau sei auf sechs bis sieben Millionen Gulden präliminiert. Auf gar nichts ist er präliminiert. Ich gestatte nicht, dass ein Präliminare erstellt wird. Wir fangen nicht leichtfertig an. Wir fangen an, nachdem wir bereits einen schönen Fonds beisammenhaben. Wir bauen mit Gottes Hilfe solange, bis ausgebaut ist!"

Der Erfolg gab dem bischöflichen Bauherrn recht. Bereits in den ersten Jahren stieg die Zahl der Mitglieder des Dombauvereins auf 100.000. Für viele der Mitglieder aus dem ganzen Land war es der einzige Verein, dem sie angehören wollten. Der Bischof sagte dazu einmal: „In keiner Sache ist das Volk von Oberösterreich so einig wie in der Sache des Dombaus." Die Spenderinnen und Spender begnügten sich nicht mit Münzen und Bargeld. Sie schenkten auch Schmuck, Uhren, Ringe, Dosen oder Goldstücke und sogar Goldhauben. Geliefert wurde auch Baumaterial wie Steine, Kalk und Holz, die im Dombau verarbeitet wurden. Im Mai 1862 fuhren 32 zweispännige Wagen auf dem Bauplatz vor, beladen mit Steinen aus dem Raum Kremsmünster. Eine Spenderin hielt für sich fest: „Der Mutter meines Herrn gebe ich von Herzen gern!" Und manche Spende gründete auf einem Verzicht. So berichtet die Chronik: Ein Herr war gewohnt, täglich zwei Glas Bier zu trinken. Nach Gründung des Dombauvereins trank er nur mehr eins, die Ersparnis gab er dem Dombau!

Die Spendenfreudigkeit der Linzer und Oberösterreicher blieb eine tragende Säule der Finanzierung des Linzer Doms, auch in den wirtschaftlich schwierigen Jahren zu Beginn des 20. Jahrhunderts, als es galt, den von Bischof Rudigier initiierten Dombau zu vollenden!

Bischof Franz Joseph Rudigier mit Plan des neuen Linzer Doms, Buntglasfenster von Josef Kepplinger in der Pfarrkirche Gramastetten (1883).

1. Mai 1862
Der Grundstein wird gelegt

Für Bischof Franz Joseph Rudigier ist der Bau des neuen Doms ein Herzensanliegen. Um zur Grundsteinlegung am 1. Mai 1862 einzuladen, erlässt er einen eigenen Hirtenbrief. Es hat allerdings sieben Jahre gedauert, bis nach dem Beschluss zum Dombau eine erste Tat gesetzt werden konnte.

Bis im Fonds des Dombauvereins ausreichend Mittel vorhanden waren, mussten einige Jahre vergehen. Außerdem musste der passende Standort festgelegt werden, und hier gingen die Meinungen weit auseinander. Es gab Stimmen in der Diözese, die meinten, eine neue Kirche sei nicht notwendig und überflüssig. Ein Bau werde hundert Jahre dauern, und möglicherweise bleibe nur der Torso eines Gebäudes übrig. Eine gewichtige Stimme kam von einem angesehenen Habsburger Erzherzog, der in Oberösterreich lebte. Maximilian d'Este war bekannt als der Erbauer eines Festungsrings rund im Linz, die sogenannten maximilianischen Türme. Er meldete sich von seinem Wohnsitz in Schloss Ebenzweier in Altmünster zu Wort und schlug vor, die Stadtpfarrkirche als Kathedrale zu erweitern und daneben den Alten Dom als Pfarrkirche zu verwenden.

Doch Bischof Rudigier hatte trotz dieser prominenten Einwände seine Wahl längst getroffen. Bereits im Juli 1855, also wenige Tage nach dem Beschluss des Dombaues, hatte er festgehalten, „dass ihm das zwischen Baumbach-, Herren-, Wurm- und Hafnergasse liegend Carree als Dombauplatz sehr tauglich scheine und gefalle". Das bedeutete allerdings, dass Grundstücke eingelöst und Wohnhäuser abgerissen werden mussten, was ebenfalls seine Zeit brauchte. Die geplanten Ausmaße des neuen Doms machten jedenfalls einen bedeutenden Eingriff in das Linzer Stadtbild notwendig, sollte das Gebäude doch fast die gesamte Einwohnerzahl von Linz fassen können: Der künftige Dom sollte 410 Fuß lang und 207 Fuß breit sein, was eine Gesamtfläche von 34.000 Quadratfuß ergeben würde. Dies übertraf selbst die Ausmaße der Stephansdoms in Wien. Damit würde der Linzer Dom die größte Kirche Österreichs werden.

Als der Grundstein für den Linzer Dom gelegt wurde, zählte die Stadt rund 27.000 Einwohner. Das Gebiet südlich der Innenstadt war noch landwirtschaftlich genutzt. Nach Eröffnung der Elisabethbahn 1858 zeigten sich allerdings bereits eine verstärkte Siedlungstätigkeit und die Nutzung der Linzer Vorstadt durch erste Industriebetriebe. Der künftige Bauplatz für den Dom am Fuß des Bauernbergs war noch wenig verbaut. Man zählte 14 Gebäude, die meisten von ihnen konnten bis 1862 abgelöst und abgerissen werden. Eine einzige Hausbesitzerin im Südwesten des Areals weigerte sich beharrlich, erst 1901 konnte das Grundstück erworben werden. Der neue Dom ist aus diesem Grund nicht ganz zentral auf dem Areal platziert.

Ein Stein aus dem Heiligen Land

Nach den Wünschen Bischof Rudigiers sollte der neue Dom der Unbefleckten Empfängnis Mariens geweiht, der Grundstein diesem besonderen Motiv gewidmet sein. Hier kam als Ursprung dieses besonderen Steins nur das Heilige Land in Frage. Der Bischof hatte daher bereits am 16. Februar 1856 eine kleine Delegation unter Führung des Domkapitulars und Spirituals Kanonikus Joseph Strigl ins damalige Palästina entsandt. Die Gruppe umfasste 14 Teilnehmer, vorwiegend geistliche Herren, aber wohl aus gutem Grund auch einen Mediziner. Strigl hat während der beschwerlichen Schiffsreise fast täglich in Briefen an seinen Bischof berichtet und nicht verheimlicht, dass er von der Seekrankheit schwer heimgesucht wurde.

Im Heiligen Land wurde die Delegation fündig und konnte einen Stein mit passendem religiösem Hintergrund erwerben, der schließlich am 19. August 1857 in Linz eintraf und dem Bischof übergeben wurde. Kanonikus Strigl selbst zeigte sich von der Schönheit des künftigen Grundsteins für den Linzer Domes begeistert: „Weiß wie eine Lilie, gebrochen am Fuße des Ölbergs, nahe dem Grab Mariens, der Königin der Jungfrauen", schrieb er in seinem Reisebericht.

Diese Pilgerreise ins Heilige Land sollte nicht die letzte in der Baugeschichte des Linzer Doms gewesen sein. Am 24. April 1900 brachen 519 katholische Männer und Frauen unter der Führung des damaligen Diözesanbischofs Franz Maria Doppelbauer als oberösterreichischer Pilgerzug nach Jerusalem auf. „Eine mächtige Bewegung ergriff alle Schichten des Volkes, wie zur Kreuzfahrerzeit erweckte der Ruf ‚Gott will es!' ein Echo in tausenden Herzen." So schrieb der Chronist des Pilgerzuges, Friedrich Pesendorfer. Diesmal waren nicht nur geistliche Herren, sondern auch Laien und einfache Bürger der Stadt unterwegs.

Karte der Grundsteinlegungsfeier 1862 (links oben die Dombauvereinsfahne, rechts oben Ansicht des fertigen Domes).

Ein Fest für das ganze Land

Die Grundsteinlegung am 1. Mai 1862 sollte ein Fest für ganz Oberösterreich werden. Aus jeder Pfarre waren zwei Schulkinder stellvertretend für das Kirchenvolk eingeladen. Um das ganze Ausmaß des künftigen Doms deutlich zu machen, wurden auf dem Bauplatz die immensen Umrisse des Bauwerks durch Flaggenbäume, die durch Kränze verbunden waren, ausgesteckt. Beim heutigen Turmtor an der Baumbachstraße war ein Triumphbogen errichtet. „Die Teilnahme der Bevölkerung war eine ungeheure", schildert der Chronist.

Frau Ludowika Heyes, die einst als Kind an der feierlichen Grundsteinlegung hatte teilnehmen dürfen, hielt 1924 in der Dombau-Zeitschrift „Ave Maria" anlässlich der Domweihe ihre Erinnerungen fest: „*Ein sonnenheller Tag voll Blütenduft und Feierstimmung in aller Katholiken Herzen war der 8. Mai* [richtig: 1. Mai] *des Jahres 1862. Der Bauplatz für den jetzt schon bald vollendeten Mariendom war festlich geschmückt mit Fahnen und Kränzen, der Frühling lieh seine Blumenpracht, auch die Häuser in der Umgebung trugen Blumenzier. Schon am frühen Morgen war Tagwache, der Klang der Musik, welche durch die Straßen zog, weckte auch uns Kinder. Wir kamen uns so wichtig vor, galt es doch teilzunehmen an der Feier der Grundsteinlegung. Ein reges Leben begann in der Bischofstadt, die Kaufläden blieben geschlossen, dagegen sammelten sich Zünfte und Vereine mit ihren Fahnen und nahmen Aufstellung. Noch erinnere ich mich an viele Einzelheiten, wie mein Mütterlein mir mein einfaches weißes Kleidchen überwarf, wie sie mir das Blumenkränzchen ins Haar flocht und dann flog ich mehr als ich ging auf den Hauptplatz in Linz in das Institut, wo uns Frau Elise Friedwagner, die geliebte Vorsteherin, genau nach der Größe aufstellte, wie sie auch Worte der Weihe des Tages sprach und uns recht zur Andacht mahnte. Sie kannte ja den Wert eines wahrhaft frommen, ja mütterlichen Zuspruchs bei solchen Anlässen. Sie verstand es, in unseren Kinderherzen eine Festtagsstimmung zu wecken. Da gab's dann kein Schwätzen beim Einzug auf den Festplatz, denn ihr wachsames Auge überblickte streng die Schar ihrer Schützlinge.*"

Als 1862 der Grundstein gelegt und auf dem künftigen Bauplatz fröhlich gefeiert wurde, war für Bischof Rudigier die Entscheidung längst gefallen: Er hatte seinen Meister für seinen Dom gefunden!

26. September 1885
Das erste Bauwerk wird geweiht

Dombaumeister Vincenz Statz

Im September 1885 begeht die Diözese Linz ein großes Fest. Seit nunmehr hundert Jahren ist sie ein eigenes Bistum, nachdem sie auf Betreiben Kaiser Josephs II. aus dem Verband des Bistums Passau herausgelöst hatte werden können. Höhepunkt dieser Jubiläumsfeiern ist die feierliche Benediktion, also die Weihe des ersten vollendeten Baus des neues Mariendoms, der Votivkapelle mit dem Presbyterium, dem Altarraum.

1862 waren unmittelbar nach der Grundsteinlegung die Fundamente für den künftigen Dombau gemauert worden, Sie sollten möglichst lange Zeit haben, um mit dem Untergrund zu verwachsen und später die ungeheuren Lasten von Langschiff und Turm tragen zu können. Inzwischen war auch die Entscheidung gefallen, welcher Baustil verwirklicht und wer der entscheidende Dombaumeister werden sollte. Der Bischof hatte einen Baustil gewünscht, der sich von anderen Kirchen der Stadt unterscheiden sollte. Die Neugotik mit ihren aufstrebenden Bauelementen war in Deutschland in Nachahmung des Ideals aus dem Mittelalter sehr gefragt, und einer der angesehensten Baumeister dieses Stils war gerade frei. Sein Name war Vincenz Statz. Mit seinem Namen ist der Entwurf und der Bau des Linzer Mariendoms untrennbar verbunden.

Statz hatte sich in seiner Heimatstadt Köln und in Deutschland einen Namen als Baumeister zahlreicher gotischer Kirchen gemacht. 1858 wagte er den Schritt über die Grenze seiner Heimat und reichte in Wien Pläne für den Bau der Votivkirche ein. Diese sollte eine Gedenkstätte für das missglückte Attentat auf den jungen Kaiser Franz Joseph vom 18. Februar 1853 werden. Auf Betreiben von Erzherzog Ferdinand Maximilian, dem Bruder des Kaisers, später selbst unglücklicher Kaiser von Mexiko, sollten alle

Völker der Monarchie ihren Beitrag zur Finanzierung leisten. Die Stadt Wien steuerte 150.000 Gulden bei. So war es möglich, bereits nach 20 Jahren zur Silber-Hochzeit des Kaiserpaares die Votivkirche einzuweihen. Vincenz Statz erhielt für seine Pläne einen Anerkennungspreis, der erste Platz ging aber an den Architekten Heinrich Ferstel.

Linz statt Wien

Für den Kölner Statz sollte es trotzdem ein Erfolg werden. Der Wiener Kardinal Othmar Rauscher war von seinen Plänen so beeindruckt, dass er dem Linzer Bischof, der auf der Suche nach einem Dombaumeister war, empfahl, Statz einzuladen. Bischof Rudigier schrieb an Statz in Köln, dass „in Linz zur Verherrlichung der Immaculata ein großartiger Tempel erbaut werde, der zugleich auch Domkirche sein soll". Statz möge die Pläne dafür entwerfen. Damit war auch die Entscheidung zur Stilfrage gefallen. Statz galt eben als Meister der Neugotik.

1859 kam Statz mit seinen Plänen nach Linz. Bischof Rudigier zeigte sich von diesen Entwürfen so beeindruckt, dass er den Auftrag zum Bau ohne Änderungen erteilte. Statz setzte alles daran, den Dombau zu verwirklichen, und sandte seinen Kölner Bauführer Otto Schirmer als ständigen Mann vor Ort nach Linz. In einem Schreiben hält Statz fest: „Der hochwürdigste Bischof hat mir zu befehlen und gemäß Absprache soll mein bester Mann nach Linz kommen, um alles zu ermitteln. Den ganzen Winter könnte er dort zubringen, um mit den Leuten Contracte abzuschließen." Otto Schirmer wurde später nach dem Tod von Vincenz Statz selbst maßgeblicher Dombaumeister in Linz.

Die Baupläne wurden öffentlich ausgestellt und fanden auch bei bekannten Persönlichkeiten Zustimmung. Landeskonservator Adalbert Stifter schrieb in der „Linzer Zeitung": „Wenn nach diesen Plänen die Kirche vollendet wird, dann steht ein Kulturdenkmal von großer Bedeutung da, und wenn es einmal in dieser an Kunstwerken sehr armen Stadt prangt, dann sind nicht nur die Stadt und das Land, sondern das ganze deutsche Volk und die ganze gebildete Welt um ein hohes Werk reicher." Der steirische Erzherzog Johann sah den geplanten Dom ebenfalls positiv: „Wenn auch die Einrichtung etwas nüchtern gedacht erscheint, ist der Linzer Dom nach Anlage, Entwicklung und Ausführung ein ebenso großartiges, als vollendetes Werk und wird sich Oberösterreich eines Gotteshauses rühmen, welches wohl an die Seite der schönsten Dome der Monarchie und Deutschlands gestellt werden darf."

Der Bau kann beginnen

Nun konnte auf dem Bauplatz eine Dombauhütte errichtet werden. Es begann der Aushub für die Fundamentierung der Marienkapelle und der Krypta als erster Bauabschnitt. Verarbeitet wurden bereits 2.400 Kubikfuß Granit-Quader aus Kleinzell, 6.400 Kubikfuß Stein-Quader aus Kremsmünster und 600 Sandsteinquader aus dem eigenen Steinbruch Mais in Niederösterreich. 1868 war die Votivkapelle soweit aufgebaut, dass sie durch eine provisorische Wand abgeschlossen werden konnte. Am 26. September 1869 konnte Bischof Franz Joseph Rudigier als erste Station seines Doms die Votivkapelle weihen. Für diesen feierlichen Akt komponierte Anton Bruckner eine e-Moll-Messe, die im Freien aufgeführt werden musste, weil in der Kapelle zu wenig Platz war. Bruckner verzichtete deshalb auf den Einsatz von Streichern. In der Votivkapelle, der bereits eine kleine Sakristei angebaut war, konnten jetzt Gottesdienste abgehalten werden. Bisher fanden sie nur auf der Baustelle selbst statt.

Bis zum großen Diözesanjubiläum 1885 sollte nun das das Presbyterium, also der Altarraum bis zum Querschiff, fertiggestellt werden. 1874 war es eingedeckt, es folgte der Bau der Sakristeien. 1884 wurde die 95 Meter lange Galerie im Hochschiff fertiggestellt. Immer wieder galt es auch durch Spendenaufrufe die weitere Finanzierung des Dombaus sicherzustellen. Im Juni 1883 erging deshalb ein Aufruf an die Bevölkerung, zur Finanzierung der 25 Fenster des Hochchores und des Kapellenkranzes beizutragen. Im Dezember waren die Spenden für alle 25 Fenster eingegangen.

Das Vorhaben, bis zum Diözesan-Jubiläum eine fertige Kirche zu besitzen, gelang. Am 21. September 1885 wurde das Kreuz auf dem Dachgiebel des Hochschiffes gesetzt, am 26. September der Dom selbst geweiht und damit für Gottesdienste freigegeben.

Dem Gründer des Doms, Bischof Franz Joseph Rudigier, war eine Teilnahme an den Feierlichkeiten nicht mehr gegönnt. Er starb am 29. November 1884 und wurde als erster Bischof in der neuen Krypta unter der Votivkapelle beigesetzt.

9. Oktober 1901
Der Turm ist vollendet

Der 9. Oktober 1901 bot für die Linzerinnen und Linzer ein besonderes Schauspiel. An diesem Tag wurde das Kreuz auf die Turmspitze des neuen Doms gesetzt. Es fehlten dann nur mehr die Glocken im Turm. Damit war ein weiteres Kapitel in der Geschichte des Dombaus abgeschlossen.

Nach der feierlichen Weihe der Votivkapelle mit Presbyterium im Jahr 1885 lag der Gedanke nahe, gleich mit dem Bau des anschließenden Langschiffes weiterzumachen. Der neue Bischof Franz Maria Doppelbauer und das Dombaukomitee entschlossen sich aber zu einem ungewöhnlichen Schritt: Als Nächstes sollte der Turm am anderen Ende des künftigen Doms errichtet werden. Dadurch würde zwar über Jahrzehnte eine große Lücke zwischen der Votivkapelle und dem Turm klaffen. Der weite, leere Raum, so die Überlegung, würde aber sicher einmal ausgebaut werden, auch wenn ungünstige Zeiten den Dombau vorübergehend einmal zum Stillstand bringen sollten. Es gibt in der Geschichte genug Beispiele, dass Türme unvollendet blieben, weil sie als Letztes an die Reihe kamen. Das wollte man in Linz verhindern.

Ein Spitzenduell

So begann 1886 das schwierige Unterfangen, einen mächtigen Turm als sichtbares Zeichen für die ganze Stadt zu errichten. Der Bauplan sah vor, dass die Höhe des Turms der Länge des Doms entsprechen sollte, also deutlich über 130 Meter in die Höhe ragen musste. Nach den ersten Plänen hätte der Linzer Dom sogar den altehrwürdigen Stephansdom in Wien ein wenig überragt. Es gab das Gerücht, der Kaiser selbst habe eingegriffen, um dieses Missverhältnis zwischen Linz und der Kaiserstadt zu verhindern. Die Erklärung, warum der Linzer Turm zurückblieb, dürfte aber einfacher sein. Ursprünglich sollte laut Plan statt eines Kreuzes aus Metall eine höhere steinerne Kreuzblume die Spitze des Domturms zieren. Beim Bau entschied man sich für ein kleineres vergoldetes Kreuz. In den Christlichen Kunstblättern entbrannte sogar eine Diskussion zu dieser Streitfrage. Das glänzende goldene Kreuz behielt die Oberhand. Der mögliche Wettstreit mit Wien wurde dabei nicht einmal erwähnt. Der Linzer Domturm ragt also 134,8 Meter empor im Gegensatz zum Wiener Steffl, der es auf 137 Meter bringt. Das „Spitzenduell" endete zugunsten des alten Wiener Stephansdoms.

Stein um Stein

So arbeiteten sich die Handwerker und Steinmetze die vier Geschoße des Domturms hoch. Im Gegensatz zu ihren einstigen Kollegen im Mittelalter verfügten sie immerhin bereits über elektrisch betriebene Aufzüge, die Stein um Stein nach oben beförderten und die Arbeit erleichterten. Im Herbst 1901 konnte nach 15 Jahren der Schlussakt gesetzt werden. Am 26. September wurde die Mauerung der Turmspitze beendet, am 9. Oktober das Kreuz aufgesetzt. Es war 4,60 Meter hoch. Die Kugel, auf der das Kreuz sitzt und in der auch eine Chronik des Doms eingeschlossen war, maß allein 1,1 Meter im Durchmesser und wog 173 Kilogramm.

Nun wurde abgerüstet, und die Linzer warteten gespannt, wie sich der Turm, der sich jahrelang hinter dem Gerüst versteckt hatte, ungeschützt präsentieren werde. Wie würde sich das goldene Kreuz aus dieser Entfernung tatsächlich ausmachen? Solange es auf dem Boden zu besichtigen war, schien es vielen zu klein für diese Höhe, dann wieder zu groß für die schmale Turmspitze. Am 31. Dezember 1901 war der Turm vollständig abgerüstet und bot einen freien Blick auf das monumentale Bauwerk. Der Eindruck sei überwältigend, meinte etwa ein Autor in den Christlichen Kunstblättern vom Jänner 1902: „Wahrlich, Meister Statz, du hast ein großartiges Meisterwerk geschaffen! Unsere Zweifel sind alle gelöst. Unsere Besorgnisse haben sich alle in die reinste Befriedigung und Freude verwandelt. Und je öfter wir staunend vor dem Turme stehen, desto größer wird unsere Freude an dieser Schöpfung edelster gotischer Baukunst, an der alles Ebenmaß, alles Schönheit ist. *Kein Schatten, nur Licht!*

Domansicht mit dem ausgebauten Turm, ca. 1910.

Schönheit kostet: Der Turmbau verschlang immerhin rund 1.443.500 Kronen, die nach wie vor durch Spenden aufzubringen waren.

Die Arbeit an diesem riesigen Turm in schwindelnder Höhe war auch nicht ganz ungefährlich. So war man stolz, dass der Einsatz am Turm ohne große Unfälle glücklich beendet werden konnte. Wie leicht etwas passieren konnte, zeigte sich an einem Beispiel viele Jahre später. Am 21. Juni 2018 führte ein Arbeiter mit einer Kranhebebühne Reparaturarbeiten in 15 m Höhe aus. Dabei riss er mit der Bühne einen 3,5 m hohen Turm aus seiner Verankerung, der somit die Bühne bedrohte. Der Mann wurde gerettet, der Turm stürzte kurz darauf ab und zerschellte auf dem Boden. Auch hier hat der Segen von oben ein größeres Unglück verhindert

Die Glocken läuten elektrisch

Die feierliche Weihe des Domkreuzes folgte am 1. Mai 1902. Noch fehlten die Glocken. Sie konnten nach Fertigstellen des Glockenhauses erst im Dezember 1902 aufgezogen und aufgehängt werden. Dazu gehörte auch die große Glocke „Immaculata". In nur drei Stunden, so wird berichtet, war das gesamte Gehänge dank sechs Kränen und einer großen Zahl von Seilen an Ort und Stelle. Dabei wurde genau gemessen, wie weit der Turm selbst durch die Glocken in Schwingung geriet. Bei der kleinsten Glocke waren es noch 6 Millimeter. Je schwerer die Glocken waren, desto weniger kam der Turm in Schwingung. Das Jahrhundertwerk war gelungen.

Erstmals in Europa wurde für dieses Geläute eine elektrische Antriebsmaschine eingesetzt. Diese bewunderte auch Kaiser Franz Joseph, als er im Juni 1903 den Neuen Dom besichtigte. „Sie haben recht Großes geschaffen", lobte der Monarch, um dann die Frage zu stellen, die sich viele stellten: „Wie lange wird etwa noch am Dom gebaut werden müssen?" „Circa 20 Jahre unter den gegenwärtigen Umständen", antwortete Bischof Franz Maria Doppelbauer. Der Linzer Oberhirte sollte sich als guter Prophet erweisen.

5. März 1915
Bischof Hittmair stirbt, der Krieg bremst den Dombau

Gemäldefenster im Mariendom, Bischofsweihe Rudolph Hittmair.

Das Jahr 1915 brachte einen Tiefpunkt für den Bau des Linzer Mariendoms. Der große Förderer des Baugeschehens, Bischof Rudolph Hittmair, wurde ein Opfer seiner sozialen Hilfsbereitschaft und Fürsorge. Monatelang hatte er im Krankenhaus der Barmherzigen Brüder Krankendienst geleistet. Nach einem Besuch bei Kriegsgefangenen in Mauthausen erkrankte er an Flecktyphus und starb am 5. März 1915. Er war ein Opfer des Weltkrieges ebenso wie der Dom selbst, dessen Weiterbau jäh gebremst wurde. Die Hoffnung, im Jahr 1918 den Dom einweihen zu können, war geplatzt.

Dabei war noch nach der Jahrhundertwende alles nach Plan gelaufen. Das Langschiff wurde gleichzeitig mit den beiden Querschiffen in Angriff genommen. Die Fundamente waren schon vor Jahrzehnten verlegt worden, sodass mit dem Aufbau des Mauerwerks fortgesetzt werden konnte. Eine unerwartet günstige Zäsur stellte das Jahr 1909 dar. Der Dom bekam einen neuen Bauherrn. Bischof Doppelbauer war Ende 1908 gestorben. Er wurde in der Krypta des Doms beigesetzt.

Der neue Bischof Rudolph Hittmair erhielt bei seiner Ernennung von Papst Pius X. den ausdrücklichen Auftrag, den Dombau zu vollenden. Verstärkt wurde dieses Ziel noch durch die Tatsache, dass Hittmair selbst als erster Bischof die Bischofsweihe in seinem Dom erhielt. Und er widmete sich mit großer Begeisterung dieser Aufgabe: „Der Dombau ist der Liebling des gesamten Volkes der Diözese, der Stolz unseres Landes, ein Ruhm und eine Freude von ganz Österreich. Der Dom soll im Sturme erstehen. Im Sturm allgemeiner Begeisterung!“, schrieb der neue Bischof in einem Hirtenbrief.

Endlich eine Kathedrale

Zur Aufbruchstimmung trug auch bei, dass der neue, noch nicht fertige Dom schon jetzt die Funktion einer Kathedrale, also eines Bischofssitzes verliehen bekam. Das war seit Langem das Ziel der Linzer Bischöfe gewesen. Bereits 1879 hatte Bischof Franz Joseph Rudigier in der Votivkapelle die erste Priesterweihe abgehalten, der Kandidat war ein Reichersberger Chorherr. Auch Bischof Franz Maria Doppelbauer strebte bewusst die Übertragung der Kathedralfunktionen auf den Maria-Empfängnis-Dom an. Er selbst war noch in Rom zum Bischof geweiht worden. Nach seiner Rückkehr aus Rom wurde er als Bischof im Alten Dom empfangen. Am nächsten Tag feierte er aber im Neuen Dom seine Inthronisation und spendete künftig hier auch die Priesterweihen.

Die offizielle Übertragung der Kathedralfunktionen ließ allerdings auf sich warten: Ein Antrag Doppelbauers in Rom war von der Ritenkongregation abgelehnt worden. Erst eine persönliche Intervention bei Papst Leo XIII. brachte die Sache ins Rollen. Doppelbauer selbst erlebte die Entscheidung nicht mehr. Aber am 30. April 1909 wurden die Insignien einer Kathedrale feierlich vom Alten Dom in den Neuen Dom übertragen und Rudolph Hittmair am nächsten Tag offiziell in seiner Kathedrale zum Bischof geweiht.

Dieser Oberhirte sollte sich als besonders eifriger Dombauherr erweisen. Das zeigte sich schon an der Zahl von Steinmetzen, die innerhalb eines Jahres von 30 auf 53 erhöht werden konnte. Die Mauern des Langschiffes und der beiden Querschiffe konnten hochgezogen werden. Das Jahr 1912 war ein Jubiläumsjahr. 50 Jahre wurde schon am Mariendom gebaut. Im September konnten der Dachstuhl und der Vierungsturm aufgestellt werden, sodass die Verbindung zum Presbyterium, das ja noch immer durch eine Mauer abgetrennt war, hergestellte werden konnte.

Das Wetter stand diesmal auf der Seite der Arbeiter auf der Dombaustelle. Dank des milden Wetters konnte im Winter durchgearbeitet und im folgenden Jahr das Langschiff eingedeckt werden. Die Zimmerleute verschalten den Dachstuhl, und die Kupferdecker begannen das Dach mit dem wertvollen Kupfer zu verkleiden. Die vielen Dachluken, Dachfenster und Rinnen verlangten eine sorgfältige, zeitraubende Arbeit, doch lief alles bestens nach Plan.

Ein Opfer des Krieges

Mitten in dieser aktiven Bauphase brach der 1. Weltkrieg aus und warf alle Pläne über den Haufen. Mehr als die Hälfte der Dombauarbeiter wurde zum Heer eingezogen. Die Arbeit stockte, wenig später waren von den 55 Steinmetzen nur mehr zehn am Bau. Die Bautätigkeit wurde trotzdem nicht eingestellt, sondern in bescheidenem Ausmaß weitergeführt. In dieser schwierigen Phase musste der Mann, der in den letzten Jahren für den Aufschwung gesorgt hatte, die Bühne dieser Welt verlassen. Bischof Rudolph Hittmair starb im März 1915 als Opfer einer Flecktyphusinfektion. Im Oktober wurde im unvollendeten Dom ein neuer Bauherr zum Bischof geweiht, Johannes Maria Gföllner.

Der Krieg traf die Dombauherren schwer, nicht nur, weil es an Geld und Personal mangelte. Er verlangte auch materielle Opfer. Für Rüstungszwecke wurde überall in der Monarchie wertvolles Metall angefordert und eingezogen. Auf dem neuen Linzer Dom wurden die Rüstungsverantwortlichen fündig. In wochenlanger Arbeit mussten die Kupferdecker nun das Kupferdach, das sie so sorgfältig verlegt hatten, wieder abreißen. Vom Dach des Langhauses wurden allein 20.000 Kilogramm Kupfer beansprucht. Als Ersatz mussten Dachpappe und verzinktes Eisenblech verlegt werden. Diese „sinnlose“ Arbeit nahm allein mehrere Wochen in Anspruch. Viel Zeit und Geld gingen verloren. Von einer Domweihe im Jahr 1918 konnte nun keine Rede mehr sein.

Der früh verstorbene Bischof Rudolf Hittmair hat vielleicht geahnt, dass er die Vollendung des Dombaus nicht mehr erleben würde. Von ihm stammt das Wort: „Nicht diejenigen, die den längst vollendeten Dom besitzen werden, sondern wir, die wir den Dom bauen, für ihn Opfer bringen und Sorge tragen, sind die Glücklicheren!“

1922
Die bunten Glasfenster strahlen Zuversicht aus

Das Jahr 1922 lässt die Bauherren des Linzer Mariendoms wieder mit mehr Zuversicht in die Zukunft blicken. Für buntes Licht am Ende des Tunnels, in diesem Fall im Kirchenraum, sorgen die Glasfenster, die aus ihrem Zwischenlager geholt werden können. Am 1. Jänner hält der erste Dompfarrer Einzug in den fast vollendeten Linzer Dom.

Die letzten Kriegstage und die Jahre danach zählen zu den mageren Zeiten in der Geschichte des Linzer Dombaus. Die letzten Kupferbleche wurden von der Votivkapelle abmontiert. Den Glocken drohte dasselbe Schicksal, doch hier machte sich der Mangel an Bau-Zubehör positiv bemerkbar. Es fehlte an ausreichend vielen Seilen, um das Geläut hinunterzulassen, und außerdem hätte ein Teil des Gewölbes abgerissen werden müssen. So blieben die Glocken an ihren Plätzen.

Die Hauptlast der Bautätigkeit während des Krieges und darnach lag auf den Schultern des Oberösterreichers Matthias Schlager, der 1909 im Alter von erst 39 Jahren zum Dombaumeister ernannt worden war. Nun hatte er alle Hände voll zu tun, um den Dom vollenden zu können. Die Bauarbeiten gingen nur sehr langsam voran. Der Frachtverkehr war stark eingeschränkt. Es fehlte an Baumaterial wie Steinen und Gewölbeziegeln. Die zehn verbliebenen Steinmetze bearbeiteten die Granitblöcke, es fehlte aber an Steinbrechern. Nach Ende des Krieges und nach dem politischen Umbruch kehrten viele Arbeiter wieder zurück, doch die Dombaukasse war fast leer. Viele der Steinmetze mussten sich anderswo um Stellen umsehen. Ende 1919 arbeiteten nur 25 Handwerker am Dom, Ende 1920 waren es nur mehr 17.

Marienpfennige müssen weiterfließen

Das Dombaukomitee wandte sich wieder an die Bevölkerung, um durch Spenden den Weiterbau zu sichern. Vorsitzender Balthasar Scherndl wünschte sich, die „Marienpfennige sollten weiterfließen in Kronen und Hundertern und Tausendern“. Bischof Gföllner ließ einen flammenden Appell veröffentlichen: „Dombau in Gefahr! Hilfe in höchster Not!“ Jetzt waren auch Naturalien gefragt, Getreide und Baumaterial sollten am Dombauplatz angeliefert werden.

Immer wieder wurde der Wert auch kleiner Spenden hervorgehoben. In der Dombau-Zeitschrift „Ave Maria“ findet sich gezielt eine Erzählung, nach der ein Bauherr sein Haus ausdrücklich ohne fremde Unterstützung bauen wollte und dies auch täglich auf einer Tafel verlauten ließ. Immer wieder schien aber dort auch der Name einer Frau als Spenderin auf. Der Bauherr fragte sie, was sie denn spende. Sie erklärte, dass sie nur den Ochsen, welche die schweren Baufahrzeuge schleppen, täglich ein Büschel Heu füttere. Auch eine kleine Spende trägt zum Gelingen eines Baus bei, so die Lehre aus der Geschichte.

Trotz der großen Not, die nach dem Krieg in der Zeit einer schweren Wirtschaftskrise herrschte, begann der Spendenstrom wieder zu fließen. Papst Benedikt XV. ging mit gutem Beispiel voran und übersandte zweimal 100.000 Lire zum Weiterbau. Und als der Papst 1922 starb, fragten viele Menschen besorgt, ob denn sein Nachfolger Pius XI. ein ähnlich großer Förderer des Linzer Doms sein werde wie sein Vorgänger.

Schließlich wartete auf die Freunde des Linzer Doms im Jahre 1922 noch eine freudige Überraschung. Endlich war das Bauwerk so weit gediehen, dass die Glasfenster, die seit 1917 in der Krypta verborgen lagen, nun an das Licht der Öffentlichkeit geholt werden konnten. In weiser Voraussicht waren sie bereits 1914 bei einem Unternehmen in Innsbruck bestellt und bezahlt worden. Nun waren die Fenstermaßwerke in den Wänden des Dom so weit aufgebaut, dass mit dem Einsetzen der bunten Fenster begonnen werden konnte.

Dombaumeister Matthias Schlager

Einblicke für Heimatforscher

Die Betrachter der Fenstergemälde staunten vielleicht, weil sie nicht nur fromme Szenen und Heilige Männer und Frauen zu Gesicht bekamen. Sie sahen auch das Gebäude der Sparkasse in Linz und oberösterreichische Berge und Seen. Die beiden Dombaumeister Vincenz Statz und Matthäus Schlager sind ebenso verewigt wie die Herren des Dombaukomitees. Und auch die Jerusalempilger aus Oberösterreich hatten ihre eigenen Fenster. Für Heimatforscher von heute ergeben sich so interessante Einblicke. Diese prominente Präsentation von Förderern des Linzer Doms wird verständlich, wenn man bedenkt, dass auch diese Kunstwerke aus Glas nur aus Spenden finanziert werden konnten.

Der Dom wird Pfarrkirche

Schließlich bekam dieses erfolgreiche Jahr 1922 noch ein besonderes Fest zu sehen. Am 1. Jänner wurde der fast vollendete Dom zur Pfarrkirche erhoben. Es gab nun eine eigene Dompfarre mit einem Dompfarrer. Dazu bedurfte es nicht nur der Zustimmung Roms, sondern auch des Kultus-Ministeriums in Wien. Damit ging ein lang gehegter Wunsch der Linzer Bischöfe in Erfüllung. Es wurde jedoch ausdrücklich festgehalten: „Die pfarrlichen Funktionen sollten im Maria-Empfängnis-Dom frei und selbständig, jedoch in steter Rücksichtnahme auf den Chor und die Kathedralfunktionen, welchen der unbedingte Vorrang gebührt, vorgenommen werden“

1. Mai 1924
Die Domweihe – ein Fest für alle

62 Jahre war am Mariendom in Linz gearbeitet worden. Fünf Bischöfe hatten als Bauherrn dafür Sorge getragen, dass der von der Bevölkerung mitfinanzierte Bau trotz ständiger Geldnöte niemals eingestellt werden musste. Nach Krieg und politischen Umbrüchen war der Dom bis auf zwei Turmkapellen weitgehend fertiggestellt und sollte geweiht werden. Der letzte in der Reihe der bischöflichen Bauherrn, Johannes Maria Gföllner, war entschlossen, die Einweihung zu einem großen Fest zu machen, einer Demonstration der Stärke und Begeisterungsfähigkeit des Katholizismus in der noch jungen Republik.

Monatelang wurde das mehrtägige Fest vorbereitet. Einladungen wurden in ganz Europa versandt, mit Erfolg. Drei Kardinäle, der Legat des Papstes, Andreas Frühwirth, und die Metropoliten von München und Wien, Michael Faulhaber und Friedrich Gustav Piffl, hatten ihr Kommen zugesagt, ebenso 25 Bischöfe und viele Äbte aus den Nachbarländern. Der gesamte Klerus der Diözese Linz sollte teilnehmen, ebenso Männer, Frauen und Jugendliche aus den zahlreichen katholischen Vereinen. Sie sollten in diesen Tagen das Stadtbild von Linz rund um den neuen Dom prägen.

In einem Hirtenbrief zum Domweihfest hatte Gföllner noch erklärt: „Nicht ein weltliches, sondern ein kirchliches Fest soll es werden, getragen von heiligem Ernst, religiöser Freude und katholischer Marienliebe!" Er freute sich aber in einem Zeitungsartikel, dass „staatliche Funktionäre, politische Vertretungen, in- und ausländische Festgäste aus deutschen und fremdländischen Gauen, selbst aus überseeischen Gebieten zu ungezählten Tausenden zum Domfest eilen ... Dann wird Linz seinen ehrenvollen Ruf einer gastlichen Stadt von neuem bewähren, diesen Festtagen das dankbare Andenken weitester Kreise sichern und den besonderen Schutz und Segen Mariens für kommenden Geschlechter verdienen."

Die Trennwand fällt

Am 9. April 1924 fallen die letzten Reste der Trennwand, die bisher noch das Presbyterium vom Querschiff getrennt hatte. Nun ist der Blick frei durch den ganzen Dom bis zu den Altären. Noch sind einige Pflasterarbeiten zu leisten. Dann merkt niemand mehr, dass an dieser Stelle 40 Jahre lang eine Mauer bestanden hat. Der Dom war bereit für die Konsekration, die Weihe des Altars für den Gottesdienst. Sie beginnt mit einer Prozession zum Dom. Die Reliquien aus dem Hochaltar, darunter auch eine des Hl. Sebastian, werden dreimal um den Dom getragen und wieder im Altar verborgen. Während dieser Zeremonie bleibt der Dom für die Gläubigen verschlossen, sie können vor dem Tor einer Predigt lauschen.

Der zweite Tag des Domweihfestes bringt die große Lichterprozession. Sie führt in den Abendstunden durch die Straßen rund um den Dom, der von innen erleuchtet ist. Auch das goldene Turmkreuz erstrahlt im Lichterschein. Entlang der Prozession bilden sich Menschentrauben bis hinauf zum Bauernberg. Auf den Hügeln rund um Linz, dem Pöstlingberg und dem Pfenningberg leuchten Höhenfeuer.

Der Papst dankt

Höhepunkt der Festlichkeiten ist am dritten Tag, dem 1. Mai 1924, das Pontifikalamt mit dem päpstlichen Legaten Andreas Frühwirth. Ihm hatte Papst Pius XI. eine Botschaft mitgegeben: „Besondere Erwähnung verdient der Umstand, dass Klerus und Volk der Diözese Linz nicht nur seit Baubeginn ununterbrochen die Kosten beisteuerten, sondern auch in diesen letzten Jahren, als scheinbar die Gefahr drohte, dass das Unternehmen unvollendet blieb,

Ansichtskarte von Linz mit dem fast fertigen Dom und Bauherr Bischof Johannes M. Gföllner: Gföllner war im Juli 1915 von Kaiser Franz Joseph zum Bischof von Linz ernannt worden.

trotz Nöten und Bedrängnis jeder Art eine überaus große Geldsumme aufbrachten, die wider Erwarten die Vollendung ermöglichte. Dies muss man wohl der unbefleckten Jungfrau zuschreiben, deren Statue in einer Kapelle des neuen Doms zur Verehrung der Linzer Diözesanen aufgestellt ist, und die Leo XIII. im Jahr 1905 mit einer goldenen Krone schmücken ließ, die er in frommer Freigebigkeit zum Geschenk machte."

Ein Dom für Jahrhunderte

Beim Pontifikalamt zur Domweihe wurde die Messe in d-Moll des einstigen Domorganisten Anton Bruckner aufgeführt. Die Festpredig hielt der Kardinal von München, Michael Faulhaber. Er blickte in die Zukunft: „Menschen werden bestenfalls für ein paar Jahrzehnte geboren, Kirchen werden für Jahrhunderte gebaut. In den alten Domen schauen Jahrhunderte auf uns nieder. Dieser neue Dom rüstet sich, wie ein Riese seinen Weg durch Jahrhunderte zu laufen. Als vor 62 Jahren auf den Tag genau der ehrwürdige Diener Gottes Franz Joseph Rudigier den Grundstein zu diesem Dom legte, da waren wenige von uns dabei, und wenn in hundert Jahren der neue Dom sein Jubiläum feiert, wird niemand von uns dabei sein. Menschen werden für Jahrzehnte geboren, Dome werden für Jahrhunderte gebaut."

Dem hätte wohl auch der Gründer des Neuen Domes, Bischof Franz Joseph Rudigier, zugestimmt. Er meinte ja bei der Weihe der Votivkapelle im Jahre 1869: „Ich preise den Bischof glücklich, welcher dermal einst den vollendeten Dom dem Gottesdienste wird übergeben können. Inzwischen bin auch ich glücklich, dass es mir gegönnt ist, wenigstens die Hauptkapelle desselben einzuweihen!"

Quellen:

Florian Oberchristl, Der Maria-Empfängnisdom in Linz a.D.: Zum 60-jährigen Baujubiläum, Verlag der Christlichen Kunstblätter, 1923.

Friedrich Pesendorfer, Fest-Bericht des Linzer Domweihefestes, Kath. Preßverein Linz, 1924.

Joseph Strigl, Die zweite österreichische Pilgerfahrt nach Jerusalem und Palästina 1956, Verlag Feichtingers Erben, 1957.

Johannes Ebner / Monika Würthinger, Der Neue Dom zu Linz auf dem Weg zur Kathedrale und Pfarrkirche, OÖ. Heimatblätter 1999.

Christian Kratz, Der neue Dom zu Linz, OÖ. Heimatblätter 1994.

„Ave Maria", Dombau-Begleitzeitschrift, 1921–1924.

„Linzer Volksblatt", 29. 4. 1924.

„Reichspost", 29. 4. 1924.

Das Domweihfest war Treffpunkt kirchlicher Würdenträger aus ganz Europa. 25 Bischöfe und drei Kardinäle feierten mit.

Als päpstlicher Legat wurde der österreichische Kurienkardinal Andreas Frühwirth entsandt. Für ihn stand eine Prunkkarosse bereit.

Die hohe Politik war durch zwei Geistliche repräsentiert: Bundeskanzler Ignaz Seipel (links) und Landeshauptmann Johann Nepomuk Hauser.

Neben dem Klerus zogen auch die Laien, Frauen und Männer, in ihren Katholischen Vereinen aus ganz Oberösterreich im großen Festzug am 1. Mai mit: unter anderem die katholischen Pfadfinder (oben), die Goldhaubenfrauen (unten), Studentenverbindungen und Musikkapellen.

Ein Blickfang im Festzug: Das Jerusalem-Pilgerschiff mit der Madonna, die bei den drei Pilgerreisen der Oberösterreicher ins Heilige Land immer mitgeführt wurde.

Ein Dom für den Bischof

Der Mariendom gehört zwar nicht dem Bischof, ist aber dennoch seine Kirche. Als Bischofskirche bildet sie die sichtbare Mitte der Diözese Linz. Angefangen vom Bischofs selbst über Taufwerber:innen aus aller Herren Länder bis zu den Priestern und Frauen und Männern, die im Dienst der Diözese stehen, haben viele ihre eigene und besondere Beziehung zum Mariendom: zur Hauptkirche der Diözese. Davon erzählen sie im folgenden Kapitel.

Der anvertraute, zugemutete und geschenkte Dom

Bischof Manfred Scheuer

In meiner Glaubensbiographie hat der Linzer Mariendom lange Zeit keine besondere Rolle gespielt. Ich bin weder in ihm getauft oder gefirmt worden, noch habe ich in Linz die Diakonen-, Priester- oder Bischofsweihe empfangen. Das erste Mal war ich 1967 bei der Priesterweihe meines Cousins im Dom, dann kann ich mich an die Segnung der Rudigierorgel 1968 erinnern und schließlich an die Bischofsweihe von Alois Wagner 1969. Die Neugotik hat es mir nicht angetan und Kirche bzw. Glauben habe ich stärker mit der Erfahrung einer Gruppe verbunden als mit dem riesigen Gebäude. Näher ans Herz gewachsen ist mir der Dom erst ab 2016, als er mir als Bischof anvertraut, zugemutet und geschenkt wurde.

Ich betrete den Mariendom (fast) immer von hinten, vom Turmeingang her: Da hat er etwas Einladendes, Großzügiges, ja Überwältigendes. Als prozessionsartig ausgerichteter Raum vermittelt er das Unterwegssein, das Pilgerdasein des Menschen und der Kirche mit einer klaren Orientierung nach vorne und nach oben. Die Neugestaltung im Jahre 2017 betont den Dom als Wegkirche: mein Blick fällt nach vorn auf den historischen Hochaltar mit dem lebensgroßen Kruzifix, der Immaculata-Statue am Altarbaldachin und dem Fenster, das die Aufnahme Mariens in den Himmel zum Thema hat. Die Fragen „Woher kommen wir?", „Wohin gehen wir?" begleiten mich auf dem Weg nach vorne. Seit 2017 ist das Schnittfeld der Hauptachsen dieser Wegkirche als Versammlungsraum gestaltet: Menschen, die „unterwegs" sind, versammeln sich zur Feier der Eucharistie und zum Hören des Wortes Gottes. In der exakten Mitte des Domes entsteht so eine konzentrische Zone, in der die Spannung von Versammlung und Aufbruch, die jede Liturgie prägt, spürbar wird. Der Mariendom war nie einfach mein Wohlfühlort oder mein „Wohnzimmer". Aber gerade weil er Nähe und Distanz, Vertrautheit und Fremdsein, Weg und Kreis in Balance bringt, hat er die Kraft, Gottes Gegenwart, seine Nähe und Unverfügbarkeit anzuzeigen.

Bischof Franz Joseph Rudigier hat mit dem der Immaculata gewidmeten Dom manches vom „Zeitgeist" der 2. Hälfte des 19. Jahrhunderts aufgegriffen. Die Dogmatisierung der ohne Erbsünde empfangenen Jungfrau und Gottesmutter Maria durch Pius IX. im Jahre 1854 war in der Volksfrömmigkeit bzw. in den Seelen verankert. Der Dombau stand nicht isoliert vom kirchlichen Leben. Bischof Rudigier gründete auch Banken, holte Ordensgemeinschaften in die Diözese, forcierte die Bildung, stand an der Wiege des Pressvereins, wollte den Katholiken im Volksverein ein politisches Selbstbewusstsein geben, war ein Förderer der Kultur. Er wollte Kirche auf vielen Ebenen aufbauen. Es gelang Bischof Rudigier beim Dombau auch, viele mit ins Boot zu nehmen. Damit legte er den Samen, der noch Jahrzehnte später Frucht bringen sollte. Andererseits trat er gegen den liberalen Mainstream in (Schul-)Politik, Justiz und Wirtschaft auf.

Heute, mehr als 150 Jahre später, ist vieles, wogegen sich Bischof Rudigier gewehrt hat, selbstverständlich geworden. Säkularisierung, Individualisierung und Pluralisierung sind kein rein städtisches Phänomen und kein Minderheitenprogramm einer Elite mehr, sondern im letzten Winkel des ländlichen Raumes angekommen. Kirchenraum und Glaube bilden für die meisten Menschen nicht mehr die Mitte des Lebens. Zwar erfreut sich die kirchliche Feier des Lebenszyklus, insbesondere bei den „rites de passages" (Übergangsriten Geburt, Hochzeit, Sterben) immer noch einiger Beliebtheit, doch hat auch hier die Kirche ihr Monopol verloren. Gegenwärtig ist es gar nicht so einfach, die kulturellen und spirituellen Aspekte mit den ästhetischen und den ökonomischen (bzw. touristischen) unter ein Kirchendach zu bringen.

Manfred Scheuer wurde im November 2015 zum Bischof von Linz ernannt und am 17. Jänner 2016 im Mariendom in sein Amt eingeführt.

Sammlung und Sendung

Wo ist deine Kirche? So werde ich manchmal von Kindern gefragt. Darauf gebe ich zur Antwort: ich segne Wohnhäuser, habe eine Steuerberatungsfirma, das Landestheater in Linz, Tageskliniken in Wels und in Linz, Pfarr- und Gemeindezentren, Fahrzeuge und Kinderfahrzeuge, Sportstätten, Schulzentren, Seilbahnen und Tourismuseinrichtungen, Energievermarktungsfirmen, Industrieanlagen, ein Brotmuseum und Medienzentren gesegnet. Mein Platz ist das „Unterwegssein". Papst Franziskus ermutigt uns ja, keine Angst zu haben, in die Nacht der Menschen hinein zu gehen, an die Grenzen menschlicher Existenz zu gehen, aus sich selbst herausgehen, „nicht nur an die geographischen Ränder, sondern an die Grenzen der menschlichen Existenz: die des Mysteriums der Sünde, des Schmerzes, der Ungerechtigkeit, der Ignoranz, der fehlenden religiösen Praxis, des Denkens und jeglichen Elends". Als Bischof verkünde ich die Frohe Botschaft und feiere ich Liturgie auf Berggipfeln, in Fabrikshallen und Schulen, in Bierzelten und auf Sportplätzen, in Gefängnissen, mit Wohnungslosen und Asylwerbern, in Kultur- und in Messehallen, im Hospiz, an Gedenkorten in ehemaligen Konzentrationslagern. Im Advent und in der Weihnachtszeit bin ich gleich viel in Gefängnissen wie im Mariendom. Grundsätzlich können Menschen überall und an jedem Ort beten, d. h. ihre auf Gott bezogene Existenz in Anbetung, Wort, Gebärde und Symbol aktuieren. Gott wohnt nicht einfach in „Gebilden von Menschenhand" (Apg 7,48).

Und doch: Unser Lebensraum kennt Räume für Arbeit und Ruhe, für Fest und Mahl, für profanes und religiöses Tun und Erleben. Angenommensein, Geborgenheit, Trost, Freude, Einsicht in die eigene Existenz, Fest, Sinnfindung. All das ist mit an Raum und Zeit, an Sinnlichkeit und Atmosphäre gebunden. Unser Land Oberösterreich und unsere Stadt Linz sind – auch – geprägt durch unsere Kirchen. Eine Stadt oder ein Dorf vermittelt, ob es einen Ort der Kontemplation, des Innehaltens und des Aufatmens gibt und wo ein Platz für Alte, Kranke und Asylwerber ist. In der Architektur einer Stadt wird auch sichtbar, wer die „influencer" sind, durch welche Wirklichkeits- und Wahrheitsverständnis (Wahrzeichen!) vermittelt werden.

Kirchen und ihre Türme verkörpern eine ethische, soziale, spirituelle und zugleich eine ästhetische Instanz. Gerade in unserer Zeit, in der eine gewisse Orientierungslosigkeit nicht zu verstecken ist, zweifelt kaum jemand an der Existenzberechtigung eines Glockenturmes, wenngleich manche sich gegen die akustische Vorgabe eines Tagesablaufs sträuben. Gerade der Mariendom vermittelt durch seine bauliche Präsenz ein stilles Wissen aus Erfahrungen und Zukunftshoffnungen. Der Turm steht für Schutz und Geborgenheit, schafft Distanz und gewährt zugleich Übersicht.

Religiöse Gebäude besitzen eine innere Qualität, die anderen Gebäuden in dem Maße nicht zukommt. Der Mariendom ist ein Ort, an dem die Lebensgeschichten von Menschen mit ihrer Beziehung zum Transzendenten, die Geschichte des Landes Oberösterreich mit Krieg und Frieden, mit Heil und Unheil, mit allen Veränderungen in Gesellschaft, Wirtschaft und Politik verflochten sind. Religiöse Gebäude „funktionieren" selbst dann noch als Orte der Ehrfurcht und der Kontemplation, wenn Menschen sie vorrangig als Touristen aufsuchen und nicht mehr als Mitglieder einer bestimmten Religionsgemeinschaft. Kirchenräume haben ihre Anziehungskraft aufgrund ihrer spirituellen Dimension keineswegs verloren, sondern sie gewinnen an Attraktivität sogar für Menschen, die nicht religiös sozialisiert sind. So können sie in ihrer Funktion als Ort der Zuflucht, als ein „Asylum", wiederentdeckt werden, als ein „Obdach für die Seele" für alle, die auf der Suche nach einem zweckfreien, nicht fremdbestimmten Platz ohne Konsumzwang sind. In diesem diakonischen Konzept können sie auch wieder Mittelpunkt von Stadt und Land sein und positiven Einfluss nehmen auf das Leben der Gesamtbevölkerung wie auch auf das Leben der christlichen Gemeinde vor Ort. Ich spüre, dass der Mariendom in den letzten Jahrzehnten wieder mehr in den Herzen der Menschen angekommen ist, als dies in meiner Jugend in den 1970er-Jahren der Fall war. „Die Gläubigen mögen ihre Bischofskirche ... besonders schätzen. Sie ist nämlich in besonderem Maße Zeichen der Einheit und Apostolizität der Kirche." (Allgemeine Einführung in das Messbuch Art. 255)

Grundvollzüge der Kirche

Im Mariendom soll – auch durch die Architektur – deutlich werden, wie die Gegenwartsformen Jesu Christi im Wort, in den sakramentalen Gaben, in der Gemeinschaft, im Priester und von Armut betroffenen Menschen im Vollzug von innen her zusammengehören und zwar so, dass sie nicht nur additiv aneinandergereiht werden. Eine Liturgie ohne Diakonie wäre Verrat am Herrenleib. Die Communio (Gemeinschaft) mit Christus ohne die Communio (Gemeinschaft) mit denen, für die er sich hingegeben hat, ist eine Fiktion. Der Mariendom hat den wesentlichen Grundvollzügen der Kirche zu dienen: der missionarischen Verkündigung (Kerygma), der liebenden Gemeinschaft (Koinonia, Caritas) und der heilswirksamen Feier der Mysterien Christi (Liturgia). Die Liturgie und darin wieder die Eucharistie ist „Gipfel und Quelle". Sie kann nicht losgelöst werden von den anderen Grundvollzügen der Kirche. Die Gemeinschaft der Versammelten ist nicht einfach räumlich, sondern vor allem spirituell und theologisch begründete Einheit: „Ein Brot ist es. Darum sind wir viele ein Leib; denn wir haben teil an dem einen Brot." (1 Kor 10,17)

Eine Bischofskirche dient der Verkündigung. Dies geschieht primär durch Personen. Es steht an der Wurzel der Sendung der Apostel und in ihrer Nachfolge der Bischöfe, Zeugen von Leben, Tod und Auferstehung Jesu zu sein. Verkündigung geschieht aber auch durch den Raum mit der Architektur, durch das Bildprogramm, die Lichtmetaphorik, die Kunst. Die Domkrippe verkündet das Weihnachtsevangelium. Die künstlerische Darstellung der biblischen Ereignisse gilt seit Jahrhunderten als „biblia pauperum". Die Glasfenster sind ein Spiegel zum Jenseits. Die Lichtmetaphorik macht deutlich, dass Gottes Licht in die Welt strahlt, die Materie lichtet und verklärt. Die Glasfenster im Kapellenkranz von Karl Martin Hartmann aus dem Jahre 1995 sind dafür ein beeindruckendes Zeugnis. Verkündigung geschieht auch durch die Musik, die seit der Grundsteinlegung (Fest-Cantate bei Gelegenheit der Grundsteinlegung zum Dombau, WAB 16 von Anton Bruckner) und der Weihe der Votivkapelle (e-Moll-Messe von Anton Bruckner) ganz zum Leben der Bischofskirche dazu gehört.

Sicher ist durch die Individualisierung und Pluralisierung der Lebenswelten die Zusammengehörigkeit, die Einheit

Bischof Manfred Scheuer: „Religiöse Gebäude besitzen eine innere Qualität, die anderen Gebäuden in dem Maße nicht zukommt."

Bischof Manfred Scheuer bei der Feier der Osternacht im Mariendom.

und auch die Gemeinschaft vielschichtig und manchmal auch lose geworden. Das wird im Mariendom sehr deutlich: Bei den Gottesdiensten an den Sonntagen kommen Mitfeiernde aus der Kerngemeinde der Dompfarre, aber auch Gläubige aus anderen Pfarren, Passanten, Touristen und Kulturinteressierte. Die „Einheit" der Gemeinschaft ist manchmal stärker durch die Eucharistie gestiftet, ein andermal eher zufällig durch den einen Raum, dann durch die Musik oder auch durch den Stil der Feier.

Der Mariendom ist ein Raum für die Gemeinschaft der Kirche von Linz, aber nicht von geschlossenen Gesellschaften. Ein Kirchenraum ist nur dann im Sinne der Eucharistie, wenn er offen ist für den je größeren Gott (Transzendenz), wenn er verweist auf den je kleineren Gott im Armen und Geringen (Mt 25, 31–46) und wenn er zur Reise nach innen einlädt. Kirche und damit auch Kirchenräume sind Sakrament, d. h. Zeichen und Werkzeug der Gemeinschaft mit Gott und der Menschen untereinander. (LG 1). „Freude und Hoffnung, Trauer und Angst der Menschen von heute, besonders der Armen und Bedrängten aller Art, auch Freude und Hoffnung, Trauer und Angst der Jünger Christi sind. Und es gibt nichts wahrhaft Menschliches, das nicht in ihren Herzen seinen Widerhall fände." (GS 1)

Die Bischofskirche ist Ort der Sendung. Das gilt für jede Eucharistiefeier: Die Entlassung heißt ja, dass das ganze Leben zur Messe werden soll und die ganze Schöpfung in die Eucharistie münden soll. Jedes Sakrament drückt die Berufung und die Sendung der Christinnen und Christen aus, Zeichen und Werkzeug der Gemeinschaft von Menschen mit Gott und der Menschen untereinander zu sein, aber auch Werkzeug des Friedens zu werden (Gehet hin in Frieden!). Jede Weihe, und im Dom sind Chrisamweihe, Diakonen-, Priester- und Bischofsweihen, ist ja Sendung für die Grundvollzüge von Kirche. Und das gilt auch für die Beauftragungen und Sendungsfeiern von Religionslehrerinnen und Religionslehrern und von Frauen und Männern in den pastoralen und sozialen Dienst.

Vergangenheit – Gegenwart – Zukunft

Eucharistie und Kirchenräume galten als das paradigmatische Medium zwischen Himmel und Erde, zwischen Gott und Mensch, zwischen Freiheit und Bund, zwischen Einzelnem und Gemeinschaft, zwischen Wort und Fleisch, zwischen Leiden und Vollendung, zwischen Tod und Auferstehung. Sie sind „Leben im Übergang". Es wird eine Synthese von Vergangenheit (Gedächtnis), Gegenwart (Realpräsenz) und Zukunft (Hoffnung) realisiert. Auch für die Liturgiekonstitution des Zweiten Vatikanischen Konzils ist irdische Liturgie als Gedächtnis der Heilstaten Gottes Teilnahme an der himmlischen Liturgie (SC 2.8). Die Eucharistie als erinnerndes, gegenwärtiges und eschatologisches Mahl galt als Wirklichkeit, in der die regionalen Kulturen, die sozialen Klassen und Gruppen, die unterschiedlichen Sprachen zusammenfinden. Wenn der innere Zusammenhang von Vergangenheit, Gegenwart und Zukunft aufgelöst wird und wenn eine Dimension der Zeit (z.B. die Gegenwart) ausfällt, lösen sich menschliche Identität, aber auch Gemeinschaft und christlicher Glaube auf.

Nicht die Kathedra, sondern Ambo und Altar sind die Mitte des Mariendomes. Die „memoria" von Christi Tod und Auferstehung ist zentral. Die Neugestaltung im Jahre 2017 hat dies sehr deutlich gemacht. Im Dom sind aber auch die memoria der Kirchen- und Landesgeschichte Bild, Glas und Stein geworden: Im Fensterprogramm spiegelt sich zum einen die Heilsgeschichte des Alten und Neuen Testaments, zum anderen die Geschichte des Christentums in unserem Land mit Florian und den Märtyrern von Lorch, mit den Landesheiligen, mit den Stiften und Klöstern, mit der Kultur schaffenden Kraft des Glaubens in Musik, Literatur, Kunst, Wirtschaft und Politik. Die Kirche von Linz ist eine Erinnerungs-, Erzähl- und Bekenntnisgemeinschaft. Die Reliquien von Franz Jägerstätter, Engelmar Unzeitig und Josef Mayr-Nusser machen dies noch einmal deutlich.

Die Kirche gründet in Tod und Auferstehung Jesu, und sie wurde durch die Ausgießung des Geistes gegründet. Deshalb sind die Dimension der Auferstehung und die Ausgießung des Geistes von großer Bedeutung, wenn es um die liturgische Inspiration für Kirchenräume geht, die als Versammlungsorte des wandernden Volkes Gottes verstanden werden. Und es ist der Geist, der die Steine baut, nicht umgekehrt. „Wo der Geist nicht lebendig ist, nicht wirkt und waltet, werden Dome und Museen zu Gedenkstätten der Vergangenheit, deren Schönheit traurig macht, weil sie tot ist." (Joseph Ratzinger)

Unvergesslich – meine Diakonenweihe und meine Priesterweihe im Dom

Pfarrer Markus Menner

Die Anfrage, für diesen Band zum Domjubiläum einen Beitrag zu schreiben, hat mich zunächst sehr überrascht. Bin ich doch als Pfarrer von Ostermiething und Umgebung der geografisch am weitesten von Linz entfernte Priester unserer Diözese, und die Menschen meiner Pfarren im Oberen Innviertel an der Grenze zu Salzburg und Bayern – und mittlerweile in gewisser Weise auch ich – haben mit unserer Landes- und Diözesanhauptstadt Linz in vielen Fällen wenig zu tun.

Trotzdem sind da für mich viele Gedankenfäden und prägende Erinnerungen, die mich mit unserer Kathedrale verbinden. Vor allem ab meinem Eintritt in das Linzer Priesterseminar haben mich die Domliturgie und die Stimmung in diesem riesigen Kirchenraum sofort angesprochen und mich und meine Vorurteile, wonach dieses unglaubliche Dimensionen aufweisende neugotische sakrale Gesamtkunstwerk nur leblose, blinde Kopie einer längst vergangenen Epoche sei, eines Besseren belehrt.

Besonders die Fenster mit ihren Bezügen zu Orten und Personen unserer Diözese beeindruckten mich, sie sind ein ins „Glasbild“ gebrachtes Denkmal und Zeugnis dafür, was der Dom, von Bischof Rudigier so intendiert, sein sollte: Ein unübersehbares Zentrum der Kirche unseres Landes, ein Ort der Identitätsstiftung für die zu Baubeginn des Doms noch relativ jungen Diözese; und nicht zuletzt eine Quelle des Glaubens, die ins gesamt Land segnend ausströmt.

Insbesondere war ich als Seminarist beeindruckt von den Glasfenstern Josef Raukamps in der nördlichen Turmkapelle, unserer damaligen „Seminaristensakristei“. Sie faszinieren mich bis heute ob ihrer rein ornamentalen, an den Jugendstil erinnernden bunten Farbigkeit.

Nach und nach hat sich in mir der gleich recht positive Eindruck vom Dom nach meinem Eintritt ins Seminar noch vertieft, sodass ich auch dankbar die erhabene Würde und edle Raumwirkung dieses riesigen Kirchenbaus als Ort für meine Diakonen- und Priesterweihe annehmen und genießen konnte. – Alles für mich unvergesslich: die Vorbereitungen und Proben, um die Abläufe und Aufgaben des Weihekandidaten zu internalisieren; so entstand zumindest die Möglichkeit, sich auch als eine der „Hauptpersonen“ in das Einzigartige und Geschenkhafte der Weiheliturgie fallen lassen zu können.

Unvergesslich aber sind natürlich noch mehr als die Vorbereitungen die beiden großen Tage im Buch meines Lebens, der 6. Dezember 2003 und der 29. Juni 2004, die Tage meiner Diakonen- und Priesteweihe; unvergesslich die vielen Mitfeiernden aus den Heimatpfarren und Wirkungsorten, der volle Dom, obwohl der Peter- und Paultag in diesem Jahr auf einen Dienstag fiel!

Unvergesslich vor allem im Gedächtnis meines Herzens sind die wohlwollenden Blicke und ermunternden, echten, von Herzen kommenden Worte von Bischof Maximilian Aichern, ganz intensiv empfunden etwa beim Friedensgruß. Wir, mein Weihekollege Martin Truttenberger und ich, waren übrigens die letzten Diözesanpriester, die er in seiner Amtszeit weihte. – Auch die Handauflegung aller etwa hundert anwesenden Priester, dieses starke Zeichen des Segens und der Übertragung der Kraft für alles, was kommt, werde ich immer in Erinnerung behalten.

Einen Mitbruder zu den Weihen begleiten

Aber auch nach meiner Priesterweihe – dann in meiner Wirkungsstätte als Kaplan in Gallneukirchen – blieb ich dem Dom, nicht nur ob der geografischen Nähe, sehr verbunden, und einmal mehr besonders den Glasfenstern; führte ich doch dort oft hochinteressante, detailreiche Gespräche mit Margarete Böhm, einer profunden Kennerin dieses Themenfeldes. Böhm hat ihre Diplomarbeit über die Domglasfenster verfasst und teilte mit mir nicht nur die Freude an alter, sondern auch moderner Kunst, die ja im Dom unter anderem durch die neuen Fenster von Karl-Martin Hartmann vertreten ist.

Einmal mehr führten mich 2019 und 2020 zwei besondere Ereignisse in unsere Domkirche: Seit September

Pfarrer Markus Menner (3. von links) bei der Fronleichnamsfeier in der Pfarre Ostermiething.

2017 durfte ich Franziskus Schachreiter als meinen Praktikanten in der Pastoral auf seine Diakonen- und Priesterweihe vorbereiten. Neben den vielen gemeinsamen Stationen dieses Weges, auf dem ihn nicht nur ich, sondern viele Menschen unserer Pfarren mit so viel Wertschätzung und Vertrauen begleitet haben, war es dann auch ein wenig meine Aufgabe, ihm mit Rat und Tat zur Seite zu stehen, als die Tage der Diakonen- und schließlich der Priesterweihe immer näher rückten. Für unsere Pfarrangehörigen war es etwas nie Erlebtes, in großer Zahl und ganz vorne die Weihehandlung im Dom mitverfolgend, bei solch einem außerordentlichen Ereignis dabei zu sein. Die Freude der Menschen zeigte sich im Übrigen auch durch die entscheidende Mitwirkung an der Agape nach der Diakonenweihe beziehungsweise durch die spontan, inmitten der Coronazeit schon fast nicht mehr für möglich gehalten, organisierten Lunchpakete für alle Mitfeiernden auf dem Domplatz nach der Priesterweihe.

Das derzeit aktuellste Erlebnis, das mich mit unserer Kathedrale verbindet und zugleich der Höhepunkt (zumindest was die „Höhe" betrifft) war die Ermöglichung der Besteigung des Domturms bis zur obersten Galerie auf circa 110 Metern über dem Domplatz im Frühjahr 2023. Dort oben stehend, die Höhe und Mächtigkeit des Gebäudes und Turms buchstäblich und geradezu sprachlos spürend, musste ich an ein Wort des Dichters Reiner Kunze denken, der einmal sagte: „Damit die Erde hafte am Himmel, schlugen die Menschen Kirchtürme in ihn." Im Domturm ist diese Verbindung zwischen Himmel und Erde, zwischen der göttlichen und menschlichen Dimension besonders eindrücklich verwirklicht. – Ein ob der Höhe unübersehbares äußeres Zeichen für das, was ich als Priester für und mit den Menschen feiern darf: Dass Gott gegenwärtig ist auf der Erde, und wir „haften am Himmel"; und dass wir an diese Wirklichkeit und Gottnähe nicht nur glauben dürfen, sondern sie auch, wie dies unsere Kirchtürme mit ihrer Gestalt bewirken, durch unser ganzes Leben bezeugen.

Seit seiner Seminarzeit faszinieren Pfarrer Menner die Fenster von Josef Raukamp, die sich in den Turmkapellen des Doms befinden.

„Der Herr sei in deinem Herzen und auf deinen Lippen ...“

Diakon Anton Birngruber

Im Dom feiern ganz unterschiedliche Gruppen von Menschen gemeinsam Gottesdienst; besonders dann, wenn der Bischof der Liturgie vorsteht. Gemeinsames Feiern gelingt dadurch, dass aus dem Kreis der Feiernden die vorgesehenen liturgischen Dienste, zu denen auch der diakonale Dienst gehört, vollzogen und geleistet werden.

Vielleicht fragen sich dabei einige Mitfeiernde, was der Bischof dem Diakon sagt, wenn dieser vor dem Verkünden des Evangeliums vor ihn tritt und um den Segen bittet. Der Bischof spricht: „Der Herr sei in deinem Herzen und auf deinen Lippen, damit du würdig das Evangelium verkündest und“ – so ergänzt es unser Bischof – „dass es die Herzen der Menschen erreicht.“ Dieser Segen und Zuspruch sind für mich seit meiner Weihe, die im März 2012 ebenfalls im Dom stattgefunden hat, immer wieder eine Bestärkung und Prüfung. Als Gesegneter möchte ich zu einem Segen für die Menschen werden und dazu beitragen, dass das Evangelium die Herzen der Menschen erreicht. Sei es beim Verkünden des Evangeliums, beim Predigtdienst im Rahmen der Gemeindegottesdienste der Dompfarre, bei Taufen, Begräbnissen oder Trauungen sowie bei Begegnungen mit Menschen und bei der Zusammenarbeit in der Dompfarre.

In meinem Beruf als Direktor des Bischöflichen Schulamtes trage ich für viele Menschen Verantwortung, die als Religionslehrerinnen und Religionslehrer im Verkündigungsdienst in der Schule versuchen, die Herzen der Menschen zu erreichen. Wenn ich zu unterschiedlichen Anlässen und in Gesprächen erlebe, dass sie zu einem Segen für die ihnen anvertrauten Kinder und Jugendlichen werden, bin ich dankbar. Auch die Religionslehrer und Religionslehrerinnen werden im Rahmen einer Sendungsfeieier vom Bischof gesegnet und für den Verkündigungsdienst beauftragt.

Die Weiheliturgie, in der die Ständigen Diakone und jene, die sich auf dem Weg zum Priester befinden, geweiht werden, beeindruckt. Sie gehört derzeit zu den größten diözesanen Feiern im Dom, bei denen sich die Vielfalt an unterschiedlichen Begabungen und ein buntes Bild von Pfarrgemeinschaften zeigt. Die große Kraft der kirchlichen Gemeinschaft und die Verbundenheit mit dem Bischof berühren und ermutigen, das Gemeinsame zu leben und Vielfalt als Chance zu sehen. Nach diesem prächtigen Gottesdienst berichten Mitfeiernde – auch solche, die der Kirche eher reserviert gegenüberstehen und keine regelmäßige Liturgiepraxis leben –, dass sie sich einlassen und berühren lassen konnten. Wenn ich in die Gesichter der Menschen sehe, die sich von der festlichen Stimmung anstecken lassen, oder wenn ich mit ihnen ins Gespräch komme, erinnert mich das an die Worte eines Theologen. Sie begleiten mich, wenn ich darüber nachdenke und mich freue, dass vielen Menschen die Domliturgie am Herzen liegt: „Es lässt sich kaum eine bessere Möglichkeit denken, um zum innersten Geheimnis der Kirche vorzudringen, als wenn wir sie in ihrem Gebet belauschen. Wenn die Kirche vor Gott steht und mit ihm redet. Dann muss nämlich ihr Letztes, ihr Eigentliches an den Tag kommen.“

Der Weg zum Ständigen Diakonat

Damit die Kandidaten, die sich als Ständige Diakone in den Dienst nehmen lassen, gut vorbereitet sind, erwerben sie im Rahmen eines Studiums oder in Form von berufsbegleitenden Kursen eine theologische Qualifikation. Daran anschließend vertiefen sie ihr Wissen und ihre Erfahrungen in einer Lerngruppe, die meine Frau und ich leiten und belgeiten. Gemeinsam versuchen wir, für diese Suchenden und Lernenden auf ihrem Weg da zu sein, ihrer Berufung nachzugehen und unserer Verantwortung gegenüber der Diözese im Blick auf die Qualität der Ausbildung gerecht zu werden. Das verstehen wir als einen diakonalen Dienst an Menschen, den wir gemeinsam leben, gestalten und verantworten.

Diakon Anton Birngruber (Mitte) bei der Gabenbereitung.

Sendungsfeier – freimachen und rückbinden

Irmgard Sternbauer

Irmgard Sternbauer als Pfarrassistentin in liturgischer Kleidung.

Fakt oder Fake? Stimmen meine Erinnerungen oder nicht? Denke ich an den Dom, dann denke ich an das Dekanatsfest in Ried im Innkreis irgendwann in den 1980er-Jahren. Diese Dekanatsfeste fanden im Vorfeld zur Diözesanversammlung 1986 statt. Nicht, dass ich da in den Mariendom gekommen wäre, aber Bischof Maximilian Aichern kam zum Dekanatsfest. Dieses Fest und die Persönlichkeit des Bischofs fand ich als Jugendliche ziemlich beeindruckend. So sagt es zumindest meine Erinnerung.

In den Dienst der Kirche wurde ich nach Absolvierung meiner Ausbildung am Seminar für Kirchliche Berufe im Juli 1992 gesendet, zunächst in der Konzilsgedächtniskirche in Wien 13 durch Weihbischof Jakob Mayr als Vertreter der Bischofskonferenz, und dann etwa ein Jahr später noch einmal in der eigenen Diözese. Von der ersten Sendungsfeier in der lichten Atmosphäre des quadratischen Betonbaus aus den 1960er-Jahren besitze ich eine Handvoll Fotos, einige Erinnerungen und ein Gefühl des „Besonderen". Von der zweiten Sendungsfeier im beeindruckend großen und dunklen Mariendom ist mir recht wenig in Erinnerung. Ein Erinnerungsfoto habe ich nicht. Hat damals überhaupt jemand fotografiert? Waren meine Eltern dabei? War jemand aus der Pfarre Freistadt anwesend, in der ich im Herbst 1992 als Jugendleiterin zu arbeiten begonnen hatte? Hat uns tatsächlich der Diözesanbischof gesendet oder beauftragte er jemanden damit? Ich weiß es nicht mehr.

Umso mehr erinnere ich mich an die Feiern für Seelsorger:innen, die in den vergangenen Jahrzehnten vom Bischof gesendet wurden. Einige dieser Pastoralassistent:innen durfte ich in ihrem pastoralen Einführungsjahr begleiten. Hoffentlich konnten sie mit mir und an mir etwas von der Leidenschaft in der Kirche zu arbeiten (und manchmal: sich an der Kirche abzuarbeiten) erfahren. Gerne feiere ich diese Sendungsgottesdienste jetzt noch mit. Ich spüre dann so etwas wie eine vielgestaltige Dimension des Kirche-Seins, wenn die neuen Kolleg:innen vorgestellt werden, wenn sie sich vor dem Bischof bereit erklären, das Wort Gottes glaubwürdig zu leben und es den Menschen zu verkünden, und wenn sie das Sendungsdekret erhalten durch die jetzige Leiterin des Fachbereichs Seelsorger:innen in Pfarren, Irmgard Lehner, oder durch die frühere Direktorin der Abteilung Pastorale Berufe, Brigitte Gruber-Aichberger.

Mehrere Jahre war ich im Vorstand der Berufsgruppe der Pastoralassistent:innen aktiv, und wir konnten unsere Kolleg:innen am Ende ihrer Sendungsfeier willkommen heißen und in manchen Jahren darin bestärken: Es ist gut und wichtig, dass es sie gibt. – Bei diesen festlichen Gottesdiensten sind manchmal sehr unterschiedliche kirchliche Wirklichkeiten im selben Raum zusammengekommen. Die Vielfalt in der Einheit, der Wille zum Miteinander, das Vertrauen in ein geistvolles Zusammenwirken hat hie und da Luft nach oben, braucht wohl diesen einen weiten großen Raum.

Bischof Manfred Scheuer hat in einer Sendungsfeier gesagt: „Ihr seid im Auftrag der Kirche gesendet, und die Kirche traut euch das zu! Ihr seid die Visitenkarten der Kirche. Diese Sendungsfeier soll euch rückbinden an die Gemeinschaft der Kirche, sie soll euch aber auch vertrauensvoll frei machen, euer Profil, eure Verkörperung der Botschaft Jesu zu den Menschen zu bringen – jede und jeder auf ihre und seine Weise."

In der Pfarre die Sendung vertieft

Von diesem Zutrauen der Kirche bin ich oft getragen worden, manche Zeiten habe ich es schmerzlich vermisst. Gerade als Frau in der Kirche. Im Laufe der Zeit ist es mir gelungen, meine Rückbindung an die Kirche nicht nur „nach oben" zu sehen, sondern auch „nach unten", oder besser gesagt „um mich herum". Mit den Menschen in der Pfarre Freistadt bin ich in meinem Pastoralassistentin-Sein gewachsen, hat sich meine Sendung vertieft und geweitet. Als Seelsorgerin gebraucht zu werden in der Begleitung verschiedenster Lebenssituationen, in der Mitarbeit und Leitung der pfarrlichen Gremien, in der Firmvorbereitung, Öffentlichkeitsarbeit, im sozialen Engagement und der Vernetzung mit Sozialeinrichtungen der Stadt; und im Lauf der Jahrzehnte immer mehr in der Liturgie, von der Taufe bis zum Begräbnis, von der Maiandacht bis zur Osternacht, von traditionellen bis zu zeitgemäßen Formen. Der Bischof verkörpert für mich Kirche ebenso wie die Ministrantin, die Pfarrgemeinderats-Obfrau, die Trauerbegleiterin, die Seelsorgeteamsprecherin.

An den Dom als Gebäude und als Bischofskirche habe ich mich langsam herangearbeitet. Längst ist er nicht mehr nur finster und groß und kalt. Für mich ist er auch kein Museum (obwohl ich Museen echt gern mag), in dem es heißt: „Bitte nicht berühren – alarmgesichert". Aus den Pastoralassistent:innen, die in der Bischofskirche gesendet wurden, sind Pfarrassistent:innen hervorgegangen. Diese Teilhabe an der Leitung von Kirche wurde von Bischöfen und ausdauernden Frauen sowie Männern in Pfarren und diözesanen Diensten ermöglicht und vorangetrieben.

Der Dom beherbergt auch das Katharinentor der Katholischen Frauenbewegung. „Als Töchter Gottes, aufrecht und voll Würde, gehen wir durch das Katharinentor!", heißt es in einer Erläuterung der Frauenbewegung. Darüber hinaus ist der Mariendom der Ort der Domfrauen, er ist der Ort, in dem eine junge Kollegin Wortgottesfeiern gestaltet, er ist der Ort künstlerischer Entfaltung von Frauen – Frauenbilder im Mariendom. Er ist ein Ort, von dem ausstrahlt und in dem einkehrt, was im Leben von Menschen, im Leben der Gesellschaft, im Leben von Kirche da ist, was reibt, was Widerstand hervorruft und auch, was gelingt, was wächst, was neu interpretiert werden will.

Manchmal, wenn ich jetzt im Dom innehalte, spüre ich dieses „Du bist gesendet!" Und dann weiß ich: Das ist kein Fake, sondern Fakt.

In die Schulklasse gesendet

Rebekka Sturmbauer

Sendungsfeier für Religionslehrer:innen, Sonntag, 23. Oktober 2022, ab 18:15 Uhr im Linzer Mariendom – ein Ort des Anstoßens von Inspiration sowie Kritik; ein Ort der Sammlung und Orientierung; ein Ort des Um- und Aufbruchs: In der richtigen Reihenfolge, in Zweierreihe, nicht zu schnell und nicht zu langsam in den Dom einziehen. Synchron niederknien. Ästhetisch ansprechend in die Reihen einfädeln. In meinem Kopf arbeitet permanent die Frage: O G*tt, was mach ich denn bloß hier? (Anmerkung der Herausgeber: Um an die hebräisch-jüdischen Schreib- und Sprechweise anzuschließen sowie aus Gender-Gründen schreibt Rebekka Sturmbauer das Wort *Gott* nicht in dieser Form). Eine würdevolle Feier. Ja. Aber mein Innerstes hat sich gesträubt. Gegen formal-rituelle Choreografien. Nicht aber gegen den Wesenskern dieser Feier. Ein Gedicht von Andreas Knapp begleitet uns durch die Feier:

Lass
das Netz liegen
mein Blick gibt dir Halt
auf dem Hochseil

Lassen. Loslassen. Freigeben. Mich selbst freigeben für deinen Blick, G*tt, für deine Wirklichkeit. Das Netz liegen lassen. Das Netz des Gewohnten liegen lassen, mich einlassen auf dich, auf den Drahthochseilakt namens „Leben". Dein Blick gibt mir Halt. Mit dem Blick auf dich, dem Vertrauen in dich, G*tt, falle ich niemals tiefer als in deine Wirklichkeit. Das ist meine Hoffnung. Vielleicht ist die Frage nicht: O G*tt, was mache ich denn hier?, sondern: Was machst du mit mir? Was machst du aus mir?

Geh
auf meinen Worten
leise wie auf Zehenspitzen
über das Wasser

Gehen soll ich. Ein Imperativ. Auf deinen Worten. Deine Worte als Basis meines Gehens. Gehen – aber wohin? Ins Leben hinein. Da, wo ich gerade bin. An meinem Schreibtisch. In der Schule. Im Gespräch mit einem Menschen. Gehen – und nicht stehen. Die Dynamik deiner Worte mitnehmen in mein Leben und Tun. Selbst dynamisch bleiben. Mich selbst verändern lassen. Leise wie auf Zehenspitzen – nicht mit Gewalt, sondern sensibel und behutsam. Wirklich hinschauen, hinhören, hinspüren. Über das Wasser gehen – Jesus und der Sturm auf dem See. Vertraue ich dir, G*tt? Vertraue ich dir mein Gehen an, handle ich aus deiner Wirklichkeit heraus?

Bleib
doch wohnen
in meinem Augenlicht
über den Abend hinaus

Bleiben – im Vertrauen. Nicht wegrennen vor Herausforderungen. In deinem Augenlicht wohnen – ausgehend von deinen Worten die Dinge in einem anderen Licht sehen. Aus deiner Haltung heraus anderen Halt geben, mich halten lassen und andere halten. Über den Abend hinaus – über alle Schattenseiten hinweg, immer wieder neu. Was ist, wenn ich aus deinem Blick, aus deinen Worten lebe? Was ist möglich?

Rebekka Sturmbauer (1. Reihe: 3. von rechts) bei ihrer Sendungsfeier. In der Diözese Linz sind insgesamt rund 1400 Religionslehrer:innen tätig.

Tausch
den Acker gegen den Weg mit mir
in meiner Freiheit zu leben
folge mir nach

Tauschen – den Lebensacker, alles, was fest ist, jegliche Netze, die mich einengen oder in einen Rahmen zwingen. Tauschen gegen den Weg mit dir. In Bewegung kommen und andere bewegen. In deiner Freiheit leben – du willst zum Leben befreien. Dir nachfolgen. Eine Aufforderung beziehungsweise Anfrage, die mich fordert – jeden Tag neu. Wie lebe ich in diese Anfrage hinein?

„... *(es, ergänzt von R. Sturmbauer) lockt der staub der straße mehr als das dach überm kopf.*"

Diese Verszeile aus einem anderen Gedicht von Andreas Knapp fällt mir ein. Du lockst uns hinein ins Leben, zu den Menschen. Hinaus und hinein in die Welt. Abenteuer warten. Ich will mich aufmachen, den Staub der Straße erleben ...

Persönlich gefordert, nicht als Privatperson

Diesen Staub der Straße, die Spontaneität des Lebens, inspirierende Pluralität und faszinierende Vielfalt menschlicher Leben und Fragen habe ich nun seit knapp einem Jahr durch meine Tätigkeit als Religionslehrerin am Kollegium Aloisianum in Linz erleben dürfen. Im Rahmen der Sendungsfeier im Dom wurden meine Kolleg:innen und ich vom Bischof gesendet: *„Ich sende euch im Namen der Kirche den christlichen Glauben in der Schule zu verkünden. Verkündet das Evangelium in Wort und Tat, damit Glaube, Hoffnung und Liebe in den jungen Menschen geweckt und gefestigt werden. Gott begleite euer Wirken mit seinem Segen."*

Angelehnt an Knapps Formulierungen heißt das für mich, diese Lebensstraße zu gehen, mitzugestalten und auch Staub aufzuwirbeln: Glaubensmuster anzufragen, zur Liebe befähigen, zu Hoffnung ermutigen; Menschen tiefer zu verstehen versuchen, zu kreativem Engagement in der Welt motivieren.

Ich bin gefordert, nicht als Privatperson, sondern in (m)einer beruflichen Rolle aufzutreten. Dennoch bin ich persönlich gefragt, da ich durch mich auf das verweise, was ich unterrichte; – ich repräsentiere den Unterrichtsgegenstand Römisch-Katholische Religion, für die Schüler:innen „die Kirche", bin Projektionsfläche von Kritik sowie jeglicher Anfragen an die Institution und die Glaubensgemeinschaft „Kirche". Hier ist kritische Loyalität gefordert, was oft fordert. Gleichzeitig bin ich auch als Person im Hinblick auf meine gelebte Spiritualität angefragt: Was glaube ich denn da eigentlich? Was lasse ich durch mich hindurch wirken und potenziell wirksam werden? Wer bin ich als Mensch? Wesens- und Leitwort meines Arbeitens und Gestaltens ist für mich aus diesem Grund momentan „Wirksamkeit".

Mein Anspruch als Religionslehrerin ist es, Impulse zu setzen, die einerseits zum Anfragen und andererseits zum Verwurzeln befähigen – in Bezug auf die je individuelle Existenz, den persönlichen Glauben beziehungsweise Sinnhorizont, systemische Fragen hinsichtlich der Institution sowie Glaubensgemeinschaft „Kirche". Aus diesem Grund habe ich mir erlaubt, meinen inneren Monolog im Rahmen der Sendungsfeier wiederzugeben. Nur wenn ich mich selbst auf den Prozess des Anfragens und Verwurzelns einlasse und aktiv-authentisch lebe, kann das durch mich wirksam werden und potenziell inspirieren.

Hinein in die Welt und mich überraschen lassen; bewusst präsent und offen sein für das, was Menschen bewegt; in Polylog – in ein Gespräch nach allen Seiten treten; Fragen wirken lassen; erzählen von frei und lebendig-machenden Hoffnungsmomenten, die mich tragen, wenn ich gefragt werde; aus und in einer Haltung liebevoller Aufmerksamkeit und ehrlichen Interesses – dazu fühle ich mich gesendet. Und im Sinne Ignatianischer Pädagogik, die mich am Aloisianum, einer von der Spiritualität der Jesuiten geprägten Schule, begleitete, erfahre ich mich auch als dazu gesendet, mich mit jungen Menschen auf die Suche nach einem „Mehr" (lat. Magis) im eigenen Leben zu machen: Gesendet, um das Leben und G*tt in allem zu suchen und zu finden ... oder gefunden zu werden ...

Das oben zitierte Gedicht findet sich in: Andreas Knapp, Weiter als der Horizont. Gedichte über alles hinaus, Würzburg: Echter Verlag 3. Aufl. 2005, Seite 41.

Aufnahme vor der neuen Altarraumgestaltung 2017.

Die Schätze des Glaubens entdecken. Zulassungsfeier für erwachsene Taufkandidat:innen im Mariendom

Stefan Schlager in Zusammenarbeit mit Sin Luan Goh und Angelika Danner

Jedes Jahr zu Beginn der Fastenzeit kommen Menschen aus Oberösterreichs Pfarren in den Neuen Linzer Dom: Erwachsene, die sich auf der Zielgeraden der mindestens einjährigen Taufvorbereitung befinden und nun den Bischof um ihre Zulassung zu den „Initiationssakramenten" Taufe, Firmung und Eucharistie bitten. In die Bischofskirche werden sie dabei von ihren Katechetinnen und Katecheten begleitet, von ihren Taufpatinnen und Taufpaten, von den zukünftigen Taufspendern sowie Mitgliedern ihrer Pfarrgemeinden. Alle sind Weggefährtinnen und Weggefährten, die mitunter zu echten Freundinnen und Freunden, zu „Brüdern und Schwestern" geworden sind: nicht selten mitten in einem neuen Leben, in einem neuen Land, nach Verfolgung und Flucht, bei ungewisser Zukunft.

Erwachsenenkatechumenat

Auf die Taufe vorbereitet werden die Katechumenen so, dass Männer und Frauen aus den Pfarrgemeinden vor Ort mit ihnen den Glauben teilen, davon erzählen, ins Gespräch darüber kommen, und die „Neuankömmlinge" anfanghaft auch Gottesdienste mitfeiern und in der Gemeinde mitleben dürfen. Ebenso gibt es diözesane Gruppen, in denen die Interessenten wie auf einer gut und kundig geführten Pilgerreise die Schätze des Christentums entdecken können. Und wenn am Tag der Zulassung dann im Mariendom die Taufwerberinnen und Taufwerber zusammenkommen, wird hier auf einer größeren Ebene sichtbar: Ich bin nicht allein auf dem Weg. Vielmehr treffen sich wie in einem Brennpunkt, wie um ein gemeinsames Feuer, Menschen aus unterschiedlichen Orten, um einander die Freude am Glauben zu bekunden und den Wunsch, zu dieser Gemeinschaft dazuzugehören.

Der Dom – nicht bloß ein stummer Zeuge aus der Vergangenheit

Auf diese Weise wird der Dom immer wieder neu „belebt": Denn er ist nicht bloß ein steinerner Zeuge aus der Vergangenheit für den Glauben jener, die ihn einst erbaut haben. Vielmehr erklingen (auch) an diesem Abend in ihm Stimmen – verdichtet in kurzen Glaubenszeugnissen –, die zum Ausdruck bringen, wie erfüllend es ist, heute in den Spuren Jesu das Leben zu wagen. Und diese Stimmen erklingen dabei in der Votiv- beziehungsweise Marienkapelle, genau an jenem Ort also, für dessen Einweihung Anton Bruckner einst seine e-Moll-Messe geschrieben hat – mit einem wunderschönen „viel"-stimmigen Credo. Ähnliche Erfahrungen sind zudem mit der alljährlichen Feier der Erwachsenenfirmung verbunden, die immer am Freitag vor Pfingsten im Neuen Dom stattfindet. Hier kommen wiederum Erwachsene zusammen, die noch einmal bewusst Ja zu ihrer Taufe und zu ihrem Glauben sagen, um darin bestärkt die Firmung zu empfangen.

Wie ein „Brenn-Punkt"

So gesehen ist der Dom wie ein „Brenn-Punkt" für Menschen und ihren Glauben. Ein Ort, wo sie sich willkommen und angenommen erleben sollen, und von dem „Stärkung"

Die Feier im Mariendom ist schlicht, aber innig: für die „Taufwerber:innen" (hier in der Coronazeit) hat der Empfang der Initiationssakramente (Taufe, Firmung und Eucharistie) nichts mit Brauchtum zu tun, sondern sie zeigen öffentlich, dass sie eine bewusste Entscheidung für ein Leben aus dem Glauben getroffen haben.

für den eigenen Weg ausgeht. Ausgedrückt wird das in der Zulassungsfeier etwa durch den Segen des Bischofs über jeden einzelnen Taufwerber bzw. jede einzelne Taufwerberin – zusammen mit der Zusage: „Du bist nun erwählt, in die volle Gemeinschaft der Kirche aufgenommen zu werden. Es segne dich der Vater, der Sohn und der Heilige Geist." Und Jahr für Jahr fällt auf, dass das eigene innere Feuer nach dieser gemeinsamen Feier im Dom noch etwas heller und kräftiger scheint.

Inspiriert und getauft im Linzer Mariendom – Winnie Grace

Ein schönes Beispiel dafür ist Frau Sin Luan Goh, die am 4. März 2022 im Mariendom zu den Initiationssakramenten zugelassen wurde und am 16. April 2022 – in der Osternacht – hier auch getauft und gefirmt wurde sowie zum ersten Mal die Eucharistie empfangen durfte. Als ihre Taufnamen wählte Frau Goh Winnie und Grace. Winnie Grace erzählt im Folgenden, wie sehr sie der Dom mit seiner Architektur angesprochen und für den christlichen Glauben „aufgeschlossen" hat. Heute ist der Mariendom zugleich ihre Heimatpfarre.

Ein besonderes Zeugnis …

Winnie Grace schreibt: „*Das Licht, das durch die großen Glasfenster des Mariendoms strömte und am Boden reflektierte, berührte mein Herz. An diesem Tag fühlte ich mich vom Herrn angesprochen und berufen.*

Bis heute bewundere ich bei jedem Besuch die Glasfenster. Ich bin sehr beeindruckt von der harten Arbeit der Künstlerinnen und Künstler, die dieses Gotteshaus so schön erschaffen haben. Der Dom, so empfinde ich es, ist ein Ort für alle, die bereit sind, sich dem Licht – Gott, unserem Retter – und einander zuzuwenden. Ja, Gottes Barmherzigkeit und Freundlichkeit erfahre ich in diesem Haus des Gebets. Auch bin ich Gott nahe in der Stille. Darum ist der Dom ‚meine Pfarrkirche' geworden.

Während des Katechumenats war die Glaubensunterweisung von größter Bedeutung für mich. Die Patin und die Pfarrgemeinde halfen mir durch ihr Lebensbeispiel und ihre Unterstützung. Besonderer Segen wurde mir in der Sonntagsmesse nach der Homilie (Predigt) zuteil.

Die Zulassungsfeier fand dann im März 2022 in der Marienkapelle statt. In dieser Feier wurde ich zusammen mit anderen Taufwerberinnen und Taufwerbern erwählt, in die volle Gemeinschaft der Kirche aufgenommen zu werden. Eine Art Treueversprechen, auf die eine Zeit der ‚Läuterung und Erleuchtung' folgte: die letzte, intensive Vorbereitung auf den Empfang der Initiationssakramente. Diese spendete mir Bischof Manfred Scheuer in der Osternacht, am 16. April 2022."

Gefirmt im Mariendom

Wolfgang Sachsenhofer, Gertraud Weghuber

Jahrzehntelang war der Dom in Linz ein bevorzugter Ort für die Firmung. Abertausende Kinder – wie Wolfgang Sachsenhofer und Gertraud Weghuber – empfingen dort dieses Sakrament.

Wolfgang Sachsenhofer: *Ich wohnte damals mit meinen Eltern in der Linzer Schillerstraße, besuchte die Goetheschule und gehörte zur Familienpfarre. Aber eine Firmung in der Heimatpfarre war damals noch undenkbar. Dafür kam für uns fast ausschließlich der Linzer Mariendom in Frage. Es wäre zwar schon möglich gewesen, sich in einem der oberösterreichischen Stifte firmen zu lassen (für Linzer kam vor allem St. Florian in Frage); dazu war jedoch ein eigenes Auto erforderlich, und das war in meiner Familie nicht vorhanden. Ebenso wie wir handelten auch hunderte andere Familien und Paten aus der ganzen Diözese und pilgerten an den Pfingstfeiertagen mit ihren Firmlingen nach Linz, um hier ihren großen Tag zu feiern. Ich tat das im Jahr 1952.*

Es ist heute schwer vorstellbar: An den drei Vormittagen zwischen Pfingstsamstag und Pfingstmontag wurde im Dom fast „im Akkord" gefirmt. Und wer Glück hatte (so wie ich), durfte seinen „Backenstreich" sogar vom Bischof Zauner entgegennehmen (der freilich damals noch Bischof-Koadjutor war). Von einem Fest, bei dem die Firmkandidaten inmitten ihrer Pfarrgemeinde das Sakrament empfangen dürfen, konnte man also damals wirklich nicht sprechen. Die Firmlinge und ihre Paten nahmen einfach im Chorumgang rund um den Altarbereich des Doms Aufstellung und warteten geduldig, bis sie an die Reihe kamen. Mein Firmpate war übrigens ein Onkel in Wien, der sich jedoch von meinem Vater vertreten ließ. Von Wien nach Linz war es damals ja noch eine kleine Weltreise; da musste man mit dem Auto die „Demarkationslinie" (mit Kontrolle durch Soldaten der Besatzungsmächte) in Enns überqueren.

Nach Ende der Zeremonie und ausgestattet mit einem großen Firmabzeichen samt dem Bild des Bischofs haben wir den Heimweg angetreten. Festessen? Gab es zu Hause. Geschenke? Natürlich die obligatorische erste Armbanduhr. Ansonsten muss der Gabentisch eher bescheiden ausgesehen haben, sonst könnte ich mich daran erinnern. (Das Wort „Konsumrausch" suchte man sieben Jahre nach Kriegsende im Duden noch vergeblich.) Im Gedächtnis geblieben sind mir aber die üblichen Fragen aus dem Bekannten- und Verwandtenkreis, ob mir von der bischöflichen „Ohrfeige" vielleicht eine geschwollene Wange geblieben sei ...

Noch ein paar Worte zur „Festbekleidung": In meiner Kindheit durfte man schon in wesentlich jüngerem Alter zur Firmung gehen. Das wurde von meinen Eltern ausgenützt, indem man mich bereits zur Kommunion in einen ziemlich bequemen Anzug steckte. Bei diesem brauchten zur Firmung lediglich Ärmel und Hosenbeine etwas verlängert und die Anzugshose „erweitert" werden.

Apropos Domkirche: Ein Jahr nach der Firmung übersiedelten wir in die Wurmstraße, und damit gehörte ich der Dompfarre an. Da lernte ich dann den Dom so richtig kennen und schätzen; vor allem die jährliche „Kripperlroas" mit meiner Mutter zur prächtigen Domkrippe habe ich immer als einen der Höhepunkte der Weihnachtszeit erlebt. Aber das ist schon wieder eine andere Geschichte ...

Die Bilder zeigen Wolfgang Sachsenhofer (1950) und Gertraud Weghuber (1959) bei der Erstkommunion. Von ihrer Firmung besitzen sie keine Fotos, sie haben aber – das wissen sie – dieselbe Kleidung wie bei der Erstkommunion getragen. Damit man keine unnötigen Ausgaben hatte, war wichtig, dass der Anzug und das weiße Kleid bei der Firmung noch verwendet werden konnten.

Gertraud Weghuber: *Zwar lebe ich seit meiner Verehelichung vor 48 Jahren in Molln, habe aber meine Kindheit und Jugend in Linz verbracht. Ich komme aus einem sehr gläubigen Elternhaus, der Sonntagsgottesdienst und die Feier der Sakramente waren für uns von großer Bedeutung. Deshalb freute ich mich natürlich sehr auf meine Firmung im Mariendom, ich glaube, es war Bischof Zauner, der damals das Sakrament der Firmung spendete. Der Andrang zu dieser Feier war enorm, denn damals wurde die Firmung noch nicht in anderen Linzer Pfarren gespendet, sondern ausschließlich im Dom.*

Ich weiß nicht mehr, wieviele Firmlinge wir im Jahr 1960 waren, aber sicherlich Hunderte. Wir nahmen Aufstellung, die Paten sollten hinter dem Firmling stehen. Meine Taufpatin stand natürlich anfangs auch hinter mir, aber da es offensichtlich sehr lange dauerte, nahm sie in einer der Bänke in einiger Entfernung von mir Platz. Als sich der Bischof schon bedenklich näherte und ich plötzlich bemerkte, dass meine Firmpatin nicht mehr hinter mir stand, wurde ich von Panik erfasst. Hilfesuchend blickte ich um mich, sah sie aber nicht. Ich brach in Tränen aus, als der Bischof dem Mädchen neben mir das Sakrament spendete. Als er nun zu mir trat, weinte ich noch immer, ich hatte in meiner Verzweiflung nicht bemerkt, dass die Patin bereits hinter mir stand. Der Bischof war sehr erstaunt, als er mein tränenüberströmtes Gesicht sah. Aber nun wird der Heilige Geist gewirkt haben, ich war so erleichtert und glücklich, war es wegen des Heiligen Sakraments oder wegen meiner wiedergekehrten Patin?

Mit dem Linzer Mariendom verbindet mich bis heute sehr viel. Sehr gerne besuche ich ihn zum Innehalten, wenn ich in Linz zu tun habe, wenn eine musikalische Veranstaltung stattfindet, zum Besuch der Weihnachtskrippen. Natürlich haben ihn mein Mann und ich auch schon mit unseren vier Enkelkindern besucht.

Die Chrisammesse – Spezifikum einer Domkirche

H. Maximilian Pühringer OPraem

Seit 1996 – seit seiner Volksschulzeit – hat H. Maximilian Pühringer keine der jährlichen Chrisammessen im Mariendom versäumt. Er erklärt die Bedeutung dieser besonderen Liturgie und warum sie untrennbar mit seiner Lebensgeschichte verbunden ist.

Die Chrisammesse ist eine einzigartige Feier im Lauf des Kirchenjahres. In der „Missa Chrismatis“, wie die lateinische Bezeichnung dieses Gottesdienstes lautet, werden die Öle zur Spendung der Sakramente geweiht: Das Chrisam für Taufe, Firmung, Priesterweihe, Bischofsweihe, sowie zur Weihe einer Kirche oder eines Altares. Das Öl für die Krankensakramente und das Katechumenenöl für erwachsene Taufwerber. Die Weihe der heiligen Öle für sämtliche Pfarren und Kirchen der Diözese findet nur einmal jährlich und ausschließlich in der Bischofskirche statt.

Der Chrisammesse steht natürlich der Bischof selbst vor, aber alle Priester der Diözese sind zur Konzelebration mit dem Bischof eingeladen. Zwölf Priester haben bei diesem festlichen Gottesdienst eine hervorgehobene – ehrenvolle – Aufgabe: Sie breiten als „Testes“ – als Zeugen – beim Weihegebet über die Öle mit dem Bischof die Hände aus. Bei dieser Feier erneuern die anwesenden Priester auch ihr Weiheversprechen. Die Teilnahme von Diakonen, die in Prozession die Ölgefäße vor den Bischof bringen, trägt zur weiteren Festlichkeit der Chrisammesse bei.

Regulärer Zeitpunkt der Chrisammesse ist der Gründonnerstagvormittag. Da vielen Priestern und Diakonen aufgrund mannigfaltiger Verpflichtungen dieses Tages die Teilnahme schwer möglich ist, kann diese Messe an die ersten Tage der Heiligen Woche verlegt werden. Im Linzer Mariendom wird sie traditionell am Mittwochnachmittag der Karwoche gefeiert.

Nach meiner Erstkommunion im Jahr 1995 bin ich Domministrant geworden. Erstmals war ich als Ministrant im Jahr 1996 bei der Chrisammesse. Seither gab es keinen Mittwoch in der Karwoche, an dem ich nicht teilgenommen habe. Nur im Jahr 2020 wurde die Chrisammesse aufgrund der Corona-Pandemie nicht am gewohnten Tag gefeiert, sondern am Fest Peter und Paul (29. Juni) nachgeholt. Auch da war ich dabei.

Wenn ich mich an die erste Chrisammesse erinnere, ist mir im Gedächtnis geblieben, dass es etwas vollkommen Neues und Spannendes für mich als Ministrant war: die Ölgefäße und die Prozession, das Mischen von Chrisam und Balsam, die große Anzahl an Priestern, das Erklingen einer lateinischen Choralmesse, das Anstellen bei den Ölgefäßen und Abfüllen zur Mitnahme in den Pfarren. Es war beeindruckend für einen Zehnjährigen.

In den folgenden Jahren durfte ich unterschiedliche Dienste übernehmen. Dem verstorbenen Dommesner Franz Fuchshuber, dem ich mit dieser Erwähnung ein ehrendes Andenken erweisen möchte, durfte ich bei den Vorbereitungen und Nachbereitungen dieses Gottesdienstes stets zur Hand gehen. Am Montag in der Karwoche war immer das Abfüllen des Olivenöls aus den Fünf-Liter-Dosen in die großen, zur Weihe vorgesehenen Gefäße angesagt. Dies geschah exakt, und in den ersten Jahren war Domprobst Prälat Gottfried Schicklberger dabei; er achtete genau darauf, dass alles ordnungsgemäß ablief. Auch für den Bischof, die Testes, die wir in der Sakristei „Ölpriester“ nannten, und für die Diakone galt es Paramente vorzubereiten und den Geistlichen dann beim Ankleiden zu helfen. Nachher war alles wieder wegzuräumen.

Bei der Chrisammesse in der Karwoche wird die Bedeutung der heiligen Öle für Kirche bewusst gemacht.

H. Maximilian Pühringer OPraem mit den Ölgefäßen für das Dekanat Sarleinsbach.

Die Angst, dass es zu wenig wird

Nach Ende der Chrisammesse stellen sich die Dechanten mit ihren mitgebrachten Gefäßen um das neu geweihte Öl an. Sie geben es dann zu Hause an die Pfarren und Ordensgemeinschaften weiter. Beim Verteilen herrscht immer eine angespannte Stimmung, und daran hat sich bis heute nichts geändert: Man spürt die ängstliche Sorge der Dechanten, zu wenig Öl für ihr Dekanat zu bekommen. Andererseits agieren die Verteilenden übervorsichtig, damit das Öl nur ja nicht zu wenig wird. Bislang war aber noch jedes Jahr genug für alle da.

Ich erinnere mich, dass einmal der Balsam, der dem Öl zugefügt wird und es zum Chrisamöl macht, aufgrund kälterer Temperaturen gestockt war, sich nicht richtig mit dem Öl vermischen ließ und ein Klumpen blieb. Bischof Maximilian ließ sich jedoch nichts anmerken. Wenn es kalt war, haben wir dann immer den Balsam bis kurz vor der Weihe der Öle auf dem Kachelofen in der Sakristei platziert, an den wir Ministranten uns gerne anlehnten und so wärmten. Das vermochte dem Stocken entgegenzuwirken.

Nach meinem Eintritt in das Stift Schlägl 2005 war ich als Novize beziehungsweise Kleriker bei der Chrisammesse, um die Öle für das Stift mitzunehmen. In der Karwoche 2012 nahm ich als Diakon an der Chrisammesse teil. Damals begleitete mich der Gedanke: „Mit dem Chrisam, der heute geweiht wird, werden dir in drei Monaten bei der Priesterweihe deine Hände gesalbt." Seither war ich auch jedes Jahr als Priester bei der Ölweihemesse, zweimal als „Ölpriester", 2013 – im Jahr nach der Priesterweihe – und 2017, nachdem ich im September zuvor Pfarrer von Oberkappel geworden war. Ich nehme nun die Öle für das Dekanat Sarleinsbach mit, wo ich sie selbst bei der Spendung der Sakramente verwenden darf. Die Erneuerung des Weiheversprechens innerhalb dieses Gottesdienstes ist mir persönlich wichtig geworden, ebenso ist es schön, jedes Jahr viele bekannte Gesichter zu sehen. Die Chrisammesse ist, da in meiner Zeit als Ministrant im Dom die Berufung zum Priester gereift ist, Teil meiner Lebens- und Glaubensgeschichte geworden.

Das Theologiestudiums hat mich auch persönlich zur theologischen Auseinandersetzung mit dem Ritus der Chrisammesse und der Bedeutung der Öle geführt, obwohl in der Liturgiewissenschaft die Materie nur kurz gestreift wurde. Es ist mir doch bald bewusst geworden, dass es um Salbung und das Geschenk des Heiligen Geistes geht. „Wir sind gesalbt, nicht angeschmiert", lautet ein Wort von Bischof Franz Kamphaus. Bereichernd waren für mich die Predigten von Papst Franziskus zur Chrisammesse. Er sagte sinngemäß oft: „Geht hinaus und salbt die Menschen mit dem Öl der Freude, dem Öl des Glaubens, dem Öl des Heiligen Geistes." Wiederholt hat er betont, darauf zu achten, dass die Salbung bei den Menschen ankommt. Auch Predigten von Papst Benedikt XVI. haben mir persönlich geholfen, mich spirituell in die Bedeutung der Chrisammesse zu vertiefen. Ein Gedanke, den er 1978 bei der Chrisammesse in München und Freising als Kardinal Josef Ratzinger formuliert hat, begleitet mich seither. Es ist Programm für alle Getauften: „... wenn es (Chrisam) bei der Taufe verwendet wird, erinnert es an ein Verständnis des Christentums, in dem das christliche Leben wie ein Wettkampf, wie ein olympisches Ringen in der Arena der Geschichte aufgefasst wird. Der Christ ist der, der sich zu dem großen Ringkampf des Lebens in dem Drama der Geschichte rüstet. Die Athleten, die die Arena betraten, salbten ihren Körper mit Öl, damit er weich, geschmeidig, kraftvoll, lebendig, nicht ausgedorrt war. Das Salben bei der Taufe soll andeuten, dass der Christ vom Herrn gesalbt wird, um in das Drama der Geschichte als Ringender und Siegender einzutreten."

Wir sind berufen als Gesalbte dem Gesalbten, dem Christus, von dem das Chrisam den Namen hat, nachzufolgen. Es bedeutet sich zu bemühen um das rechte Menschensein und Christsein, und zu schauen, dass es im Miteinander der Menschen immer wieder recht wird. Die Worte vom Psalm 133 drücken dieses in ihrer Sprache aus: „Seht doch, wie gut und schön es ist, wenn Brüder miteinander in Eintracht wohnen. Das ist wie köstliches Salböl, das vom Bart Aarons hinabfließt, das auf sein Gewand hinabfließt."

Unser Mariendom – Kathedrale und Mittelpunkt des liturgischen Lebens in der Diözese

Bischof emeritus Ludwig Schwarz SDB

Manchmal werde ich nach meinem „Lieblingsplatz“ im Dom gefragt. Ich nehme das wörtlich und verweise dann darauf, dass der Bischof der Einzige ist, der seinen ihm eigenen festen Platz im Dom hat: die Kathedra. Es ist auch die Kathedra, die der Bischofskirche ihren eigentlichen Namen gibt: Kathedrale. Diese ist „die Kirche, in der die Kathedra des Bischofs steht, das Zeichen des Lehr- und Hirtenamtes in der Ortskirche, sowie das Zeichen der Einheit der Gläubigen in jenem Glauben, den der Bischof als Hirt der Herde verkündet“ (Caeremoniale episcoporum, 41; vgl. Johannes Paul II., Pastores gregis, 34).

Unser großer Mariendom bekommt mit dem langen Kirchenschiff wie von selbst seine Orientierung zum Hochaltar. Wer die Bischofskirche durch das Portal unter dem Turm betritt, wird gleichsam von selbst nach vorne geleitet: Die Blickrichtung wird zur gemeinsamen Gebetsrichtung. „In der Orientierung der Liturgie Richtung Osten sehen wir, dass die Christen gemeinsam mit dem Herrn vorwärtsschreiten wollen zur Erlösung der gesamten Schöpfung.“ (Papst Benedikt XVI.)

Diese in unserer Kathedrale grundgelegte Orientierung habe ich als Bischof nicht nur bei den großen Einzügen und Prozessionen in der Kathedrale erlebt, sondern ganz konkret einmal bei der Spendung einer Priesterweihe nach dem Missale Romanum von 1962: Als ich sozusagen als Erster in der gemeinsamen Gebetsrichtung aller Gläubigen am Hochaltar stand und liturgisch dort gefeiert habe, so wie es im Dom durch den ehrwürdigen Diener Gottes Bischof Franz Joseph Rudigier ursprünglich vorgesehen war.

Papst Benedikt XVI. erinnert in einer seiner unzähligen theologischen Arbeiten einmal über heilige Orte und die Bedeutung des Kirchengebäudes unter anderem daran, dass der Altar einer Kirche „gleichsam der Ort des aufgerissenen Himmels“ ist; „er schließt den Kirchenraum nicht ab, sondern auf – in die ewige Liturgie hinein“, „Übergang von der Welt zu Gott“, von Christus eröffnet.

Jesus Christus lädt alle ein: Vom Altar aus wird Gemeinschaft gebildet. Ich habe das in den vielen Pontifikalämtern erlebt, die ich als Diözesanbischof mit den Gläubigen unserer großen Diözese gefeiert habe: Da wurde „Kirche auf eine vorzügliche Weise ... sichtbar, wenn das ganze heilige Gottesvolk voll und tätig an ... derselben Eucharistiefeier teilnimmt: In der Einheit des Gebets und an dem einen Altar und unter dem Vorsitz des Bischofs, der umgeben ist von seinem Presbyterium und den Dienern des Altars.“ (II. Vaticanum, Sacrosanctum Concilium 41)

Spezielle Anlässe für dieses Sichtbarwerden des Geheimnisses der Kirche sind einige besondere liturgische Feiern. Ich denke dabei an die jährliche Liturgie der Chrisam-Messe, bei der es mir immer ein besonders Anliegen war, alle priesterlichen Mitbrüder zum Konzelebrieren einzuladen. Und ich habe meinen Bischöflichen Zeremoniär Thomas Hintersteiner darüber hinaus beauftragt, nicht nur die neugeweihten (ständigen) Diakone zur Assistenz einzuladen, sondern immer auch Ministrantinnen und Ministranten aus den verschiedensten Pfarren unserer Diözese, um den Altardienst bei der Bischofsmesse zu verrichten. Dies galt auch für weitere Liturgien in der Kathedrale, bei denen die heiligen Weihen erteilt wurden, oder für die Feier des Patroziniums des Mariendoms: am Hochfest der ohne Erbsünde empfangenen Jungfrau und Gottesmutter Maria. Mehrmals habe ich die Weihe unserer Diözese an die Gottesmutter Maria feierlich erneuert. Zum 8. Dezember habe ich auch immer einen bischöflichen Mitbruder eingeladen, dem Pontifikalamt vorzustehen. Es waren dies unter anderem die Bischöfe Wilhelm Schraml und Stefan Oster SDB, um die besondere Verbindung zu unserer Mutterdiözese Passau auszudrücken, Erzbischof Christoph Kardinal Schönborn, den Metropoliten unserer Kirchenprovinz, dem ich von 2001 bis 2005 als Auxiliarbischof in Wien zur Seite stehen durfte, oder Erzbischof Želimir Puljić von Zadar, den damaligen Vorsitzenden der

Bischof Ludwig Schwarz SDB stand der Diözese Linz von 2005 bis 2015 vor. Er freut sich über die Marienstatue, die er beim Abschied vom Leitungsamt zum Dank für seinen Dienst erhielt.

Kroatischen Bischofskonferenz, um an diesem Tag einmal konkret die vielen kroatischsprachigen Gläubigen einzubeziehen, die in unserer Diözese Heimat gefunden haben.

Dass mir als Salesianer Don Boscos die Kinder und Jugendlichen besonders am Herzen liegen, möchte ich doch auch eigens erwähnen. Die Frage der gelingenden Weitergabe des Glaubens an die nächste Generation hat mich immer beschäftigt. So habe ich nicht nur bei allen Bischöflichen Visitationen in den 486 Pfarren unserer Diözese immer auch Kindersegnungen oder Schulbesuche gemacht, sondern gleich in meinem ersten Jahr als Diözesanbischof mit speziellen Jugendkatechesen im Dom begonnen, die ich in meiner gesamten Amtszeit fortgesetzt habe.

Initiiert habe ich auch die Zulassungsfeier für erwachsene Taufwerber, die mittlerweile fester Bestandteil der bischöflichen Liturgie im Dom ist.

Von den „besonderen Tagen im Leben eines Bischofs", wie es das VII. Kapitel des Caeremoniale Episcoporum beschreibt, ist bei mir nach meiner Emeritierung und der Abschiedsmesse am 31. Jänner 2016 unter großer Beteiligung der Diözesanfamilie nur mehr ein Abschnitt offen: die Bestimmungen, die zu Tod und Begräbnis eines Bischofs im Zeremoniale festgelegt sind. Auch im letzten Akt eines bischöflichen Lebens ist die Kathedrale der festliche Rahmen für Requiem und Beisetzung eines Diözesanbischofs in der Grablege der Bischöfe in der Domkrypta. Bis zur Rückkehr ins himmlische Haus des Vaters bin ich mit meinem Zeremoniär noch immer gerne in der Diözese unterwegs, mit den vielen Menschen, zu denen ich als emeritierter Bischof eingeladen werde: zu einer Firmung junger Menschen, einem Weihejubiläum, einem Erntedankfest in einer Pfarre oder einer Palmliturgie in einem Pflegezentrum ... und ich komme noch immer dankbar und gerne in meine Bischofskirche, um dann mit meinem Vorgänger Bischof Maximilian Aichern OSB und meinem Nachfolger Bischof Manfred Scheuer gemeinsam am Altar zu konzelebrieren – so Gott will, auch zum 100-Jahr-Jubiläum der Weihe unseres Mariendoms.

Der Dom – Gotteshaus der ganzen Diözese

Bischof emeritus Maximilian Aichern OSB

Maximilian Aichern OSB wurde im Dezember 1981 von Papst Johannes Paul II. zum Bischof von Linz ernannt. Der neu geweihte Bischof dankt den 10.000 Gläubigen, die am 17. Jänner 1982 zum Weihegottesdienst in den Mariendom gekommen waren.

Die Kirche lebt und glaubt vor allem in den kleinen, lebendigen Gemeinschaften, in denen Christus mitten unter uns ist. Es ist aber gleichzeitig schön und wichtig, dass wir zu manchen Zeiten die große Gemeinschaft und Zusammengehörigkeit als Ortskirche und Teil der Weltkirche erfahren und feiern. Ein Zentrum dafür ist in Oberösterreich der Linzer Mariendom. Ich erinnere mich mit Dankbarkeit und Freude an die großen Treffen und Feiern etwa bei meiner Bischofsweihe, bei der Friedenswallfahrt, bei der Diözesanwallfahrt zum 200-Jahr-Jubiläum der Diözese Linz und verschiedenen anderen Festlichkeiten.

Wir können da erleben, dass der Dom in der Landeshauptstadt das Gotteshaus der ganzen Diözese ist. Aber nicht nur, wenn tausende Gläubige den Dom füllen, spüren wir das, sondern auch bei bestimmten Anlässen des

Kirchenjahres, etwa bei Jubiläen, Diakonats- und Priesterweihen, bei der Ölweihemesse am Mittwoch in der Karwoche, bei Wallfahrten der Senioren und Goldhaubenfrauen, der KA-Gliederungen und Apostolatsgruppen. Ich habe immer gerne an diesen Feiern und Treffen teilgenommen, wo Frauen und Männer, Jugendliche und Kinder aus allen Dekanaten teilnehmen und wo eine Ausstrahlung in alle Pfarren und Gruppen ermöglicht wird.

Der Mariendom hat mir auch persönlich viel geschenkt. Wie die Linzer und Besucher der Stadt gehe ich gern immer wieder zu kurzen und längeren Besuchen in den Dom. Durch seine Größe und Vielfalt wird viel für Besinnung und Gebet, für Freude an Kunstschätzen und Gedankenanregungen geboten. Ich denke etwa an den Seitenaltar der Schutzmantelmadonna und werde durch die dargestellten Persönlichkeiten unter dem Mantel wie Papst Pius XII., Bischof Rudigier, Maler Daringer aus Aspach und Gattin daran erinnert, dass wir alle, ob klein oder groß, unter dem Schutz und Schirm der Gottesmutter stehen.

Sehr interessant sind die großen, farbigen Fenster mit Stationen der Linzer Diözesangeschichte wie die Gründung der Stifte, wie die Wallfahrten nach Mariazell sowie die beiden großen Diözesan-Pilgerfahrten 1900 und 1910 ins Heilige Land, wo nach Berichten erstmals auch Frauen in einem Jerusalem-Pilgerzug mitfahren durften. Ich denke an die neuen Fenster vor der Votivkapelle zur Schöpfungsthematik, die uns an unsere Verantwortung für Natur und Umwelt erinnern.

Manchmal bleibe ich bei einzelnen Kreuzwegstationen stehen und bete für die Opfer der beiden Weltkriege und der heutigen Kriege, Terrorakte und Katastrophen. Wenn ich Besuchern den Dom zeige, gehen wir immer auch in die Krypta, wo die Krippe mit den vielen Details bestaunt wird, und wo in der dortigen Kapelle die Grablege der Linzer Bischöfe ist.

Die Bedeutung des Doms wird durch zahlreiche traditionelle und neue Initiativen unterstrichen und lebendig gehalten, etwa durch die Domkonzerte, durch die Turmeremiten, durch die Neugestaltung des Altarbereichs, durch spezielle Führungen oder durch den 2022 erstmals abgehaltenen „Domadvent". Viel Freude wurde mir durch die Aufführungen des Domchors und vieler Gruppen sowie durch die Domorganisten und die gewaltigen und dann wieder zarten Klänge der Rudigierorgel geschenkt.

Der Dom ist überhaupt spannungsreich. Begeistert hat mich immer wieder, wenn bei Fernsehübertragungen die Kirche hell ausgeleuchtet wurde und neu zur Geltung kam. Andererseits war die düstere Stimmung besonders bei Schlechtwetter ein Anstoß zur Besinnung und Annahme von Situationen, in denen wenig Licht und Sonne zu spüren sind.

Der Dom als Seelsorgezentrum

Der Linzer Dom war und ist immer auch ein Seelsorgezentrum, etwa für Beichtgelegenheit und Lebensberatung, für Anbetung oder Bildungstreffen. Mir wurde erzählt, welch große Bedeutung der Dom und seine Seelsorger in der NS-Zeit und nach Kriegsende hatten. Manche Aufgaben wie die Liturgie der Taufvorbereitung für Erwachsene oder Treffen der Firmlinge eines Jahres werden für die Diözese hier wahrgenommen. Dazu gehört auch die große Veranstaltung zum Sonntag der Völker (früher „Ausländersonntag" genannt) im Herbst, die mit dem vielsprachigen Gottesdienst, den bunten Kleidertrachten und der anschließenden Agape auf dem Domplatz ein Stück europäische Gemeinschaft, ja sogar Weltkirche erleben lässt. Wenn ich die Gottesdienste am Fest Maria Himmelfahrt feierte, habe ich die gar nicht so wenigen Italiener, die in Linz auf Besuch weilten, extra begrüßt und einen Teil der Predigt in italienischer Sprache gehalten. Zahlenmäßig noch viel zahlreicher waren die Gastarbeiter und Zugezogenen aus dem ehemaligen Jugoslawien und aus Ostländern, zu deren Gottesdienste ich in den Dom und andere Kirchen sehr gerne kam.

Von der Dompfarre sind immer wieder Anregungen und Erfahrungen ausgegangen. Durch meine Zeit als Diözesanbischof kenne ich nicht nur die Seelsorger der Dompfarre, sondern sehr viele Mitarbeiterinnen und Mitarbeiter, bei den Ministranten, Lektoren, Kommunionspendern, Mitgliedern von Domchor und Dommusik und von Gesprächen nach den Gottesdiensten vor dem Dom. Ich freue mich, wenn ich auf der Straße bekannten Leuten aus der Stadt begegne, besonders aus der Dompfarre, und nehme mir, wenn möglich, Zeit für kurze Gespräche. Auch jetzt noch komme ich als Altbischof immer wieder gerne in den Dom und nehme an manchen Gottesdiensten teil, soweit es die Gesundheit möglich macht.

Predigt von Bischof Maximilian Aichern OSB bei der Messfeier im Neuen Dom am Dienstag, 29. April 1986, zum Jahrestag der Domkirchweihe

Wir feiern heute unsere Bischofskirche, den Neuen Dom. Fast 125 Jahre sind vergangen seit seiner Grundsteinlegung, 62 Jahre sind vergangen seit seiner Weihe. So viele Jahre Geschichte des Glaubens und Betens trägt er in sich. Er steht im Blickfeld Europas, ja der Welt, da er eine der größten Marienkirchen ist. Der Ehrwürdige Diener Gottes, Bischof Franz Joseph Rudigier, steht am Beginn des Baues, der ebenso wie Bischof Johannes Maria Gföllner, der ihn 1924 weihte, im Widerstreit zwischen Politik und Glauben beinahe zerrissen wurde. Und edle Gestalten, wie Doppelbauer, Müller, Hittmair und Fließer haben hier in einer Zeit voller Grobheit und auch Hass gewirkt und Frieden gesät. Und Laienapostolat und Liturgie haben hier wie schon vorher im Konzil durch Bischof Zauner Geschichte geschrieben. Diese Hirten alle haben in dieser Kirche gepredigt, gebetet und gelitten vor ihrem Herrn und für ihren Herrn. Und in diesem Gotteshaus beten sie heute alle mit uns und für uns: Alle, die verstorbenen Bischöfe und alle unsere Verstorbenen, und auch unser Altbischof Franz Zauner ist betend unter uns.

Wir betreten in diesem gewaltigen Haus von Stein zu Linz die lebendige Kirche, die im Auf und Ab der Zeiten ringt und hofft und lebt. Wir haben von den Texten der Kirchweihmesse eben den Evangeliumabschnitt von dem kleinen, geschäftstüchtigen Zachäus gehört, eine ans Herz greifende Geschichte. Er hatte so manchen beschwindelt. Nun treibt ihn die Neugierde, Jesus zu sehen. Dies ist sein ganz stilles Verlangen, aus seinem schwierigen Leben herauszutreten und doch noch ein anderer zu werden. Er steigt auf einen Baum, steigt aus sich heraus und hinauf, aufwärts. Dieses Domgebäude ist für uns so etwas wie dieser Baum, der uns den Blick auf Jesus freigibt. Denn wir sind unserem inneren Menschen nach alle ein bisschen kleinwüchsig geraten. Wir können nicht hinausschauen über unseren Alltag, unsere Geschäfte und unsere Gewohnheiten.

Der Dom aber ist der Baum, der uns Höhe gibt, Abstand und Stille, damit wir Überblick gewinnen, damit wir Jesus sehen können. Einer meiner römischen Professoren in Kirchengeschichte zitierte oft das Sprichwort aus dem Mittelalter: „Der Spatz auf den Schultern des Adlers sieht mehr, als der Adler selbst.“ Die Menschen des Mittelalters meinten mit dem Spatz sich selbst. Wenn wir den Dom betreten, können wir gleichsam auf die Schultern der Apostel und Evangelisten steigen. Wenn wir unseren Dom betreten, nehmen uns gleichsam Rudigier und Doppelbauer, Müller und Hittmair, Gföllner und Fließer und auch unser Bischof Zauner und die vielen ungenannten Beter der vergangenen Jahrzehnte auf die Schultern, damit wir mit ihnen Jesus sehen können. Ja, es reicht noch weiter zurück. Die Glaubenszeugen St. Maximilian, St. Florian, die Märtyrer von Lorch und St. Severin begegnen uns, auch Jägerstätter, auch Marcel Callo und zahlreiche andere. Und besonders Maria führt uns zu Christus. Der Glaube aller Jahrhunderte, den der Dom in sich verwahrt, wird zum Aussichtsturm auf den Herrn hin.

Aber die Zachäusgeschichte hat noch eine anderes Seite. Nicht nur Zachäus sieht Jesus, sondern Jesus sieht ihn. Und dieser Blick Jesu ändert alles. Er wirbelt das ganze Leben des geschickten Zöllners durcheinander: Was er genommen hat, gibt er vierfach zurück. – Der Blick Jesu holt auch uns vom Baum herunter. Jesus will uns nicht nur hier im Dom begegnen, er will in unser Haus, in unser Leben eintreten. Er will, dass das Haus des Alltags Haus Jesu Christi werde. In die Kirche gehen, in den Dom gehen, heißt, der Bekehrung zugehen. Wer sich dem Blick Jesu aussetzt, muss wie Abraham werden, Leben nicht nach dem Zufall oder der Notwendigkeit, sondern in freiem Gehorsam zu Gott. Wer sich Jesu Blick aussetzt, muss das Geheimnis von Taufe und Firmung und auch von Priestertum und Ehe und ihren Auftrag in sich erneuern. Und so erblicken wir dankbaren Herzens Jesus Christus in dieser Domkirche, also durch den Dom ihn, der uns Weg der Hoffnung ist, ja, der alle Hoffnung erfüllt. Und das Wort der Schrift ist wahr, das sagt: „Ehrfurchtgebietend ist dieser Ort, Gottes Haus ist hier und die Tür zum Himmel!“ – Amen.

Bischof Maximilian Aichern OSB am 90. Geburtstag im Dezember 2022.

Ein Dom der Ökumene?!
Ein evangelischer Zugang zum Mariendom

Superintendent Gerold Lehner

Viele oberösterreichischen Kirchen sprechen eine Sprache, die dem Protestantismus fremd ist. Es ist die Sprache des Barock, eine durchaus auch in gegenreformatorischer Absicht sinnlich überschwängliche Sprache, die meines Erachtens eine dreifache Gefährdung in sich trägt: die Selbstsäkularisierung (weil die Transzendenz immer naturalistischer dargestellt wird und dadurch die qualitative Differenz verloren geht), die Abstumpfung durch den Gestus der Überredung und Emotionalisierung, und schließlich die Überbetonung einer triumphierenden Kirche.

Obschon der Dom Monumentalität anstrebt und inszeniert, tut er dies auf eine andere Weise. Weil er sich an den gotischen Kathedralen orientiert, partizipiert er auch an deren Raumwirkung. Und auch wenn eine neugotische Kathedrale sich von einer gotischen unterscheidet, vermittelt der Dom keineswegs einen epigonalen, sondern einen eigenständigen Charakter. Kurz: Ich schätze den Dom sehr, und ich möchte im Folgenden anzudeuten versuchen, warum das so ist.

Der Dom ist hörbar

Zunächst begegnet mir der Dom immer wieder akustisch. Die Superintendentur befindet sich in der Bergschlößlgasse. Hier, und bei den vielfachen Spaziergängen im Bauernpark, sind die Glocken des Doms immer wieder zu hören. Sie geben einen weichen Klang, der weithin zu hören ist. Sie machen keinen Lärm, schmerzen nicht in den Ohren, sondern sie klingen, sie rufen, sie machen aufmerksam, sie werben und mahnen. Inmitten des Lärms der Baustellen, des Verkehrs addiert sich hier nicht zusätzlicher Lärm, sondern Klang.

Dem Klang der Glocken, der sich nach außen an die Umgebung richtet, korrespondiert der Dom in seinem Inneren als ein „Hör-Raum“. Das ist für jeden nachvollziehbar, der hier an einem Gottesdienst teilgenommen, die Orgel, die Liturgie in ihrem Wechsel zwischen Zelebrant und Gemeinde, ein anderes Instrument oder einen Chor gehört hat.

Für mich verbindet sich der Dom allerdings mit manchen meiner schönsten Hörerlebnisse. Und das kommt daher, dass ich im liturgischen Vollzug einen privilegierten Platz einnehme: Ich sitze mit den anderen Liturgen dem Altar zugewandt, und hinter mir und uns steht in einigem Abstand aber doch nahe, der Chor, bzw. die Musikgruppe. – Erst vor kurzem habe ich es wieder erlebt: Ökumenische Vesper in der Langen Nacht der Kirchen, und hinter uns singt der Chor der Altkatholischen Kirche ein ruhiges, leises Lied aus der anglikanischen Tradition. Dieses Hörerlebnis ist in seiner Schönheit so intensiv, dass Himmlisches ahnbar wird und ich mit Maria einstimme: Meine Seele erhebet den Herrn ...

Der Dom ist sichtbar

Wenn der Dom mit Sicherheit auch als Zeichen der Macht und der Stärke der Katholischen Kirche gedacht war, hat er im Laufe der Zeit doch eine andere Bedeutung bekommen. Mit seiner Monumentalität vermag er sich immer noch zu behaupten in einem Stadtbild, das von Industrie und zunehmend von Hochhäusern geprägt wird. Der Dom ist ein unübersehbarer Platzhalter, Zeichen einer anderen Präsenz mitten in der Stadt.

Ich bin froh um den Dom, der inmitten einer geschäftigen Stadt eine andere Erzählung vom Menschen bereithält als jene von Konsum und Wohlstand. Der Dom ist in seiner Sichtbarkeit auch provokant. Er wehrt dem Verweis der Religion ins Private. Er macht deutlich, dass der Glaube auch einen Anspruch vermittelt.

Der Dom ist betretbar

Und schließlich betritt man mit dem Dom eine andere Welt, es eröffnet sich ein anderer Raum. Es ist ein Raum

Superintendent Gerold Lehner bei der Amtseinführug von Bischof Manfred Scheuer, 2016.

von ganz eigener Qualität. Wie in jeder Kirche ist es zunächst ein Raum, der sich innerhalb des Raumes der Stadt eröffnet und sich zugleich deutlich von ihr unterscheidet.

Wer den Dom betritt, der betritt einen monumentalen Raum der Stille. Und damit meine ich nicht nur die Akustik, sondern auch seine Architektur. Der Dom ist in seiner Architektur wohltuend ruhig und still. Ohne jede Aufdringlichkeit schafft er einen Raum, der in seiner Größe und Weite Gelassenheit vermittelt, den Geist aufatmen lässt, das Herz zur Ruhe kommen.

Die neugotische Architektur vermittelt eine Anschlussfähigkeit an die gemeinsame Geschichte, die etwa der Barock nicht zu vermitteln vermag. Das ist ein Grund, warum der Dom auch für evangelische Christen eine Kirche sein kann, in der sie sich zuhause zu fühlen vermögen.

Und die Sache mit Maria?

Der Dom ist nicht aufdringlich. Und das, obwohl er von seiner Intention her, nämlich der Verkündigung des Dogmas von der unbefleckten Empfängnis Mariens (1854), eine sehr eindeutige und ökumenisch nicht anschlussfähige Ausrichtung hat. Wie also geht das zusammen? Muss man als evangelischer Christ Teile seiner Wahrnehmung abspalten oder ignorieren? Aber könnte ich mich dann ehrlicherweise heimisch fühlen in diesem Kirchenraum? – Ich denke, wie des Öfteren im Leben stellt sich die Frage, was man in den Vordergrund und was man in den Hintergrund stellt. Wenn ich das Dogma der unbefleckten Empfängnis und jene Elemente des Domes in den Vordergrund stelle, die dieses Thema betonen, dann könnte es für mich schwierig werden, mich im Dom tatsächlich zuhause zu fühlen. Aber: Der Dom selber tut das (trotz seiner Intention) nur sehr zurückhaltend. Wer die Intention nicht kennt und nicht sehr genau und im Detail schaut, wird diese nicht ohne Weiteres zu erkennen vermögen. Tatsächlich ist im Hochaltar eindeutig Christus das Zentrum, und auch die Glasgemälde im Hochchor des Domes erzählen wesentlich die Geschichte Jesu. Die Liturgiereform in der Folge des Zweiten Vatikanischen Konzils und die Neugestaltung des Altarbereichs vor einigen Jahren haben noch einmal zu einer Betonung der Mitte geführt: Das Sakrament des Wortes und das Sakrament der Eucharistie / des Abendmahls konstituieren den Gottesdienst der Kirche.

Im Zentrum, in der Mitte, besteht Übereinstimmung. Und diese Mitte ist so gewichtig, dass sie es uns erlaubt, jene Ränder, an denen wir nicht übereinstimmen, zu ertragen. Deshalb gilt für mich: Ja, der Dom ist auch „meine" Kirche, er vermag es, Kirche der Ökumene zu sein.

500 Jahre Reformation – ein Fest vor dem Dom

Diese inhaltliche Übereinstimmung war auch der Grund dafür, dass der Dom beim Jubiläumsfest „500 Jahre Reformation" eine bedeutende Rolle spielte. Als es an die Planung dieses großen Festes ging, war für uns klar: Dieses Mal würde das Fest keine antikatholische Stoßrichtung erhalten um die eigene Identität zu stärken. Wir wollten ganz deutlich machen, dass wir dieses Mal die Reformation im Horizont der Ökumene, im Horizont der Verbundenheit feiern wollten. Diese Verbundenheit aber sollte auch inhaltlich abgedeckt sein, und so entschieden wir, die evangelische Kirche A.B. in Oberösterreich und die römisch-katholische Diözese Linz, uns dafür, ein gemeinsames Wort zum Jahr des Reformationsgedenkens zu verfassen, das in einen gemeinsamen Hirtenbrief von Bischof und Superintendent münden sollte.

Dieses gemeinsame Wort stellt insofern einen Meilenstein in der Beziehung dar, als hier das erste Mal der Weg vom Gegeneinander zum Miteinander gemeinsam formuliert und festgehalten – und zugleich ein Weg in die Zukunft beschrieben wurde. Diesem Willen zum Miteinander entsprach dann auch das Reformationsfest vor dem Dom mit einem ökumenischen Gottesdienst.

Dass mir der Dom auch liturgisch zu einer „Heimat" geworden ist, hat mit den vielen ökumenischen Gottesdiensten zu tun, die wir hier gemeinsam gefeiert haben. Da sind einmal die jährlichen Fixpunkte der „Gebetswoche für die Einheit der Christen" und der „Langen Nacht der Kirchen". Dazu kommen inzwischen ebenfalls schon regelmäßige Traditionen wie die „MaturantInnen-Wallfahrt" – eine besondere Gelegenheit, jungen Menschen Mut für ihren Weg zuzusprechen und sie zugleich daran zu erinnern, dass wir unser Leben im Horizont Gottes leben. Aber auch neue Traditionen wie der „Sternenkinder-Gottesdienst", indem wir gemeinsam mit den Eltern an den Verlust denken, den sie erlitten haben, und zugleich die Hoffnung nähren, dass Gott über unser Bitten und Verstehen hinaus diese Leben zu vollenden vermag.

Der Dom ist der Ort, an dem wir alles vor Gott zu bringen vermögen. Wir verlassen den Trubel des Alltags und kehren in ihm ein, halten einige Minuten inne, werden still, zünden eine Kerze an ... Und: Wir gedenken miteinander der 90 Jahre Land Oberösterreich und feiern einen großen Festgottesdienst.

Der Dom macht beides möglich. Seine Monumentalität macht mich nicht klein, sie erdrückt mich nicht, sondern sie erhöht mich, schenkt mir Raum und Weite, zieht die Seele nach oben ...

Am Ende sei nur angedeutet, aber nicht mehr ausgeführt: Der Dom allein macht es nicht. Es sind Menschen, die ihn mit Leben erfüllen und zu einem Ort der ökumenischen Gastfreundschaft machen. Deshalb danke ich an dieser Stelle dem Dompfarrer Max Strasser, der wie kein Zweiter mit diesem Gotteshaus verbunden ist und den Dom zum beglückenden Erlebnis des Miteinanders von Geschwistern werden lässt.

Mehrere hundert Schüler:innen der Maturajahrgänge versammeln sich alljährlich (hier September 2023) im Linzer Mariendom zu einem ökumenischen Gottesdienst mit Bischof Manfred Scheuer (vorne, rechts) und Superintendent Gerold Lehner (vorne, links), um Gottes Segen für ihr letztes Schuljahr zu erbitten.

Franz Jägerstätter kommt in den Mariendom

Erna Putz

Die Seligsprechung des Märtyrers Franz Jägerstätter am 26. Oktober 2007 hat nicht nur dessen Person, sondern auch den Ort der Feier, den Linzer Mariendom, in den Blick gerückt. Die Stele mit den Reliquien des Seligen ist Anziehungspunkt für Besucher:innen geworden.

In Gesprächen mit Franziska Jägerstätter spielte der Linzer Dom immer wieder eine Rolle. Es drehte sich dabei nicht um die Seligsprechung; falls es dazu kommen sollte, so erwarteten wir, dass dieses Ereignis – wie bis 2005 üblich – in Rom stattfinden würde. In Franziskas Kindheit war die Domweihe ein großes Ereignis gewesen. Der Vater, Lorenz Schwaninger, war zu diesem Fest für eine Woche nach Linz gefahren. Für ihn war es ein großer Eindruck. „Bei der Domweihe hat es dem Vater gut gefallen. Es sind sehr viele Leute gewesen", erinnerte sich Franziska noch im Jahr 2001. Auch für einen Bauern mit einem großen Hof war das eine aufwendige Sache gewesen. Das Geld für die Reise hatte er sich mit dem Anbau und Verkauf von Kleesamen erwirtschaftet. Franziska hat davon gesprochen, dass der Vater sehr viel zum Essen mitgenommen habe. Vom vielen Regen an diesen Tagen ist, anders als in sonstigen Berichten, in der Familie nichts überliefert.

Auf dem Weg zur diözesanen Wahrnehmung und Anerkennung der Entscheidung Franz Jägerstätters, den Dienst mit der Waffe in Hitlers Armee zu verweigern, war der Dom im Jahr 1987 eine wichtige Station. Unter Beteiligung von Gästen aus den USA, wie Bischof Thomas Gumbleton und dem Soziologen Gordon C. Zahn oder der Friedensstifterin Hildegard Goss-Mayr, wurde der 80. Geburtstag mit einer Pontifikal-Vesper begangen. Bei Bischof Maximilian Aichern und Dompfarrer Johann Bergsmann gingen im Vorfeld Proteste ein: Warum würde diese Feier denn ausgerechnet in der Kathedrale stattfinden? Während der Vesper beleuchtete Dompfarrer Bergsmann in seiner Predigt kritische, aber berührende Reaktionen zur Würdigung Franz Jägerstätters. Eine Kriegerwitwe hatte ihm geschrieben: „... im 2. Weltkrieg mussten unsere Männer (auch von meiner Schwester) den ganzen Krieg mitmachen ... bei Kälte und Hunger und sind zum Schluss noch beide gefallen in Russland. Man müsste schon überlegen, wer da heilig-gesprochen gehört." Ein Kriegsteilnehmer: „Mit knapp 17 Jahren musste ich zur ehem. deutschen Wehrmacht ... mir kamen die Tränen beim Einrücken, – ich hatte Angst im Krieg – wurde von den Partisanen verwundet und kam später für 2 Jahre in Kriegsgefangenschaft – meine Jugend, wie die vieler tausend anderer war zerstört. – Haben *wir* als Menschen damals falsch gehandelt? Haben alle diese vielen damals falsch gehandelt?" – Ein ehemaliger Sanitäter aus dem 2. Weltkrieg sagte zum Dompfarrer am Telefon: „Ich höre heute noch das Schreien der Verwundeten am Hauptverbandsplatz! Wir waren viel zu wenige zum Helfen! Hätte ich mich drücken sollen?"

Es gab aber auch bereits andere Stimmen aus dem Kreis ehemaliger Soldaten: Josef Garnweidner aus Hochburg berichtete im Umfeld der Vesper, dass ihm die Auseinandersetzung mit Franz Jägerstätter sehr geholfen habe, das eigene Tun und Lassen als Soldat in der Deutschen Wehrmacht anzuschauen. Bischof Thomas Gumbleton, Vorsitzender von Pax Christi USA, sprach über die Bedeutung von Franz Jägerstätter für Christen in den USA. „Wir stehen in einer sehr schwierigen Situation wegen unserer nationalen Hochrüstung. Wir fühlen uns im Gewissen verpflichtet gegen diesen Wahnsinn, der zudem den Armen das Brot wegnimmt, gewaltfrei Widerstand zu leisten, durch Steuerboykott und zivilen Ungehorsam wie Betreten von Raketenbasen. Doch auch diese völlig gewaltfreien Aktionen bringen ins Gefängnis und fordern einen hohen Preis von jedem Einzelnen. In dieser Situation brauchen wir Orientierung und Kraft. Diese finden wir bei Franz Jägerstätter; er hat auch nicht gefragt, ob sein Widerstand gegen Hitler weh tut."

Zur Vesper anlässlich des 80. Geburtstages von Franz Jägerstätter kamen etwa eintausend Personen, sie erhielten Zitate aus dessen Aufzeichnungen. Das Medieninteresse an

Die von Herbert Friedl 2007 gestaltete Jägerstätter-Stele befindet sich in der Kapelle „Maria – Königin der Märtyrer". In die Stahlstele eingearbeitet ist ein Glaszylinder, in dem sich eine vergoldete Dose mit Reliquien und ein Autograph Jägerstätters befinden.

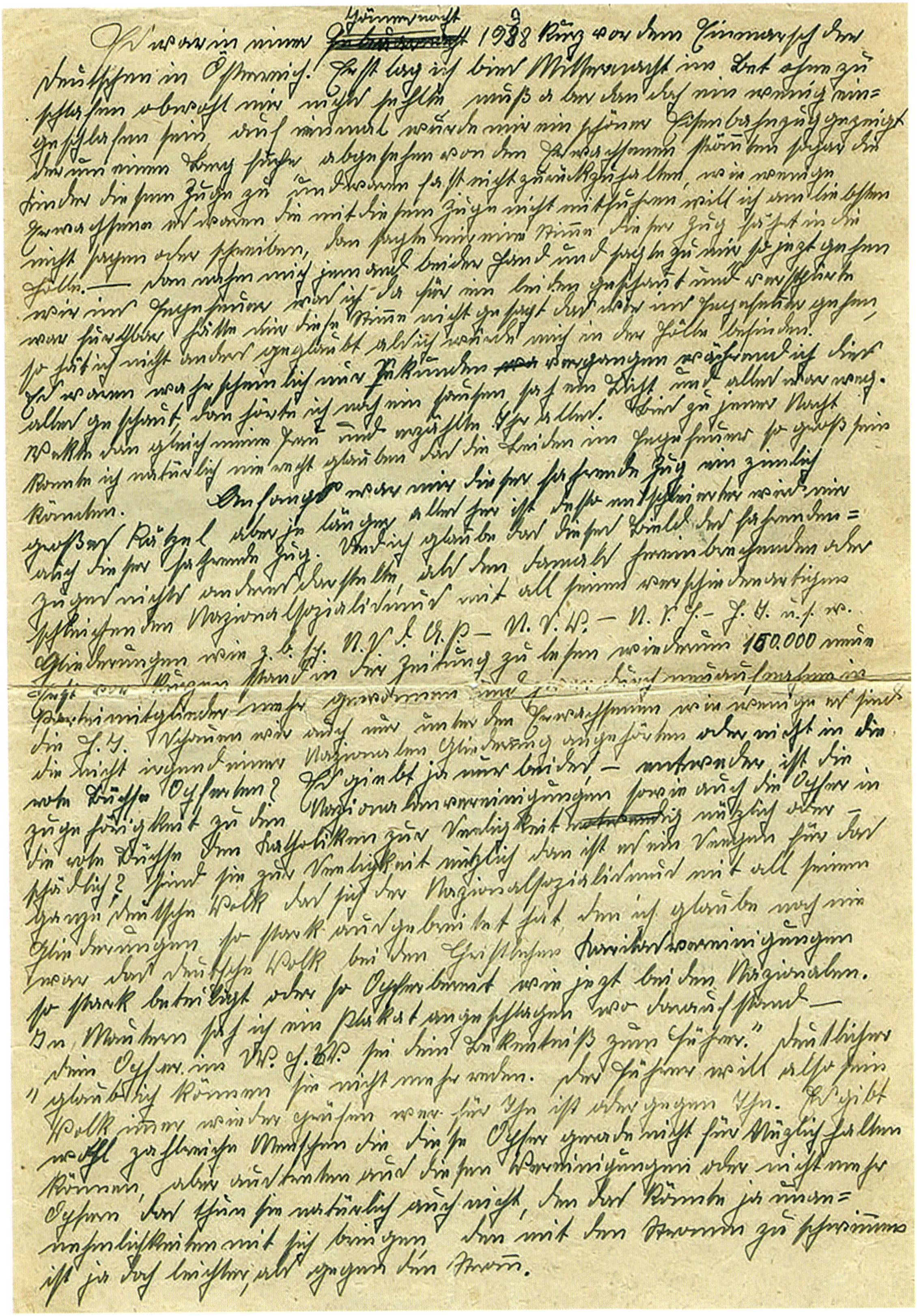

Jägerstätter Handschrift: Jägerstätter schrieb – in drei Fassungen – einen Traum über den Nationalsozialismus nieder. Er träumte von einem Zug mit überfüllten Waggons, der in den Abgrund fuhr. Eine dieser Fassungen befindet sich in der Stele.

Im Jahr 1987 – zum 80. Geburtstag Jägerstätters – als sein Lebenszeugnis in Kirche und Gesellschaft noch sehr kontrovers diskutierte wurde, fand bereits ein Gedenkgottesdienst im Mariendom statt.

diesem Fall war sehr groß; aufgrund der der Kandidatur und Wahl von Dr. Kurt Waldheim zum Bundespräsidenten war Pflichterfüllung in der Deutschen Wehrmacht zum Thema geworden. Auf Leserbriefseiten gab es lebhafte Diskussionen. Bis zu einem Verständnis einer breiten Öffentlichkeit für die Haltung Franz Jägerstätters war allerdings noch einige Überzeugungsarbeit nötig. Es brauchte aber auch Zeit: Erst die Enkel- und Urenkel-Generation wagte es, sich dem Leid, das der Krieg über die Familien gebracht hatte, und den Fragen, die sich daraus ergaben, zu öffnen.

Bischof Maximilian Aichern schätzte Franz Jägerstätter von Jugend an. Aus dem Englisch-sprachigen Bereich erreichten ihn wiederholt Bitten um die Vorbereitung einer Seligsprechung. 1989 ließ er Zeugen befragen, die Franz noch persönlich gekannt hatten. Auf umsichtige Weise gelang es ihm, in der Folge mehr und mehr Menschen aus der Diözese, auch Professoren „seiner" Katholisch-Theologischen Privatuniversität Linz für eine Seligsprechung zu interessieren und zur Mitarbeit zu gewinnen. Unter Bischof Maximilian wurde am 21. Juni 2001 der Informativ-Prozess zur Seligsprechung auf diözesaner Ebene abgeschlossen, und die Akten wurden nach Rom übermittelt. Sein Nachfolger Bischof Ludwig Schwarz bat im September 2006 Papst Benedikt um einen baldigen Termin mit dem Hinweis auf das hohe Alter der Witwe Franziska und den bevorstehenden 100. Geburtstag von Franz und bekam positiven Bescheid.

Anfang Juni 2007 unterzeichnete Papst Benedikt das entsprechende Dekret. Am 26. Oktober, dem österreichischen Nationalfeiertag, fand im Linzer Mariendom die Seligsprechung Franz Jägerstätters statt. Der Bauer und Mesner aus dem am Rand der Diözese gelegenen St. Radegund war im Zentrum, im Herzen der Diözese angekommen. Bischöfe und Priester in roten Messkleidern füllten den Altarraum. Kardinal José Saraiva Martins verlas das Apostolische Schreiben, mit welchem Papst Benedikt XVI. Franz Jägerstätter in das Buch der Seligen eingetragen hat: „..., dass der verehrungswürdige Diener Gottes Franz Jägerstätter, Märtyrer, Familienvater, fortan als Seliger angerufen werden kann. Er hat sein Leben hingegeben in hochherziger Selbstverleugnung, mit aufrichtigem Gewissen in Treue zum Evangelium und für die Würde der menschlichen Person." Die ethische und theologische Entfaltung der Lebenshingabe für die „Würde der menschlichen Person" steht leider auch 15 Jahre nach dem Ereignis weithin noch aus. Musikalisch war die von Prof. Ewald Volgger OT gestaltete Feier eher schlicht gehalten. Nachdrücklich bleibt der Moment in Erinnerung, an dem das große Porträt Franz Jägerstätters im Dom aufgezogen wurde. Der intimste und berührendste Moment der Feier war für viele die Überreichung der Reliquien ihres Ehemannes an Bischof Ludwig durch Franziska Jägerstätter. Ihre Haltung, ihre Präsenz, ihre durch einen Kuss auf das Reliquiar ausgedrückte Liebe zu Franz öffneten eine neue

Perspektive im Blick auf seine Entscheidung und auf seine Verantwortung als Familienvater. Franziska hatte ihn und seine Entscheidung mitgetragen und konnte ihn der Kirche „übergeben". Das Symbol für diese „Übergabe" war die Überreichung einer Reliquienkapsel an Bischof Ludwig Schwarz. Am Ende der Feier war die Frau von zahllosen Menschen umringt, die sie um ein Autogramm auf dem Feierheft baten. Damit sie nach drei Stunden endlich zu einer Stärkung kam, musste man sie förmlich losreißen.

Bereits am Rand der Generalprobe am Vortag, die für die TV-Übertragung wichtig war, wurde der Dom zu einem internationalen Treffpunkt. Nicht nur Menschen aus den USA und Italien informierten sich über den Ort der Feier. Die Gespräche wurden anschließend im Café bei Linzer Torte fortgesetzt.

Die von Herbert Friedl geschaffene Stele mit den Reliquien des Seligen befindet sich im rechten vorderen Seitenschiff vor dem Altar „Maria, Königin der Märtyrer". Neben den Knochenstücken aus der Urne ist ein handschriftlicher Text von Franz ausgestellt; darin beschreibt er seinen Traum von einem überfüllten Zug und deutet diesen als den Nationalsozialismus mit all seinen Gliederungen, der viele Menschen ins Verderben reißen würde. Wie die Zahl der mitgenommenen Gebetszettel oder die Eintragungen in einem Intentionen-Buch zeigen, nehmen zahlreiche Menschen aus dem In- und Ausland den Gedenkort wahr. Sie wenden sich an den Seligen als Fürbitter um Frieden und in Familienangelegenheiten wie Gesundheit oder bei der Suche nach einer Arbeitsstelle. Erstaunlich vielen Menschen ist dieser Ort eine Kraftquelle, die sie immer wieder aufsuchen.

Seit 2019 liegt vor der Kapelle das „Gedächtnisbuch Oberösterreich" auf. Das ist eine jährlich wachsende Sammlung von Biografien zu Personen, die im Nationalsozialismus aus den verschiedensten Gründen verfolgt waren. Die darin vorgestellten Schicksale und auch die Jägerstätter-Stele geben manchen eine neue Beziehung zum Dom. Man findet Stimmen wie: „Sooft ich in den Dom komme, lese ich von zwei oder drei Schicksalen". oder: „Seit meine Großmutter im Gedächtnisbuch ist, habe ich eine andere Beziehung zum Dom."

Für die Menschen, welche die Verantwortung für die Friedensbibliothek und das Antikriegsmuseum in Ostberlin trugen, ist Franz Jägerstätter seit Beginn der 1980er-Jahre wichtig. Ausstellungen über ihn zeigten sie zuerst in der DDR und seit der auch von ihnen mit ermöglichten „Wende" in mehreren weiteren Ländern, auch in Österreich und im Linzer Mariendom, zuletzt im Sommer 2023.

Neben Turmsanierung, Altarraumgestaltung oder Glasfensterrenovierung, Konzerten und dem vielfältigen Engagement von Dompfarrer Max Strasser halfen und helfen Jägerstätter-Stele und „Gedächtnisbuch Oberösterreich" mit, dass der Mariendom mehr und mehr als Zentrum und Herz der Diözese wahrgenommen wird.

*Feier der Seligsprechung am 26. Oktober 2007 im Mariendom.
Bild unten: die Witwe Franziska Jägerstätter übergibt die Reliquien
ihres Mannes Franz an Bischof Ludwig Schwarz.*

Ein Dom zum Glauben und Feiern

Das ist der Sinn jedes Kirchenbaus: Menschen Raum zur Begegnung mit Gott zu geben – allein und in der Gemeinschaft. Eine besondere Beziehung hat die Dompfarre zum Mariendom. Denn er ist nicht nur Bischofskirche, sondern zugleich ihre Pfarrkirche.

Die Dompfarre – Daheim im Mariendom

Dompfarrer Maximilian Strasser

Die Errichtung der Dompfarre Linz

Bischof Johanes M. Gföllner hat die „Pfarre zur Unbefleckten Empfängnis Mariä an der Domkirche zu Linz" mit Wirkung vom 1. Jänner 1922 errichtet. Er beruft sich ausdrücklich auf Bischof Rudigier, der schon die Absicht hatte, den Dom zugleich zu einer Pfarrkirche zu bestimmen.

Die Errichtung einer Pfarre war nicht nur ein „innerdiözesaner Verwaltungsakt", es war die Zustimmung der päpstlichen Kurie und der österreichischen Bundes- bzw. Landesverwaltung einzuholen.

Auch wenn der Bischof nach Anhörung des Domkapitels einen Domkapitular zum Dompfarrer frei ernennt, richtet er im Sinne der bestehenden Normen (§ 6 des Gesetzes vom 7. Mai 1874, R-G-Bl. Nr. 50) an die Landesregierung die Anfrage, ob gegen dessen Bestellung als Pfarrer vom politischen Standpunkte ein Einwand besteht; nach der Zustimmung der Landesregierung nimmt er die Investitur und Installation vor (vgl. Linzer Diözesanblatt, Jg. 1921, S. 121–125).

Die Errichtung der Dompfarre begründet Bischof Gföllner mit der „bischöflichen Amtspflicht, für eine geordnete Pastoration [Seelsorge] der mir anvertrauten Seelen nach Möglichkeit zu sorgen", weil die wachsende Bevölkerung der Stadt Linz eine weitere (vierte) Pfarre in Linz (südlich der Donau) erfordere (ebd. 121).

Das Gebiet der Dompfarre wurde aus den bestehenden Pfarren St. Josef (heute Heilige Familie) und St. Matthias (der sogenannten „Kapuziner-Pfarre", heute St. Martin am Römerberg) abgetrennt. Die Anzahl der Katholiken betrug nahezu 12.000 (vgl. ebd. 124). Die Veränderung in der Bevölkerungsstruktur hat zur Folge, dass jetzt etwa 3.300 Katholik:innen im Pfarrgebiet wohnen.

Als „Dompfarrhof", als Amtswohnung und Pfarrkanzlei, wird das Haus Herrenstraße 26 bestimmt, „welches dereinst Eigentum des aufgehobenen Stiftes Garsten war und vom Mariä Empfängnis-Dombauverein ... 1858 von der gräflich Sophie Gileißschen Verlassenschaftsmasse angekauft wurde". (ebd. 123f.)

Der Dompfarre wurden fünf Seelsorger zugeteilt, neben dem Pfarrer vier Domvikare, „damit sie dem Dompfarrer als Gehilfen in Verrichtung der seelsorglichen Funktionen, sowie nach Möglichkeit auch in der Erteilung des Religionsunterrichtes in den im Sprengel der Dompfarre gelegenen Volksschulen zur Seite stehen" (ebd. 123).

Der Blick in die Errichtungsurkunde zeigt schon, dass sich seit dem Jahr 1922 vieles verändert hat. Die Pfarrchronik dokumentiert Veränderungen, zeigt aber auch, welche seelsorglichen Anliegen – wenn auch in den Umständen entsprechender modifizierter Gestalt – durchgehalten wurden.

Jugendwoche Seekarhaus, 1948

Jugendwochenende in Gloxwald, 2014

Glaubensverkündigung – Glaubensvertiefung – religiöse Bildung

Das Anliegen der religiösen Bildung der Gläubigen wurde selbstverständlich in den Predigten der Sonn- und Feiertagsgottesdienste wahrgenommen. Darüber hinaus wurden „Bildungsprogramme", die bewährt waren, der neuen Situation angepasst und zum Teil weiterentwickelt. In den ersten Jahren der Dompfarre wurde die Fertigstellung des Domes und die Vorbereitung der Domweihe als Chance für die Seelsorge wahrgenommen. „Zur Vorbereitung auf das Fest der Domweihe fand eine achttägige Volksmission statt." (Pfarrchronik I, 14) Zur Vorbereitung auf das Osterfest 1929 wurde wieder eine „heilige Mission" abgehalten. In den folgenden Jahren wurde dieses Anliegen im Rahmen einer „religiösen Woche" (jeweils in der Woche vor dem Palmsonntag) weitergeführt. Das Bildungsangebot wurde ab 1931 um die jährlichen Fastenpredigten und um ein Triduum vor dem Herz-Jesu-Fest (ebd. 33 und öfter) erweitert. Das Herz-Jesu-Triduum wurde 1951 aufgegeben (ebd. 92), die „religiöse Woche" wurde 1971 auf drei Tage (Donnerstag bis Samstag) reduziert (ebd. 284), ab 1979 wird das Anliegen in drei Fastenpredigten an drei Werktagen, später an drei Sonntagen in der Fastenzeit weitergeführt. Drei Glaubensabende in der Fastenzeit (von 2001 bis 2019 vor allem zu biblischen Themen) wurden als ein Bildungsangebot bis zur Corona-Pandemie 2020 durchgehalten. Seit 1. Oktober 1932 ist im Dom ein Schriftenstand aufgestellt – auch ein Beitrag zur religiösen Bildung (ebd. 36).

Kinder- und Jugendseelsorge

Die Kinder- und Jugendseelsorge war von Anfang an den Domvikaren anvertraut. Einer von ihnen war für das „Notburga-Heim" zuständig, das nicht nur „ausgedienten" Hausgehilfinnen – wie man damals sagte – Wohnung bot, sondern auch als Bildungsstätte und „Durchzugsheim" für junge Hausgehilfinnen diente (ebd. 21).

Ein Domvikar leitete die Dompfarr-Jugendgruppe des Reichsbundes der katholischen deutschen Jugend Österreichs, die 1928 im Anschluss an einen Diözesan-Jugendtag gegründet worden war (ebd. 23).

Der katholische Gesellenverein (Kolping-Verein) bestand schon vor der Errichtung der Dompfarre. Auch hier war ein Domkurat seelsorglich tätig (ebd.).

In der Chronik finden sich keine Aufzeichnungen, aber aus Erzählungen ist bekannt, dass während des NS-Regimes (1938–1945) in der Domkrypta Treffen von Jugendlichen mit ihren Seelsorgern stattfanden, die vor allem der religiösen Unterweisung gewidmet waren und zugleich den Charakter eines (mäßigen) Widerstands gegen die Machthaber hatten.

Bischof Franz Sal. Zauner (Bischof-Koadjutor seit 1949, Diözesanbischof von 1956 bis 1981) förderte vor allem die Katholische Aktion und innerhalb dieser die entsprechenden Jugend-Organisationen. In der Dompfarre trafen sich Jugendgruppen wöchentlich zur Heimstunde, an Sonntagen regelmäßig zur Feier der „Jugendmesse"

Die Ministrant:innen der Dompfarre bereiten sich auf den Gottesdienst vor. Es wird abgesprochen, wer bei der heiligen Messe welche Dienste übernimmt.

(vgl. ebd. 161) und verbrachten gemeinsame Sommerwochen. Sie veranstalteten auch „lustige Abende" für die Pfarrbevölkerung im Fasching (ebd. 117, 131).

Eine Besonderheit der Dompfarre war der Domjugendchor. Seine Anfänge reichen zurück in die NS-Zeit. Unter den Brüdern Joseph und Hermann Kronsteiner, damals Domvikare, später Domkapellmeister beziehungsweise Musikprofessor, sangen Jugendliche als „Chor" bei den Gottesdiensten. Schon 1943 pflegten die Jugendlichen das Sternsingen. Ab 1955 leitete Prof. Johannes Unfried diesen Jugendchor (ebd. 315, 222, 232, 275). Der Höhepunkt war die Teilnahme an einem europäischen Musikfestival 1972 in Belgien, bei dem der Jugendchor „einen ersten Platz mit besonderem Lob" und eine Medaille des Belgischen Kultusministeriums gewonnen hat (ebd. 296). Zum Adventbeginn 1985 sang der Jugendchor bei der Segnung der Adventkränze zu letzten Mal (Pfarrchronik II, 16).

Die Katholische Jungschar war selbstverständlich in der Dompfarre eingerichtet, sie wird vor allem im Zusammenhang mit der Sternsinger-Aktion erwähnt und bedankt; dabei wird auch darauf hingewiesen, dass die Summe der Spenden, die in der Dompfarre gegeben wurden, im Vergleich mit den anderen Pfarren der Diözese sehr hoch war (Pfarrchronik I, 221, auch II, 17).

Die Ministranten gehören zum Dom und zur Dompfarre. Im Jahr 1976 findet sich ein Eintrag in der Chronik, der eine Zahl von über 100 Ministranten nennt und den verantwortlichen Seelsorgern und Mitarbeitern ausdrücklich dankt (Pfarrchronik I, 366).

1973 wurde – nach der ersten Pfarrgemeinderatswahl – ein Fachausschuss für Jugendarbeit errichtet. Ein solcher Fachausschuss wurde nach jeder Pfarrgemeinderatswahl wieder konstituiert und begleitet seither die verantwortlichen Seelsorger und die Gruppenleiter der Jugend und Jungschar (vgl. ebd. 317, 364).

Eine gute Tradition hat in der Dompfarre die Kindermesse. Im Jahr 1961 wurde sie am Sonntag um 8 Uhr in der Taufkapelle (Turmkapelle) gefeiert (ebd. 161). 1985 wurde sie auf 9 Uhr verlegt; gefeiert wurde sie in der Votivkapelle, zwischen Allerheiligen und Ostern in der Krypta (Pfarrchronik II, 17). Seit mehr als zehn Jahren wird sie am Hauptaltar gefeiert. Ein Kreis von Müttern und Vätern bereitet die Messfeier vor, Ministranten übernehmen die Dienste der Lektoren.

Firmungs-Gottesdienst im Mariendom: Selbstverständlich sind die Dom-Ministrant:innen im Einsatz.

Die Mitverantwortung der Laien in der Leitung der Pfarre

Am 12. Oktober 1939 wurde der Pfarrkirchenrat konstituiert. Anlass war die Anordnung des nationalsozialistischen Regimes, einen Kirchenbeitrag einzuheben (Pfarrchronik I, 59 f.). Er entwickelte sich zu einem wichtigen Gremium, das den Pfarrer in finanziellen Fragen berät und auch kontrolliert. Die Linzer Diözesansynode (1970–1972) richtete den Pfarrgemeinderat (PGR) ein, der den Pfarrer in der Leitung der Pfarre mitverantwortlich unterstützt. Im April 1973 wurde der erste PGR in der Dompfarre gewählt (ebd. 316 f.). Vorläufer des PGR war der „Pfarrausschuss"; er wurde auf Wunsch des Diözesanbischofs im Sinne der Katholischen Aktion eingesetzt und hielt in der Dompfarre am 26. September 1936 seine erste Sitzung ab (ebd. 52). Laien (Vertreter der einzelnen Gliederungen der Katholischen Aktion) wurden zu wichtigen Beratern der Priester für den Seelsorgedienst.

Seit 1982 ist in der Dompfarre ein:e Pastoralassistent:in als hauptamtliche:r Seelsorger:in angestellt (z.B. ebd. 411, Pfarrchronik II, 43). Neben hauptamtlich angestellten Laien werden „Mitarbeiter:innen im Ehrenamt" für die Seelsorge immer notwendig sein. Diese Mitarbeit wird umso mehr geschätzt, je mehr die Weisungen des Zweiten Vatikanischen Konzils (vor allem der Kirchenkonstitution „Lumen gentium" und der Pastoralkonstitution „Gaudium et spes") umgesetzt werden.

Eine wichtige Rolle in der ehrenamtlichen Tätigkeit spielen die einzelnen Gruppen der Katholischen Aktion und deren Leiter:innen. Im Rahmen der Katholischen Frauen- und Männerbewegung treffen sich mehrere Runden einmal im Monat. Die Jungschar- und Ministrantengruppen treffen sich wöchentlich.

Gottesdienste in der Dompfarre

Mit ganz wenigen Ausnahmen wird im Mariendom täglich Eucharistie gefeiert. Die Pfarrchronik (I, 160) hält fest, dass im Jahr 1961 folgender Antrag einer Gottesdienstordnung an Sonntagen im Pfarrausschuss einstimmig angenommen wurde: 5.15 Uhr stille Messe (Sommer 5 Uhr), 6.15 Uhr Singmesse mit Predigt, 7.30 Uhr Pfarrmesse, 8.30 Uhr Jugendmesse, 8 Uhr Kindermesse in der Taufkapelle,

10 Uhr Hochamt, 11.30 Uhr Singmesse, 18 Uhr Singmesse (alle Gottesdienste mit Predigt außer 5.15 Uhr und Hochamt). Auch an Wochentagen wurden mehrere heilige Messen gefeiert, da es vor der Liturgiereform des Zweiten Vatikanischen Konzils üblich war, dass jeder Priester „seine" Messe (an einem Seitenaltar zusammen mit mindestens einem Ministranten in lateinischer Sprache) feierte. Die Frühmesse am Sonntag um 5.15 Uhr wurde noch im selben Jahr abgesetzt, die tägliche Abendmesse auf 18.15 Uhr verlegt; die Begründung dafür war, dass an Werktagen die Mitfeier der Messe für alle, die um 18 Uhr Arbeitsschluss haben, leichter möglich sein sollte (ebd. 156 f.). 1984 wurden vier Messfeiern an Sonntagen (um 8.30 Uhr, 10 Uhr, 11.30 Uhr und 18.15 Uhr) sowie zwei Messfeiern an Werktagen (um 8 Uhr und 18.15 Uhr) festgelegt (Pfarrchronik II, 11). Die Kinder- und Familienmesse wurde im Herbst 1985 auf 9 Uhr verschoben. An Werktagen wird nur mehr eine Messe (um 18.15 Uhr) gefeiert. Einmal im Monat bereiten Frauen einen Wortgottesdienst vor und feiern ihn anstelle der Abendmesse am zweiten Donnerstag im Monat.

Zwei Liturgiereformen sind in der Pfarrchronik erwähnt. Vor der großen Reform in Folge des Zweiten Vatikanischen Konzils – zwischen 1965 und 69 durchgeführt – hatte Papst Pius XII. schon 1952 die Feier der Karwoche reformiert und die Feiern auf den Abend, den Nachmittag oder in die Nacht verlegt. Die Pfarrchronik hält fest, dass 1952 auf Wunsch des Bischofs im Dom die Osternachtsfeier zur Mitternacht (22.15 bis 1.15 Uhr) veranstaltet wurde und nur 600 Personen anstelle der erwarteten 5000 Teilnehmer gekommen waren. Die – bis dahin übliche – volkstümliche Auferstehungsfeier mit „Auferstehungsprozession" am Karsamstag um 17 Uhr hatte 7000 Menschen in den Dom geführt (Pfarrchronik I, 95). 1954 wurde die „Auferstehungsprozession" in die Osternachtsfeier eingebaut (ebd. 101).

Die Durchführung der Liturgiereform des II. Vatikanums begann 1965 am 1. Fastensonntag. Die Bemerkung des Chronisten (Pfarrer Josef Ledl), dass der Gottesdienst nicht allein vom Priester gestaltet, sondern vom Kirchenvolk mitgetragen werden soll, weist auf das eigentliche Anliegen der Liturgiereform, die „tätige Teilnahme" aller, hin (ebd. 211). Die Anregung des Konzils, einen „Volksaltar" zu errichten, wurde im Dom erst in Etappen verwirklicht. 1984 wurde durch ein Holzpodium der Raum vor dem Hochaltar verlängert und darauf ein durchaus schöner, aber provisorischer Volksaltar aus Eichenholz errichtet (Pfarrchronik II, 11). Im Jahr 2017 wurde nach einem längeren Nachdenk- und Entscheidungsprozess der neue „Raum für die Feier der Eucharistie" gebaut, in dem Altar, Ambo, Bischofs- und Priestersitz rund um die Mitte des Doms angeordnet sind.

Das gottesdienstliche Feiern im Dom ist dadurch geprägt, dass er Bischofs- und Pfarrkirche ist. An den hohen Festen feiert der Bischof mit der Pfarre (und Christ:innen, die sich ihr anschließen) den Hauptgottesdienst (z.B. die Drei Österlichen Tage, die Weihnachtsmette, Allerheiligen, Maria Empfängnis). Dazu kommen auch Feiern, die nur in der Bischofskirche gefeiert werden und für die ganze Diözese Bedeutung haben (z.B. Diakonen- und Priesterweihen, die Weihe der Heiligen Öle in der Karwoche, Sendungsfeiern in den Pastoralen Dienst beziehungsweise in den Religionsunterricht).

Die Gestaltung des Fronleichnamsfestes, vor allem der Prozession, zeigt diese Verbindung von Bischofs- und Pfarrliturgie. Viele Jahre ging die Prozession, die der Bischof leitete, über die Pfarrgrenzen hinaus. Dazu waren auch die anderen Pfarren in der Stadtmitte eingeladen. Ab 1970 blieb der Prozessionsweg innerhalb des Dompfarrgebiets, 1984 wurden die vier Stationen („Altäre") auf folgende Orte gelegt: 1. Domplatz, 2. Auerspergplatz, 3. Langgasse , 4. Seilerstätte – Kirche der Marienschwestern (Pfarrchronik II, 10). Im Jahr 2000 wurden die „Orte" der Altäre bewusst zum Thema gemacht: 1. „Kirche auf dem Weg in die Welt" – Domplatz, 2. „Gesundheit und Wohlergehen" – Altenheim der Kreuzschwestern, Krankenhäuser der Barmherzigen Brüder und Schwestern, 3. „Gebet und Kontemplation" – Karmelitinnen-Kloster, 4. „Frieden und Gerechtigkeit" – ein Teil der Seilerstätte war in „Friedensplatz" umbenannt und dort der „Menschenrechtsbrunnen" errichtet worden (ebd. 70). Die Prozession leitet in der Regel der Bischof, die Dompfarre trägt die konkrete Gestaltung. Es ist ein Versuch, die Botschaft des Glaubens und den Gehalt der Eucharistie mit dem Leben, den Fragen, Sorgen und Erfahrungen der Menschen in Verbindung zu bringen. – Diese Gestaltung des Fronleichnamsfestes ist durchaus beispielhaft für das seelsorgliche Bemühen in der Dompfarre in den letzten hundert Jahren.

Die Osternacht 2019: Das Osterlob erklingt im nur von Kerzen erleuchteten Mariendom.

Auf den Schultern der Pfarrer

Franz Rohrhofer

1924 war der Mariendom von Linz baulich weitgehend fertiggestellt und konnte feierlich geweiht werden. Doch vollendet war er noch lange nicht. Das bekamen die Männer zu spüren, die seit 1922 als Pfarrherrn die Verantwortung für den Dom mitzutragen hatten. Ihrer Tatkraft war es zu verdanken, dass auch Ausstattung und Gestaltung des Doms in den 100 Jahren seit der Domweihe ständig weiterentwickelt wurden. Erstaunlich: In diesem langen Zeitraum waren nur fünf Dompfarrer im Amt. Das spricht für deren Standhaftigkeit und Ausdauer.

Josef Andlinger (1922–1930)

Der erste Dompfarrer war Johann B. Andlinger. Er stammte aus Kremsmünster (geb. 14. April 1863) und hatte in Rom studiert. Als Sekretär des Bischofs Franz M. Doppelbauer erlebte er den Bau des Domturms viele Jahre hautnah mit. 1919 berief Bischof Gföllner ihn in das Domkapitel. Als Dompfarrer seit 1922 war er auch aktiv in die Feierlichkeiten zur Domweihe eingebunden. Pfarrer Andlinger wusste also, was auf ihn zukam. Sein Start in der neuen Pfarre war trotzdem mit erheblichen Schwierigkeiten verbunden.

Es gab keine Wohnung und keine Kanzlei für den Dompfarrer. Das vorgesehene Gebäude an der Herrenstraße war noch von Mietern bewohnt und konnte erst 1927 übernommen werden. Andlinger musste im Bischofhof Quartier beziehen. Es gelang ihm, im künftigen Pfarrhof einen kleinen Raum als Pfarrkanzlei einzurichten, doch er musste auch diesen Platz mit der Caritas teilen. Die Zeiten waren schwer, die Inflation und die steigende Arbeitslosigkeit führten zu Not und Armut in der Pfarre. Andlinger gründete einen Vinzenzverein und versuchte durch Spenden zu helfen. Die Pfarrkanzlei sah daher meist aus wie eine Kleiderkammer, aus der er die Bedürftigen versorgte.

Trotz der wirtschaftlichen Lage war Pfarrer Andlinger bemüht, auch Geld für den noch nicht vollendeten Dom aufzubringen. Im Juni 1924 konnte er noch den provisorischen Kreuzweg im Langschiff weihen. Dann war die Kassa weitgehend leer. Die Arbeiten am Dom mussten aus Geldmangel 1925 eingestellt werden. Pfarrer Andlinger entdeckte jedoch eine neue Art, Geld aufzubringen. Er startete 1926 eine Dom-Lotterie, die erfolgreich angenommen wurde. Die Ziehung fand am 6. Juli 1927 statt. Der Reinertrag, mehr als 211.000 Schilling, reichte aus, um die beiden noch fehlenden Turmkapellen auszubauen. Pfarrer Andlingers Geldbeschaffungsmethode fand auch in späteren Jahrzehnten erfolgreiche Nachahmer.

Johann B. Andlinger war über seine Pfarre hinaus auch in vielen kirchlichen Ämtern aktiv. Dies überforderte seine physischen Kräfte. Er starb im Mai 1930 nach acht Jahren als Dompfarrer im 68. Lebensjahr.

Josef Andlinger

Josef Zierer (1930–1956)

Josef Zierer stammte aus Schärding (geb. 17. Jänner 1879). Für das neue Amt als Dompfarrer, das er am 7. Oktober 1930 übernahm, brachte er viel Erfahrung mit. Er war viele Jahre Ordinariatssekretär und Zeremoniär der Bischöfe Hittmair und Gföllner gewesen und galt deshalb als „lebende Diözesanchronik". Dann übernahm er die Welser Vorstadtpfarre und bewährte sich dort als Bauherr bei der Sanierung der Kirche. Auch die Gründung der Herz-Jesu-Kirche in Wels geht auf ihn zurück. Die Berufung zum Linzer Dompfarrer lehnte er zunächst ab, doch Bischof Gföllner bestand darauf.

Bei der Installation des neuen Domherrn zeigte sich deutlich die enge Verbindung der katholischen Kirche mit der Politik in dieser Zeit. Der Katholische Volksverein war gleichzeitig die Parteiorganisation der Christlichsozialen. In der Landesregierung saßen Geistliche als Landesräte. So wurde die Einführung des neuen Pfarrers zu einem gesellschaftlichen Ereignis. Bereits am Vorabend zogen die katholischen Vereine mit brennenden Fackeln zum Bischofhof. Am Abend des Festes fand der feierliche Begrüßungsakt im großen Volksgartensaal mit Landeshauptmann Josef Schlegel, der Landesregierung und den Gemeinderäten von Linz statt. Diese enge Verbindung von Kirche und Partei sollte letztlich dazu führen, dass beide in der schwierigen Zeit des Nationalsozialismus gleichermaßen verfolgt wurden und zu leiden hatten.

In der Dompfarre jener Jahre entwickelte sich eine intensive Jugendbewegung. Schon 1928 war eine Gruppe des Reichsbundes der katholisch-deutschen Jugend in dieser Pfarre gegründet worden. Die Kapläne kümmerten sich erfolgreich um die einzelnen Gruppen, im Dompfarrhof wurden eigene Jugendräume eingerichtet. So überraschte es nicht, dass 1934 nach dem Mord an Bundeskanzler Engelbert Dollfuß die Reichsbund-Jugend am Turmtor, so wie in vielen Kirchen Oberösterreichs, eine Tafel zum Andenken an den Bundeskanzler anbringen ließ. In der NS-Zeit wurde sie zugenagelt. So blieb sie bis zum November 2006, als sie wieder freigelegt, aber mit einer Zusatztafel versehen wurde, in der die Kirche sich von der damaligen Politik distanziert und sich für offen gegenüber allen demokratischen Parteien erklärt.

Als Dompfarrer förderte Josef Zierer in seiner Pfarrkirche besonders die Herz-Jesu-Verehrung. In der rechten Turmkapelle ließ er einen Taufstein aufstellen, und er begleitete Bischof Gföllner nach Italien, als dieser von der Grabstätte des hl. Severin eine Reliquie für den Hochaltar des Doms nach Linz brachte.

Die große Herausforderung für Dompfarrer Zierer sollte aber noch auf ihn zukommen. Das NS-Regime lehnte er entschieden ab, wich aber ängstlich jedem Konflikt aus. Die Bombenangriffe während des Krieges machten dem übervorsichtigen Dompfarrer sehr zu schaffen. Er hatte stets einen Koffer gepackt, um bei Fliegeralarm als Erster in den Luftschutzbunker zu eilen. Durch einen Bombentreffer in der Bischofstraße wurden rund 300 Fensterscheiben des Pfarrhofs beschädigt. Da es an Kohlen mangelte, mussten die Bewohner in der Kälte ausharren. Am 20. Jänner 1945 traf eine Bombe den Dom und richtete großen Schaden an. Die Polizei musste das Gebäude sperren. Die Kirche der Ursulinen diente für die nächsten Jahre als Domkirche. Den Einmarsch der Alliierten im Mai 1945 erlebte Pfarrer Zierer mit seinen Vikaren und der Wirtschafterin in der Krypta des Doms. Die Nacht verbrachten sie in der Gruftkapelle auf Sofas und Liegen. Die Messen und Andachten wurden in der Krypta gehalten.

Aus Mangel an Baumaterial ging nach dem Krieg die Renovierung des Doms nur langsam vor sich. Erst im Oktober 1946 konnte der notdürftig restaurierte Dom wieder eröffnet werden. Bauarbeiten am Dom blieben auch in den nächsten Jahren eine Herausforderung für den Dompfarrer. Es war allerdings eine große Freude für ihn, als am 26. Februar 1947 die im Krieg eingezogenen Domglocken heimkehrten. Am 12. Jänner 1956 starb Dompfarrer Josef Zierer nach 25 Jahren im Amt im Alter von 78 Jahren an einem Herzleiden.

Josef Zierer

Josef Ledl (*1956–1980*)

Josef Ledl kam am 31. Oktober 1901 in Pöndorf im Hausruckviertel als Sohn eines Bauern zur Welt und trat nach der Matura am Petrinum ins Linzer Priesterseminar ein. Nach der Priesterweihe und mehreren Seelsorgestationen wurde er Pfarrer in Taufkirchen an der Pram und dann in Bad Ischl. Auffallend war, dass er sich bereits dort sehr um die bauliche Erhaltung von Kirche und Pfarrhof kümmerte. Als Dompfarrer Zierer starb, forderte Generalvikar Ferdinand Weinberger Ledl auf, sich zu bewerben. Dies bereitete ihm schlaflose Nächte, da er sich überfordert fühlte; doch der Generalvikar setzte sich durch, und Ledl wurde am 7. August 1956 Linzer Dompfarrer

Zum Mariendom hatte Josef Ledl viele persönliche Bindungen. Bei der Domweihe 1924 hatte er Bischof Gföllner assistiert. Im Juni dieses Jahres wurde er selbst im vor wenigen Wochen konsekrierten Dom zum Priester geweiht. Zwischen 1934 und 1940 wirkte er hier auch als Kurat des Dompfarrers. Er kannte also die Pfarre und die Domkirche bestens aus eigener Erfahrung.

Seine Erfahrungen im Kirchenbau kamen Josef Ledl in Linz sehr zugute. Es war daher bestimmt kein Zufall, dass er bald nach seiner Einführung als Dompfarrer auch als Domkustos bestellt wurde. Er musste als solcher intensiv mit dem Dombaukomitee, das nach wie vor bestand, zusammenarbeiten. Bischof Gföllner ließ den neuen Dompfarrer wissen, dass dieses Amt besonderen Takt, Klugheit und Wachsamkeit erfordere. Josef Ledl war allerdings der erste Dompfarrer, der auch bald die Obmannstelle im Komitee persönlich übernahm und bis knapp vor seinem Tod innehatte. Das kam eben seinem großen Interesse am Bauen und Erhalten von Bausubstanzen entgegen.

Zu tun gab es für einen leidenschaftlichen Bauherrn genug am Linzer Neuen Dom. Auch die Katholische Kirche verschrieb sich dem Gebot des Wiederaufbaus. 1956 waren die Kriegsschäden noch immer nicht gänzlich beseitigt. Der Turm musste renoviert und das Dach sollte erneuert werden. Auch die Krypta war neu zu gestalten. Josef Ledl hatte den Ruf eines emsigen Bauherrn. Oft war ein Bauprojekt noch gar nicht abgeschlossen, da begann er schon das nächste. Bei aller Spendenfreudigkeit und Dankbarkeit fragten sich die Pfarrangehörigen oft: „Womit wird er denn jetzt wieder beginnen?“ Doch mit großer Hartnäckigkeit fand er auch immer Mittel und Wege, um seine Bauvorhaben zu finanzieren.

Ein besonderes Anliegen war Pfarrer Ledl eine neue große, dem Dom entsprechende Orgel. Es dauerte allerdings zehn Jahre, bis die „Rudigierorgel“ gesegnet wurde und erklingen konnte. Seit der Domweihe 1924 stand eine Domorgel ganz oben auf der Wunschliste der Pfarrgemeinde, doch fehlte das Geld. Die geplante 100-Jahr-Feier der Grundsteinlegung des Doms 1962 sollte aber Anlass sein, dieses Vorhaben umzusetzen. Dompfarrer Ledl trat 1958 an die Spitze eines Dommusikvereins, und die Musiker-Brüder Hermann und Joseph Kronsteiner konzipierten das gewünschte Instrument. Bischof Franz Zauner unterstützte in einem Hirtenbrief den Spendenaufruf. Das Jahr 1962 konnte zwar nicht eingehalten werden, doch 1968 hatte der Linzer Mariendom seine Orgel. Sie wurde nach dem Gründer des Doms benannt.

Josel Ledls Wirken als Linzer Dompfarrer fiel in eine Zeit großer innerkirchlicher Umbrüche. Die Verflechtung von Kirche und Politik aus der Zwischenkriegszeit war beendet. Auch die Weltkirche wollte sich nach dem II. Vatikanischen Konzil öffnen, jeder getaufte Christ war berufen zur Mitarbeit in der Kirche. In der Diözese Linz versuchte eine Synode diese neuen Wege umzusetzen. Dompfarrer Josef Ledl hat diese Schritte getreulich mitgetragen – ob immer aus innerster Überzeugung, lässt sich schwer sagen. Ledl war jedoch ein umsichtiger Seelsorger. Täglich ging er bereits um 6 Uhr morgens zu seinem Beichtstuhl und betrat oft vor den Mesnern das Gotteshaus. Er besuchte regelmäßig die Kranken seiner Pfarre in den Spitälern und sorgte vor allem für die Armen und die Pfarrbewohner, die aus der Kirche ausgetreten waren. Die Liturgie seiner Pfarre bereicherte er durch die Einführung des Erntedankfestes. Dompfarrer Ledl starb nach 24 Jahren im Amt am 26. Oktober 1980 im 79. Lebensjahr.

Josef Ledl

Johann Bergsmann (1982–1998)

Mit Johann Bergsmann übernahm 1982 ein ausgezeichneter Musiker die Dompfarre. Er spielt selbst mehrere Instrumente. Der Eisenbahnersohn aus Traun (geb. 18. August 1935) war nach der Priesterweihe zunächst Kooperator in Frankenburg und Freistadt. Professor Hermann Kronsteiner erkannte das musikalische Talent des jungen Priesters und nahm ihn zum Studium mit nach Wien, als er selbst an die Akademie für Musik und Darstellende Kunst berufen wurde.

Als ausgebildeter Musik- und Religionslehrer unterrichtete Bergsmann dann am Petrinum und konnte dort die Studenten für die Musik begeistern. Der Petriner-Chor fand unter seiner Leitung internationale Anerkennung. Er trat in mehreren europäischen Ländern erfolgreich auf. Bischof Zauner berief ihn daher zusätzlich als Dozenten für Chorgesang und Kirchenmusik an die Philosophisch-Theologische Diözesanlehranstalt, die heutige Katholische Privat-Universität.

Die Begeisterung für Musik nahm Johann Bergsmann auch an seine neue Wirkungsstätte mit, als er am 1. Mai 1982 zum Dompfarrer bestellt wurde. Die liturgische Gestaltung der Gottesdienste war ihm ganz im Sinne des II. Vatikanischen Konzils ein besonderes Anliegen. Er führte z.B. den Antwortruf „Amen, Halleluja" im Hochgebet ein und gab die Möglichkeit, bei den Abendmessen die Kommunion in beiden Gestalten (Brot und Wein) zu empfangen.

Eine Umgestaltung des Altarraums im Dom (1984) schuf Platz für einen Volksaltar. Der Domchor stellte sich zwischen dem Baldachinaltar und dem neuen Volksaltar auf und war so – auch sichtbar – in die Feier der Gottesdienste einbezogen. Die alte Domorgel (auf der Empore im linken Seitenschiff) war so schadhaft geworden, dass 1989 eine neue Chororgel angeschafft und so aufgestellt wurde, dass der Organist näher am liturgischen Geschehen war. Architektonisch und klanglich wurde die kleinere Orgel der Rudigier-Orgel – ihrer großen Schwester – angepasst und so ein einheitliches Orgelensemble geschaffen.

Als Dompfarrer ließ Bergsmann den Dompfarrhof gründlich restaurieren. Das Dach wurde saniert und eine Heizung eingebaut. Die Räume wurden neu geordnet. Während der Bauzeit in seinem ersten Jahr hatte der Pfarrer daher im Domherrnhof seine Wohnung und Arbeitsräume.

1990 ließ Dompfarrer Bergsmann den Garten, der vor dem Querschiff des Doms durch einen Zaun abgetrennt und unzugänglich war, für die Bevölkerung öffnen. Rund um die Kathedrale wurde ein Gehweg angelegt, den eine Rasenfläche säumt. Die alten originalen Gitter, die früher den Park eingezäunt hatten, sichern nun den sog. Licht-Graben, der rund um die Unterkirche angelegt ist. Zum Rudigierportal wurde eine behindertengerechte Rampe angelegt.

Als Seelsorger wollte sich Bergsmann vor allem um die Armen und Bedrängten kümmern. Schon 1966, als die Telefonseelsorge in Linz ihre Tätigkeit aufnahm, gehörte Pfarrer Bergsmann zu ihren Gründungsmitgliedern. Er war auch persönlich regelmäßig im Einsatz. In den ersten zwölf Jahren der Telefonseelsorge übernahm er wöchentlich einen Nachtdienst.

Vom Glaubenszeugnis des Franz Jägerstätter, der im Oktober 2007 im Linzer Dom seliggesprochen werden sollte, war Johann Bergsmann tief beeindruckt. Ein tragisches Schicksal wollte es, dass der Dompfarrer ausgerechnet in der Jägerstätter-Pfarre St. Radegund seinen letzten Gottesdienst halten konnte. Nach der Feier erlitt er einen Aorta-Riss und einen Schlaganfall, von dem er sich nicht mehr erholen sollte. Johann Bergsmann starb völlig unerwartet am 14. Juni 1998 im 63. Lebensjahr.

Johann Bergsmann

Maximilian Strasser (seit 1998)

Beim Festgottesdienst zu Mariä Himmelfahrt 1998 verkündete Bischof Maximilian Aichern den Gläubigen im Dom, dass der Religionspädagoge Dr. Maximilian Strasser die Dompfarre übernehmen werde. Drei Monate nach dem unerwarteten Tod von Johann Bergsmann zog daher am 12. September ein neuer Dompfarrer feierlich in den Dom ein.

Maximilian Strasser wurde 1950 in Wels geboren. Nach der Matura am Petrinum ging er nach Innsbruck zum Studium der Theologie, das er 1980 mit dem Doktorat abschloss. Er unterrichtete Religion an Innsbrucker Schulen und war Assistent an der Theologischen Fakultät. 1980 kehrte er nach Oberösterreich zurück und wurde im Linzer Dom zum Priester geweiht. Er war Kooperator in Haid-Ansfelden und Wels-St. Stephan und widmete sich dann Bildungsaufgaben als Rektor am Institut für Hör- und Sehbildung und Professor für Religionspädagogik an der diözesanen Pädagogischen Akademie. Strasser war auch Landeskurat der Pfadfinder und ist Mitglied der Ökumenischen Kommission der Diözese Linz.

Zu Beginn seiner Tätigkeit in der Dompfarre widmete sich Strasser auch Sanierungsaufgaben. Das Pfarrbüro erhielt neue Möbel und einen zentralen Computerplatz (2000), der Pfarrsaal – einschließlich Heizung – wurde erneuert (2002), ebenso wurde das Pfarrcafé neu ausgestattet (2004).

Es war auch die Zeit, besondere Gedenktage zu feiern. Ende April 2002 wurde die Weihe der Domglocken im Jahr 1902 und die Übergabe der „Pummerin" an den Wiener Stephansdom im Jahr 1952 mit einem großen Fest begangen. Im Herbst 2004 wurde das Jubiläum „150 Jahre Dogma von der Unbefleckten Empfängnis Mariens" gefeiert. Eine Gruppe pilgerte zu Fuß, mit Fahrrad, Zug oder Bus nach Mariazell, an zwei Abenden im Oktober referierte Prof. Walter Raberger über die Stellung Marias im christlichen Glauben und die Bedeutung der sognannten Marianischen Dogmen. Briefmarken und Münzen mit Marien-Motiven waren hinten im Dom ausgestellt. Das Gedenkjahr wurde am 8. Dezember, dem Patrozinium, mit dem Bischofshochamt abgeschlossen.

Anfang Juni 2005 hat Papst Benedikt XVI. den Rücktritt von Bischof Maximilian Aichern angenommen und Anfang Juli Dr. Ludwig Schwarz, Weihbischof in Wien, zum Bischof von Linz ernannt. Bischof Aichern wurde in einem Festgottesdienst Anfang Juli herzlich gedankt, Bischof Schwarz trat Mitte September sein Amt an und wurde freundlich aufgenommen.

Im September 2005 brachte das Kulturprojekt „Kreuzung" den Dom in besonderer Weise zu Geltung. An zwölf Abenden wurden jeweils 360 Personen (je 30 an einem Bergseil) durch den Dom und zu Orten geführt, die normalerweise nicht zugänglich sind, und erhielten so eine Ahnung von der Besonderheit des Doms.

Ein Höhepunkt in der Geschichte der Dompfarre war am 26. Oktober 2007 die Seligsprechung des Märtyrers Franz Jägerstätter aus St. Radegund durch Kardinal José Saraiva Martins.

Der Linzer Dom war auch in das Programm rund um „Linz 09" als Kulturhauptstadt eingebunden. – Eine bleibende Einrichtung ist bis heute das Eremiten-Projekt, das Hubert Nitsch, der Kunstreferent der Diözese, initiiert hat: Ein „Turmeremit" – respektive eine „Turmermetin" – bezieht für eine Woche die Zelle im Domturm, die ursprünglich 1941 als Beobachtungsposten für Bombentreffer eingebaut worden war und 2008 als Eremitenwohnung adaptiert wurde.

Von Juni 2007 bis März 2009 wurde auch der Domplatz neu gestaltet, eine Tiefgarage und ein Hotel errichtet. Am Palmsonntag 2009 wurde der Gottesdienst mit der Palmweihe erstmals auf dem neu gestalteten Domplatz begonnen.

Im Herbst 2007 wurde der Posten des Dommeisters neu geschaffen und mit Mag. Clemens Pichler besetzt. Er kümmert sich um viele organisatorische Aufgaben und entlastet so den Pfarrer. Auch hat er Initiativen gesetzt, die den Dom stärker in das Bewusstsein der Öffentlichkeit gebracht haben. Die Konzert-Reihe „Klassik am Dom" und „Advent am Dom", der (etwas andere) Adventmarkt, sind Beispiele dafür.

2012 wurde der Grundsteinlegung für den Dom vor 150 Jahren besonders gedacht. Zu dieser Zeit reiften auch die Pläne für eine Umgestaltung des Innenraums des Doms. Bereits 2006 hatte Dompfarrer Strasser in einem Pfarrbrief für eine Neugestaltung des Altarraumes plädiert. Sie sollte neue Möglichkeiten der Liturgie und des Erlebens dieses Raumes eröffnen.

Im Jahr 2014 fiel die Entscheidung, den Altarraum neu zu gestalten und einen internationalen geladenen Wettbewerb auszuschreiben. Im Mai 2015 wurde der vom Architekturbüro Kuehn Malvezzi aus Berlin gemeinsam mit dem Künstler Heimo Zobernig vorgestellte Entwurf einstimmig ausgewählt. Da aber Bischof Ludwig Schwarz vor seinem altersbedingten Rücktritt keine Entscheidung mehr treffen wollte, fiel der endgültige Beschluss erst durch Bischof Manfred Scheuer, der im Jänner 2016 das Bischofsamt übernommen hatte.

Im Juni 2017 begannen die Umbauarbeiten, ein halbes Jahr später war der „neue Raum im Neuen Dom“ fertiggestellt. Herzstück der Umgestaltung ist die erhöhte Altarinsel in der Vierung des Doms. Darauf befinden sich Altar, Ambo, Bischofsitz und Priestersitz, alle aus Jura-Kalkstein gefertigt. Stein als Material passt zum Granit und Kalksandstein, aus dem der Dom erbaut ist. Der Künstler Zobernig erklärt es so: „Bei der Neugestaltung des Altarbereiches werden die im Dom vorhandenen Materialien Stein, Bronze und Holz aufgegriffen. Die Formgebung ist zeitlos, offen und in aktueller künstlerischer Formensprache gehalten.“

Große Herausforderungen an den Dompfarrer und sein Team stellte die Corona-Epidemie ab 2020 dar. Es gab zahlreiche Einschränkungen bei den Feiern und Gottesdiensten und immer wieder Absagen von Veranstaltungen; das betraf auch die erfolgreiche Reihe „Klassik am Dom“.

Neben den baulichen Aktivitäten werden unter Pfarrer Strasser in der Pfarrgemeinde auch die neuen Zukunftswege in Diözese und katholischer Kirche diskutiert, etwa der diözesane Prozess „Kirche weit/er denken“ und die geplante neue Pfarrstruktur der Diözese. 2021 wird die neue Pfarrstruktur beschlossen, anstelle von 484 Pfarren werden in der Diözese Linz 40 „Großpfarren“ errichtet. Die bisherigen Pfarren werden „Pfarrteilgemeinden“ innerhalb der neuen Pfarre sein und so in einer gewissen Weise weiter bestehen. Der Prozess der Umwandlung in eine „Pfarrteilgemeinde“ und die Mitarbeit bei der Entwicklung der „Pfarre neu“ (in der Größe des derzeitigen Dekanats Linz-Mitte) ist die Herausforderung bis zum Ende des Jubiläumsjahres zur Domweihe. Dabei wird immer auch die Besonderheit der Dompfarre mit zu bedenken sein; die Teilgemeinde – wie immer sie dann heißen wird – versammelt sich in der Bischofskirche und feiert mit dem Bischof die großen Feste des Kirchenjahres und große diözesane Anlässe.

Maximilian Strasser

Der Dom gehört allen – Frauen im Blickpunkt

Elisabeth Leitner

Von der Domführerin bis zur Messbesucherin, von der Domfrau bis zur Seelsorgerin: Im Mariendom haben viele Platz. Und das liegt nicht an der Raumgröße. Immer wieder nähern sich Kulturschaffende und kirchlich Engagierte dem Dom auf neue, ungewöhnliche Weise. Der Dom inspiriert, motiviert, stärkt – und öffnet Räume für Begegnungen, besonders auch für Frauen im Dom.

Fast täglich kann man die Pastoralassistentin Mag. Stefanie Hinterleitner im Mariendom, am Domplatz oder im Pfarrheim antreffen. Ihr Arbeitsfeld ist die Dompfarre – und die größte Kirche Österreichs eine ihrer Arbeitsstätten. „Wie in so vielen Pfarren der Diözese Linz lebt auch die Dompfarre und mit ihr ebenso der Mariendom vom weiblichen Engagement", erzählt sie. „Unzählige Frauen verbringen ihre Zeit im Dom und arbeiten an der positiven Strahlkraft dieses Gebäudes mit. Sie sind aktiv als feiernde und betende Frauen, als Mesnerinnen, Lektorinnen und Kommunionhelferinnen. Sie sind Domführerinnen, als Reinigungskräfte angestellt, im Pfarrgemeinderat engagiert, als Künstlerinnen bei Projekten dabei, im Marketing des Mariendoms tätig oder als Organisatorinnen von Veranstaltungen im und rund um den Dom für reibungslose Abläufe zuständig."

„Wahrscheinlich habe ich in dieser Aufzählung unzählige Dinge vergessen, wo ganz selbstverständlich Frauen mitwirken und sich einbringen", versucht Hinterleitner alle im Blick zu haben. Frauen im Dom: Das sind auch Musikerinnen, Kulturschaffende, Restauratorinnen, Touristinnen und Messbesucherinnen – und Frauen, die Liturgie miteinander feiern. „Als Seelsorgerin in der Dompfarre und im Dom ist es mir ein Anliegen, die Präsenz von Frauen in der Kirche immer wieder aufzuzeigen und auch zu stärken. Daher ist es mir wichtig, als Seelsorgerin in der Liturgie im Dom ebenfalls präsent zu sein und auf Augenhöhe mit meinen Kollegen zu feiern. Selbst wenn das Ziel einer vollen Gleichberechtigung von Frauen und Männern in der katholischen Kirche noch weit weg zu sein scheint, gelingt dieses auf Augenhöhe Feiern im Dom meiner Meinung immer besser. Dies finde ich sehr schön, weil es das Engagement der unzähligen Frauen im Dom und für den Dom in gewisser Weise auch würdigt."

Frauen in all ihrer Vielfalt prägen das tägliche Bild im Mariendom. In den letzten Jahren gab es zudem zahlreiche Kunst- und Kultur-Projekte, die Frauen besonders in den Blick nahmen. Beispiel Weltfrauentag, 8. März 2019: Über 700 Menschen strömten in die Bischofskirche. An verschiedenen Plätzen im Kirchenraum verteilt standen Frauen mit besonderen Hüten – und begannen zu erzählen. Von ihrem Glauben. Von ihrem Leben. Von ihrem Dom. Am internationalen Frauentag feierten die circa dreißig Domfrauen ihren Höhepunkt und auch das vorläufige Ende ihres Projekts, das ein Jahr zuvor im Juni 2018 begonnen hatte. Die Domfrauen waren vor und im Dom nicht zu übersehen: Jede hat ihren individuellen Hut – von ihr ausgesucht, für sie angepasst oder extra für sie von einer Hutmacherin geschaffen. Der Hut hob die Frauen aus der Masse heraus und machte sie im Dom gut sichtbar. Initiiert hat das Projekt „Domfrauen" die Seelsorgerin Veronika Kitzmüller MA. Jahrzehntelang war sie in der Pastoral, auch in leitender Funktion tätig, studierte später zusätzlich Kunstwissenschaft und Philosophie an der Katholischen Privat-Universität Linz (KU) und nahm von einer Studienreise nach Bamberg die Idee der Domfrauen mit.

Die Domfrauen erzählten über ihren persönlichen Zugang zum Mariendom und zu ihrem Glauben. Jede Domfrau hatte ihren eigenen Hut. Ein Teil des Projekts bestand auch darin, auf Frauen im Dom hinzuweisen.

Die Frauen mit ihren Hüten

Entwickelt wurden die Domfrauen für den Linzer Mariendom in einem Team mit mehreren Frauen, die Katholische Frauenbewegung (kfb) brachte sich dabei stark ein. Die kfb war Trägerin des Domfrauenprojekts und hat einen Großteil der Kosten übernommen. Warum sich die kfb hier engagierte, beschreibt Mag. Michaela Leppen, Leiterin Team Frauen / Katholische Frauenbewegung in Oberösterreich, so: „In unserer männlich dominierten katholischen Kirche tut es gut, Frauen als Verkünderinnen des Glaubens zu erleben und die Vielfalt ihrer Zugänge sichtbar zu machen. Die Domfrauen haben Anteil nehmen lassen an ihrer Suche und ihren Gewissheiten, ihrem Hadern und ihrer Überzeugung, ihrer Stärke und ihren Verletzungen, an einem Teil ihres Lebensweges und ihrer ganz persönlichen Spiritualität." Leppen war wichtig: „Dass das Projekt eine Strahlkraft entwickelt und die Geschichten der Domfrauen eine breite Öffentlichkeit bekommen. – Das ist gelungen", meint sie.

Ein Blick in den Pressespiegel und die Besucher:innen-Zahlen geben ihr Recht. An die 1250 Teilnehmer:innen kamen zu den Auftritten der Domfrauen in den Mariendom. „Dass beim letzten Termin am 8. März 2019 über 700 Menschen den Dom gestürmt haben, um den Geschichten der Domfrauen zu lauschen", zählt für sie zu den Höhepunkten der Domfrauen: „Und dass die Geschichten verschriftlicht wurden und auf www.domfrauen.at nachgelesen werden können", ergänzt sie.

Nicht das vorläufige Ende, sondern der Anfang war für die Initiatorin Kitzmüller ein besonderes Erlebnis, erzählt sie: „Mein persönliches Highlight war das erste Vorbereitungstreffen mit dem Auswählen der Orte, Fenster, Statuen für die persönlichen Geschichten, die bereits Gestalt annahmen. Da war ich mir sicher: Dieses Projekt bereichert (uns) alle und auch den Dom. Dass beim letzten Auftritt so viele Besucherinnen gekommen waren, war dann ein wunderschöner Schlusspunkt." Wozu Domfrauen? – Diese Frage beantwortet Kitzmüller, die auch ehrenamtlich als geistliche Assistentin der kfb tätig ist, so: „Die Domfrauen braucht es, weil Frauen damit offiziell im Dom auftreten und ihren persönlichen Zugang zum Dom hörbar und sichtbar machen. Im Rahmen des Kunstprojekts Domfrauen treten sie selbstverständlich und selbstbewusst und durch ihre Hüte auch sehr markant in Erscheinung. Den Besucher:innen vermitteln sie dabei einen lustvollen und persönlichen Zugang zum Dom, der gleichzeitig zum Gespräch und zum Weiterdenken einlädt."

Kirche neu erlebbar zu machen: Die Idee ging voll auf. Die Domfrauen kamen nicht im Rahmen liturgischer Feiern zum Einsatz, sondern bei der Langen Nacht der Museen und Bühnen oder beim Ars Electronica Festival, das in den letzten Jahren immer auch den Mariendom als Veranstaltungsort ausgewählt hatte. Bis heute würde übrigens nach Beiträgen der Domfrauen von nicht-kirchlichen Kulturträgern nachgefragt, erzählt Kitzmüller.

Frauenbilder im Mariendom

Die Wirkungsgeschichte der Domfrauen ist noch nicht zu Ende: Zum einen machte sich auch die KU selbst auf die Suche nach den Frauendarstellungen im Dom, zum anderen wird es mit großer Wahrscheinlichkeit ein Wiedersehen mit den Domfrauen geben. Zum Forschungsprojekt der KU weiß Univ.-Ass. Mag. Martina Resch, früher selbst im Domfrauen-Team engagiert, Folgendes zu berichten: „Ausgehend von den Domfrauen war es mein Ziel, zunächst einmal auf Spurensuche zu gehen. Denn erst durch die Domfrauen wurde ich aufmerksam auf die vielfältigen Frauendarstellungen im Bildprogramm des Mariendoms. Ich suchte mir eine ‚Expertin', die ich mit Prof. Dr. Anna Minta gefunden habe."

Ein Seminar wurde entwickelt und gemeinsam mit Studierenden eine Bestandsaufnahme gemacht: Archive, Korrespondenzen, Zeitschriften wurden auf der Suche nach Frauen durchforstet. „Wir wurden mit zahlreichen Leerstellen konfrontiert. Denn niemand schien sich bisher mit der Frage nach den Frauen beschäftigt zu haben. Wir konnten heilige Frauen, aber auch profane Frauen in den Bildwerken finden und versuchten mit der Broschüre ‚Licht.Schatten.Dasein' diese Forschungslücke zu füllen – wobei füllen übertrieben ist, denn es gäbe noch viel zu forschen", meint Resch. Den Blick zu schärfen, wie Frauen und mit welchem Ziel Frauen dargestellt und auch in bürgerlich-konservative Schablonen gepresst werden, war eine der Intentionen dieses interdisziplinären Projekts „Frauenbilder im Mariendom".

Ausgehend vom historischen Befund fragten die Forscherinnen in einem nächsten Schritt, ob auch zeitgenös-

Im Rahmen des Kunstprojekts „Die Darstellerin/ Die Betrachterin" wurden Frauendarstellungen im Mariendom sichtbar gemacht.

sische Fragen durch künstlerische Interventionen und Interpretationen verhandelt werden könnten. Resch: „So entwickelte sich das interdisziplinäre Kunstprojekt ‚Die Betrachterin/Die Darstellerin'. Gemeinsam mit Margit Greinöcker und Zoe Goldstein konnten wir künstlerische Projekte realisieren, die auf unterschiedliche Weise das Sichtbarmachen der Frauen fortsetzten." Das war im April 2022.

Frauen sichtbar machen

Rückblickend meint Resch, dass die Saat in vielerlei Hinsicht aufgegangen sei: „Das Medienecho war sehr groß und wir konnten die Ergebnisse im Rahmen einzelner Veranstaltungen präsentieren. Auch der Stephansdom in Wien fühlte sich wohl durch unser Projekt inspiriert und startete ein ähnliches Projekt."

Und auch hier gelang, was schon bei den Domfrauen erlebbar war: Projekte wie diese ermöglichen das Zusammentreffen von Kirche, Stadt, Land, von Kultureinrichtungen und Kulturschaffenden. „Nicht selten waren die Menschen erstaunt, was alles in einem Kirchenraum möglich sein kann. Für die Darstellerin kooperierten wir mit der Langen Nacht der Museen und inszenierten einen literarischen Text einer ehemals geflüchteten tschetschenischen Journalistin, die der Klage, der Anklage Gottes angesichts der so häufig von Männern instrumentalisierten, politisierten Religion Raum gab. Es formierte sich ein eigenes Ensemble aus vier Sängerinnen des Musiktheaters rund um Chordirektorin Elena Pierini – ein unglaubliches Erlebnis boten diese Stimmen, die ein eigens für diesen Abend komponiertes Stück vortrugen. Auch hierbei spürten wir ein Staunen. – Denn der Kirchenraum war und ist in der Lage, dem Ausdruck zu verleihen, was den Menschen schier die Sprache verschlägt."

Ein neues Frauenfenster für den Dom

Einen Wunsch formulieren die beteiligten Frauen rund um Martina Resch von der KU auch: „Wir hoffen, dass es irgendwann ein neu gestaltetes Glasfenster im Dom geben wird, das eine neue Vision von ‚Land und Leute[n] wie sie sind' (Bischof Rudolph Hittmair) zeigen soll. Ein partizipativer Prozess, der Stadt und Land daran beteiligt, wäre fein." Diversität, Geschlechtergerechtigkeit, Freiheit und Chancengleichheit sieht Resch hier als zentrale Motive. Die Wortmeldungen zu den Projekten reichten von „Staunen. So etwas ist möglich?", „Wem gehört der Kirchenraum? Uns allen!", „Stärkste Performance im Dom, die ich je gehört habe!" bis zu der Aussage: „Mit den Mitteln der Kunst konnte ein ästhetisch-kritischer Raum eröffnet werden, der es ermöglichte, Kirche wieder selbst inmitten der Gesellschaft zu positionieren."

Fazit: Die Öffnung des Mariendoms ermöglicht Begegnung auf verschiedenen Ebenen und bringt Menschen zusammen, die einander sonst nie treffen würden. Der Mariendom schafft einmal mehr Verbindung und Verbundenheit.

Die Eremitenstube im Domturm – eine Sehnsucht

Susanne Windischbauer

Es war dieser eine Moment. Am Fenstersims sitzend, meine Füße in Wollsocken gehüllt, das Gesicht verschlafen, die Gedanken noch mehr im Traum. Ich blickte vom Turm des Linzer Mariendoms in den beginnenden Tag. Wolken verhüllten meine Sehnsucht. Ich bangte um meine Erwartung. Und ich durfte warten. Ich durfte es er-warten. Denn das Licht kam. Ganz im Stillen. Ganz un-erwartet. Es war der eine Moment, als die Sonne durch die Wolken hervorschien. In diesem Moment konnte in mir endlich etwas aufbrechen. Ich spürte ... eine Ruhe in mir und gleichzeitig ein Lebendigsein. Ich spürte ... ein wieder Wahrnehmen meines Urvertrauens. Ich spürte ... eine Leichtigkeit, tief in mir. Es ist gut, wie es ist. Alles ist im Jetzt, dachte ich.

Sieben Tage lebte ich als Turmeremitin im Linzer Mariendom in 68 Metern Höhe. Mein Zuhause war ein kleiner Raum, nur erreichbar über 395 Stufen, ausgestattet mit einem schlichten Schreibtisch, einem Sessel, Bett und einer Kochnische mit Abwasch und Kühlmöglichkeit. Ein Bücherregal ist ausgewählt befüllt. Alle Möbel sind aus hellem weichem Holz. Eine Toilette befindet sich in einer verschließbaren Nische.

Hubert Nitsch, in seiner Funktion als Kunstreferent und Diözesankonservator der Diözese Linz und besonders als Mensch, der auf Erfahrungen mit Auszeiten in Stille und Zurückgezogenheit zurückblicken kann, hatte die Idee, den Mariendom im Kulturhauptstadt-Jahr 2009 mitwirken zu lassen. Ihm haben wir die Eremitenstube im Dom zu verdanken. Bislang haben bereits knapp mehr als 300 Männer und Frauen als Eremiten am Domturm gelebt.

In Zusammenarbeit mit dem Referat Spiritualität unter der Leitung von Susanne Gross und Gabriele Broksch wurde im Team das Projekt „Turmeremit" gestartet. So ist es nun – nach fünfzehn Jahren – ein Fixpunkt im Mariendom. Viele Menschen aus den unterschiedlichsten Ländern, kommen, um den Dom innen und außen zu bestaunen. Die Warteliste der Interessierten für das Projekt „Turmeremit" ist lang. Alle Menschen, mit und ohne Konfession, sind willkommen. Die Eremitenstube ist in der Advent- und Fastenzeit und in den österreichischen Sommerferien buchbar.

Bereichernde Eremiten-Zeit

Mein Leben hat das Projekt „Turmeremit" nachhaltig bereichert. Ich möchte hier in Worte fassen, was mir diese Auszeit bedeutet und was ich in der Zeit des Rückzugs erlebt habe. In der Betriebsamkeit des Alltags sehne ich mich oft nach einer Unterbrechung. Möge ich doch kurz innehalten können! Möge es doch kurz keine Anforderungen, keine neuen Termine geben! So denke ich oft daran, Urlaub zu nehmen, mir die Zeit zu nehmen, in der man nicht arbeiten muss, einen Aufenthalt an einem Ort, der fern von zu Hause ist und an dem man sich von der Arbeit erholt.

Ja, die Zeit als Eremitin ist all das – auch. Man arbeitet nicht im klassischen Sinne. Arbeit geschieht im Geheimen, die Erholung tritt zeitversetzt ein. Diese Tage im Turm sind mehr! Diese Tage in der Turmstube veränderten mich. Die Reduktion im Außen, das Fehlen der täglichen Termine und das Sein im stillen Alleinsein legten einen verschütteten Raum in mir frei. Sie machten Platz in mir. Gefühle bekamen Zeit und Raum, um sie wahrzunehmen. Das Erkennen der Traurigkeit über etwas, das nicht gelungen war. Die Dankbarkeit für die Beziehung, die viele Jahre währt. Die Wut, etwas nicht ausgesprochen zu haben.

Susanne Windischbauer in der Eremitenstube.

Die Woche im Turm schenkt Zeit für Ruhe und Besinnung.

In einem Tagebuch kann man seine Erfahrungen den nachfolgenden Eremit:innen hinterlassen.

Und dann wieder die Freude, einfach zu leben, einfach zu atmen.

Ein wesentlicher Bestandteil der Eremitenwoche ist die geistliche Begleitung, die in Form eines persönlichen Treffens einmal am Tag stattfindet. Fünfzehn im Europakloster Gut Aich ausgebildete geistlichen Begleiter:innen engagieren sich im Projekt Turmeremit. Seit 2016 darf ich als Geistliche Begleiterin Eremiti:innen begleiten. Es ist wichtig, die Eremitin, den Eremiten einmal am Tag zu sehen. An der Seite der Eremit:innen da sein, hörend, offen für das, was ausgesprochen werden will. Offen für das, was im Schweigen geteilt werden möchte. Geistliche Begleitung ist ein „Mit auf dem Weg sein". Ein behutsames Begleiten. Wie geht es ihr, wie fühlt sie sich? Jedes Mal ist es berührend für mich, die Veränderung bei den Menschen wahrzunehmen.

Das Aussprechen aller Beobachtungen im Außen und im Innen bewirkt Lebendigkeit. Es bewirkt das Lebendigsein im Jetzt. Und diese Jetzt-Zeit im Turm schenkt zusätzlich Zeit für Achtsamkeit. Die gut gewürzte Suppe neu zu schmecken, die warme Tasse Tee behutsam trinken, das Glockengeläut im Körper spüren. Oft kommen Erinnerungen an vergangene Erlebnisse. Es sind Wahrnehmungen, angenehmer und unangenehmer Natur. Manche Eremit:innen möchten Gefühle des Schmerzes und der Freude teilen, andere möchten miteinander schweigen. Und immer wieder ist es die Dankbarkeit, die Stück für Stück in diesen Tagen hervorkommt.

Geistliche Begleitung ist ein waches Hören des Gegenübers. Ein Hören ohne Rat-Schläge. Ein Hören, das Zeit und Raum schafft, immer mehr den Menschen erkennen zu können, der sie/er wirklich ist. Ihr/Sein ursprüngliches Wesen darf in dieser Woche als Turmeremit:in wieder hervorkommen. Darf sich wieder Platz verschaffen, darf sich herauswagen. Denn es liegt oft verschüttet unter dem Stress und den Herausforderungen des Alltages, verschüttet unter Schicksalsschlägen und verschüttet unter Verletzungen. Wenn Menschen die Vielfalt des eigenen Lebens teilen, wird eine Begegnung von Herz zu Herz möglich. Die Menschen sehnen sich nach liebevoller Aufmerksamkeit, nach aufrichtigem Interesse und nach der Gewissheit: „Ich nehme dich so an, wie du bist."

Geistlich begleitete Zeit

Die Zeit in der Eremitenstube bietet auch die Chance das eigene Verhalten zu reflektieren. Wo wird es wieder Zeit auf jemandem zuzugehen, den ersten Schritt zu tun? Kann ich diese Verletzung nun endlich loslassen? Was habe ich geschafft in den letzten Jahren? Was ist es, was mich hemmt den Berufswechsel anzugehen? Welche Menschen sind es, die mein Leben bereichern, und – welches Leben bereichere ich? Wie achte ich auf mich, liebe ich mich selbst – noch?

Meine persönliche Erfahrung mit geistlicher Begleitung ist getragen von Vertrauen und Zutrauen, von Trost und Ermutigung. Es hat mir geholfen mehr vom Außen ins Innen zu kommen. Ich konnte wieder erkennen, was für mich wesentlich ist. Was für mein Wesen wichtig ist. Das tägliche Gespräch mit meiner geistlichen Begleiterin ermöglichte es mir, meine Erfahrungen in Worte zu fassen.

Seit Beginn des Projekts Turmeremit gibt es ein Tagebuch, welches einlädt seine Gedanken zu Papier zu bringen. Der Schreibtisch in der Eremitenstube steht nach Osten ausgerichtet. Der Blick fällt durch ein charmant geschwungenes Fenster über Linz. Das Tagebuch möchte befüllt werden, mit Worten, Zeichnungen und Farben. Wiederholt ist Mut zur Lücke zu erkennen, was wiederum die Reduktion im Innen und Außen in dieser Woche deutlich macht. Eine weitere Besonderheit für Eremt:innen ist die liebevoll verpackte Nahrung für den Geist – das „Spirituelle Jausensackerl“. Es wurde von Sybille Trawöger entwickelt und führt behutsam mit Texten, Bildern und kleinen Aufgaben durch die Woche.

In meiner Zeit als Eremitin war der Aufgang der Sonne die große Attraktion in der Eremitenstube. So begann mein Tag, mit dem Warten in Stille auf das Kommen des Lichtes. Von Tag zu Tag wurde mir bewusst, nach jedem Dunkel kommt das Licht – wieder! Dieses gefühlte Glück, eine Sekunde lang, spüre ich noch heute in mir.

Erfüllt im Herzen ging es anschließend darum, mich mit Nahrung zu stärken. Das tägliche Essen wird vom Hotel Kolping in einem Rucksack angeliefert, der mit der Versorgung für einen Tag gefüllt ist. Es ist ein sich wiederholendes Ritual, den Rucksack mit frischem Essen in Empfang zu nehmen. Jeden Mittag ab zwölf Uhr steht er am Beginn des Stiegenaufganges zur Eremitenstube. Dann geht es wieder bergauf, 395 Stufen, Schritt für Schritt. Oben angekommen habe ich es genossen, den Tisch in Ruhe zu decken, den Platz für mich zu richten. Und dann die Speise in Stille und in meinem Tempo zu schmecken.

Sich berühren lassen

So begann ich mich Tag für Tag mehr berühren zu lassen von den kleinen Dingen, vom wohlschmeckenden Essen, vom wärmenden Schlafsack, von den Lichtstimmungen im Mariendom. Ich freute mich darüber, dass schon die letzte Stufe zur Turmstube erreicht ist, dass der Sandstein im Dom an manchen Stellen an die Wüste erinnert. Und ja! Da war noch das Lächeln des unbekannten Menschen auf der Straße. Und das Gänseblümchen an der vielbefahrenen Straße. Das waren meine Momente, mit denen ich Schritt für Schritt mir näherkam. Raus aus dem Kopf, rein in den Körper, abtauchen ins Herz! So wie C. G. Jung schreibt: „Deine Vision wird nur klar, wenn du in dein Herz schauen kannst. Wer nach außen schaut, träumt – wer nach innen schaut, wird aufwachen.“ Im Nichtstun begann ich über das Wunder „Leben“ zu staunen.

Turmeremit:in sein, bedeutet wieder zu fühlen, wie es ist, wenn man innehält – mitten am Tag! Eine Möglichkeit zum Innehalten für alle Menschen gibt es beim Mittagsgebet mit dem Eremiten, mit der Eremitin am Freitag um 12.15 Uhr in der Krypta des Mariendoms.

Mich persönlich lehrte diese Zeit als Turmeremitin, immer wieder zu versuchen meiner Sehnsucht zu folgen. Diese Zeit lehrte mich innezuhalten … beim Fühlen des warmen Katzenfells, beim gleichmäßigen Rühren in der Kaffeetasse, beim Blick von den Gipfeln der Berge, beim Hören einer Symphonie, beim Gehen im Regen, beim Schmecken der warmen Suppe, beim Erwarten des Sonnenaufganges. Die Sehnsucht nach nachhaltigem Urlaub wurde wahr, für mich ist der Mariendom eine Insel mitten in der Stadt.

Der Rucksack mit der Verpflegung steht zur Abholung bereit.

Die Neugestaltung des Innenraums im Mariendom

Christoph Niemand

Die Neupositionierung und Neugestaltung der liturgischen Orte des Mariendoms waren ein Eingriff, der Aussehen, Wahrnehmung und Atmosphäre des Kirchenraums grundlegend verändert hat. Im Folgenden der Weg und Prinzipien der Neugestaltung.

Die im Jahr 2017 verwirklichte neue Situierung und Gestaltung der liturgischen Orte in der Raummitte des Mariendoms nahm ihren Ausgang von einer Situation, die in den 1980er-Jahren geschaffen wurde. Diese hatte jene Einrichtung abgelöst, die seit der Fertigstellung und Weihe des Bauwerks im Jahr 1924 bestand, und war errichtetet worden, um auch im Mariendom die Gottesdienste nach dem Liturgieverständnis des 2. Vatikanischen Konzils feiern zu können. Viele werden sich noch an sie erinnern: Die erhöhte Zone des Presbyteriums war durch ein Holzpodium ins Langschiff herein verlängert worden. Darauf befanden sich „Volksaltar", Ambo und Leitungssitze. Vor dem Podium standen die Gemeindebänke in zwei Reihen, die bis über die Mitte der Vierung reichten. Nach einem Quergang schlossen sich dann im hinteren Langhaus weitere Gemeindebänke an. Im erhöhten Presbyterium befanden sich links und rechts die beiden dreireihigen Chorgestühle. Diese umfassten den Ort der Dommusik, der bis zu den Stufen des Baldachinaltars reichte.

Im Vorfeld dieser Umgestaltung von 1984 hatte sich Professor *Hans Hollerweger*, Liturgiker an der damaligen Philosophisch-Theologischen Hochschule der Diözese Linz, in einem Gutachten dafür ausgesprochen, „den neuen Altar im Bereich der Vierung zu situieren". Wenn zudem „nicht nur im Hauptschiff, sondern auch in den Seitenschiffen Bänke aufgestellt werden, ist das Volk um den Altar versammelt" (Gutachten vom 7. 1. 1981). Auch Architekt *Gottfried Nobl*, der als Dombaumeister damals mit der Skizzierung und Bewertung verschiedener Positionierungen von Altar und Gemeinde beauftragt war, empfahl eine „Vierungslösung". Für die Entscheidungsverantwortlichen

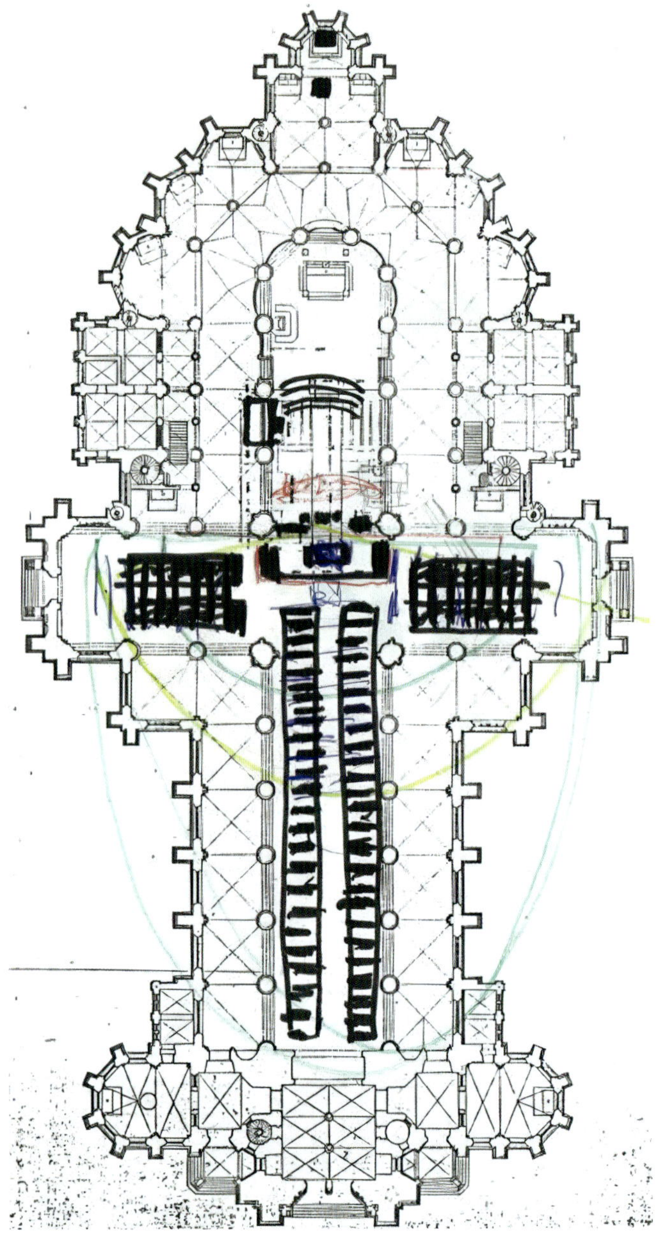

Prof. Hans Hollerweger hat bereits 1981 vorgeschlagen, Altar, Ambo und Leitungssitze in die Vierung des Mariendoms zu rücken. Die Abbildung zeigt seine Handskizze als Beilage zum schriftlichen Gutachten. Mehr als dreißig Jahre später trug seine damals abgelehnte Idee wesentlich zur Entscheidungsfindung bei.

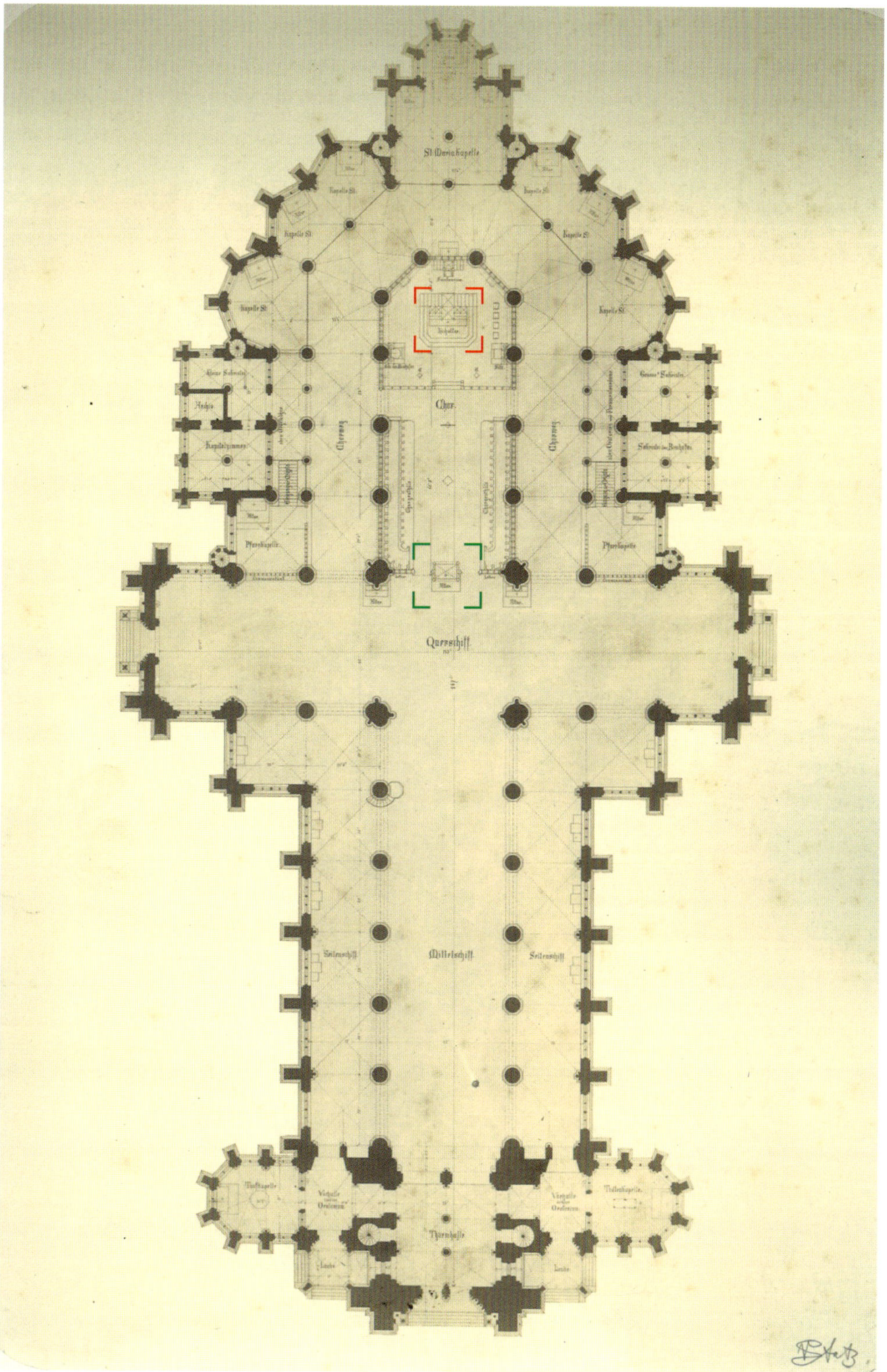

Vincenz Statz gliederte den Dom nach mittelalterlichem Vorbild in zwei Hauptzonen: Der Chorbereich mit dem Hochaltar (rot) war für die Liturgie des Bischofs und des Domkapitels vorgesehen. Der Bereich für die Gottesdienste der Gemeinde findet im Kreuzaltar zwischen den Vierungssäulen (grün) sein Zentrum, umfasst aber auch Votivkapelle und Kapellenkranz.

war dies aber zu radikal, und so kam es zur beschriebenen Variante, die allerdings damals schon als Kompromiss und Provisorium bezeichnet wurde.

Im Jahr 2009 – nachdem sich zwischenzeitlich auch in technischer Hinsicht Handlungsbedarf gezeigt hatte – beauftrage Bischof Ludwig Schwarz eine Vorbereitungsgruppe mit der Aufgabe, Vorschläge für eine Umgestaltung zu erarbeiten. Unter Beteiligung von Domkapitel, Dompfarre, Dommusik und Diözesankonservatorat sowie unterstützt von Fachleuten aus Liturgie- und Raumtheologie sollten Vorgaben formuliert werden, welche die Grundlage für einen internationalen Gestaltungswettbewerb bilden sollten.

In Prozessen der Umgestaltung historischer Kirchenräume für Anforderungen der erneuerten liturgischen Praxis ist *bauhistorische Forschung* unverzichtbar. Sie liefert Erkenntnisse über das ursprünglich intendierte Raumkonzept und wie es im Baugeschehen dann tatsächlich umgesetzt wurde. Sie zeigt Veränderungen der Raumgestalt auf, die im Lauf der Zeit schon vor dem aktuellen Umgestaltungsvorhaben geschahen. So macht sie die überkommene Situation in ihrer Relativität verständlich, fördert den Respekt vor dem Bauwerk in seiner historischen Ganzheit, bewahrt vor modischen Geschmackslösungen und kann Anregungen für eine Gestaltung geben, die *alt und neu* in plausibler Weise verbindet. Dass das im Jahr 2017 schließlich verwirklichte Raumprogramm in einem längeren Prozess der Meinungsfindung nicht nur die Zustimmung der Entscheidungsverantwortlichen und der Denkmalschutzbehörde fand, sondern in einem Prozess breiter Diskussion und Partizipation auch für den Pfarrgemeinderat der Dompfarre und für weitere Gruppen von Betroffenen mehrheitsfähig wurde, lag nicht zuletzt an der Überzeugungskraft von Einsichten und Argumenten, die das Studium der *ursprünglichen Innenraumentwürfe* des Dombaumeisters Vincenz Statz zutage förderte.

Das ursprüngliche Raumkonzept des Mariendoms …

Bischof Franz Joseph Rudigier beauftragte im Jahr 1858 *Vincenz Statz* (1819–1898) mit der Planung eines Immaculata-Doms für Linz. Dieser hatte am Dombau seiner Heimatstadt Köln sein Handwerk gelernt. Aufmerksam geworden war man auf Statz, weil er 1854 im europaweiten Planungswettbewerb für die Wiener Votivkirche mit seinem vielbeachteten Entwurf den zweiten Preis – hinter dem dann verwirklichten Plan von Heinrich Ferstel – errungen hatte. Damit hatte er seine hervorragende Meisterschaft für neogotische Sakralbauten international unter Beweis gestellt und sich für große Aufgaben empfohlen.

Bereits im April 1859 legte Statz seine Entwürfe für Linz vor. Darunter ist auch jener Plan, in den präzise Angaben zur Einrichtung der vorderen Gebäudeteile eingezeichnet sind. Auch wenn darin die Innengestaltung und Möblierung nur bis zur Vierung ausgeführt ist, so wird daraus doch das Raumkonzept für das Ganze klar erkennbar: Demnach sollte der Mariendom keineswegs jener überlange – vom hinteren Hauptportal bis zum Baldachin-Altar reichende – „Einheitsraum" werden, als den man ihn im ganzen 20. Jahrhundert kannte. Vielmehr plante Statz nach hochgotischen Vorbildern eine Raumgestalt, die sich in *zwei* deutlich unterschiedene *Hauptzonen* gliedert.

Dies wird deutlich, wenn man den markant zwischen den beiden vorderen Vierungssäulen platzierten Altar betrachtet. In schriftlichen Quellen wird er als „Kreuzaltar" bezeichnet. Als solcher würde er die aus der Tiefe des Raumes kommenden Blicke an sich ziehen und der optische Zielpunkt der ersten Raumzone sein. Die räumliche Dominanz dieses Vierungsaltars wird durch weitere Elemente unterstützt: Links und rechts flankieren ihn zwei mächtige Seitenaltäre, die an den beiden Vierungssäulen stehen. Zudem kragen die beiden Rückwände des Chorgestühls hier im rechten Winkel zum Kreuzaltar hinein und bilden – zusammen mit den beiden Seitenaltären und dem Kreuzaltar – am vorderen Ende der Vierung eine deutliche optische Zäsur, einen sogenannten *Lettner*. In diesem Raumkonzept ist somit das hintere Langhaus zusammen mit der Vierung der *Gemeinderaum der Laienkirche*.

Die *Laien-Liturgie*, die in einer *hochmittelalterlichen* Domkirche gefeiert wurde, muss man sich bunt und vielgestaltig vorstellen. Der Kreuzaltar war zwar der zentrale und hervorgehobene Ort dafür, das rege gottesdienstliche Leben „bespielte" damals aber vornehmlich die vielen („Seiten"-) Altäre im gesamten Raum: Stände, Zünfte, Bruder- oder Schwesternschaften und andere Gemeinschaften mit je besonderer Spiritualität hatten ihre eigenen Altäre, wo sie mit ihren Priestern die Heilige Messe und andere Liturgien feierten. Der *historistische* Raumentwurf von Vincenz

Die ältesten Kirchenbauten entstanden über Grabstätten von Märtyrern (vgl. Offb 6,9–11). Auch heute noch werden unter dem Hauptaltar einer Kirche Reliquien von Blutzeugen bestattet: Der Leiter der Linzer Dombauhütte, Gerhard Fraundorfer, setzt während des Festgottesdienstes der Altarweihe am Fuß des Altars Reliquien von P. Engelmar Unzeitig und Josef Mayr-Nusser bei, die in der Zeit des NS-Terrorregimes als Zeugen für Christus ihr Leben gaben.

Statz aus dem Jahr 1859 transponiert nun die Architektur für eine mittelalterliche, sozial differenzierte liturgische Praxis in die „Gegenwart" der zweiten Hälfte des 19. Jahrhunderts. Mit den vielen Altären in Votivkapelle, Kapellenkranz und den insgesamt fünf (!) Altären in Querhaus und Vierung wäre die kleinteilig vibrierende liturgische Praxis und Frömmigkeit der Laien-Verbände einer mittelalterlichen Stadt hervorragend bedient gewesen. Aber kann eine Domkirche für die Wende vom 19. ins 20. Jahrhunderts so funktionieren?

Die vorne an diesen Raumteil der Laien- oder Gemeindekirche anschließende Zone ist im Planentwurf als *Chor* ausgewiesen und vollständig möbliert dargestellt. Dieser Bereich ist der Liturgie des Hochklerus, insbesondere des Bischofs und seines Domkapitels, gewidmet. Die beiden (nur) zweireihigen Chorgestühle erstrecken sich jeweils über zwei Joche. Dadurch entsteht hier – mitten im Großraum des Doms – eine geschützte Situation, wie es für das hier verortete Chorgebet der Tagzeitenliturgie wünschenswert ist. Vorne geht dieser umschlossene Chor-Bereich in die erhöhte Zone des Hochaltars über. In diesem um mehrere Stufen erhöhten Raumteil, dem *Presbyterium*, steht seitlich zum Hochaltar der *Bischofsstuhl*.

Der Hoch- oder Choraltar im Presbyterium war 1859 ohne den dominierenden Baldachin geplant. Auch das mächtige Kreuz mit dem lebensgroßen goldenen *Crucifixus* sollte nach diesem Entwurf den Kreuz- oder Lettneraltar in der Vierung markieren. Das Statz'sche Raumkonzept sah also eine Balance zwischen den beiden Hauptaltären vor. Damit ergab sich auch eine Ausgewogenheit zwischen den beiden deutlich unterschiedenen Raumzonen – dem großen und differenzierten Gemeinderaum für die Laienliturgie und dem Chor-Bereich für die Bischofs- und Kanonikerliturgie.

Ursprünglicher Raumentwurf 1859: Differenzierung in zwei Hauptzonen

Bestandsplan ab 1924: Streckung in eine Einheitszone

Entwurf Kuehn Malvezzi 2017: Differenzierung in zwei Hauptzonen

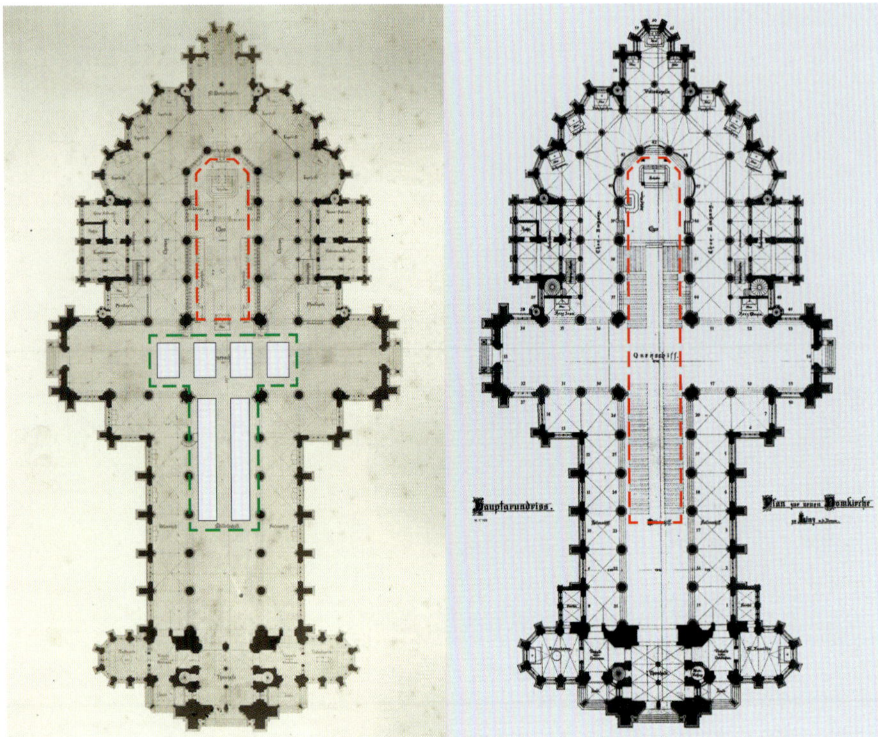

Die drei Pläne mit den farbig umgrenzten Flächen zeigen auf einen Blick, was dieser Beitrag näher ausführt. Am linken Plan ist der ursprüngliche Raumentwurf von Vincenz Statz mit zwei „liturgischen Hauptzonen" zu sehen. Der mittlere Plan macht deutlich, dass das Konzept Statz's nicht umgesetzt wurde. Rechter Plan: die Neugestaltung hat die Idee von Statz aufgegriffen und unter Voraussetzung der liturgischen Prinzipien des 2. Vatikanischen Konzils umgesetzt.

... und was daraus wurde

Bei seiner Weihe im Jahr 1924 präsentierte sich der Mariendom in einer Innenraumgestalt, die in krassem Gegensatz zum Vincenz Statz-Entwurf von 1859 stand und im Wesentlichen schon jene war, die man bis zur jüngsten Neuordnung von 2017 kannte. Die Gründe dafür sind wenig dokumentierte Vorgänge aus den 1890er-Jahren. Es darf angenommen werden, dass die deutliche Trennung in Gemeinde- und (Hoch-)Klerusbereich und die damit einhergehenden Unterschiedenheit von Vierungs- und Hochaltar zunehmend zu Unbehagen bei den diözesanen Entscheidungsträgern geführt haben. Die lange Bauzeit und die damit einhergehende Gewöhnung an zwischenzeitliche Provisorien taten das Ihre, dass es nicht zur Umsetzung des Statz'schen Raumkonzepts kam.

Die Innenraumgestaltung von 1924 – das sei vorausgeschickt – folgte unverändert der *ersten, provisorischen Einrichtung* des Mariendoms aus den langen Jahren der Bauzeit, in denen die fertiggestellten Gebäudeteile bereits liturgisch verwendet wurden: Im ganzen Zeitraum von 1885 bis 1924 waren diese – Votivkapelle, Kapellenkranz und Vorderes Langhaus – durch eine *Abmauerung* von der rückwärtigen Baustelle getrennt, um als liturgischer Raum dienen zu können, der bereits 1909 zur Kathedralkirche erhoben wurde.

Für fast vierzig Jahre war dieser Bereich also vorläufig möbliert. Die Unterbringung aller nötigen Funktionen brachte es mit sich, dass der Statz'sche Einrichtungsplan dafür noch nicht umsetzbar war. Das *Chorgestühl*, das sich im Endausbau über zwei Joche erstrecken sollte, wurde in seiner Längsrichtung auf bloß ein Joch „halbiert". Um dennoch ausreichend Platz zu schaffen, bekam es in der Tiefe aber ganze fünf Reihen. Damit blieb mittig aber nur noch ein schmaler Gangstreifen frei. Um auch den Laien Platz zu bieten, wurden im hinteren Bereich *Gemeindebänke* aufgestellt. Den Raum dafür gewann man, indem das (halbierte) Chorgestühl unmittelbar an diese Gemeindebänke anschloss und auch vorne abstandslos an das Presbyterium heranrückte. Deshalb ergab sich für Gemeindebänke und Chorgestühl, die „nahtlos" aufeinander folgten und auch das Presbyterium berührten, eine äußerst beengte Situation.

Anlässlich des Lückenschlusses 1924 entfernt man die Abmauerung, setzte nun allerdings das Statz'sche Konzept für den Gesamtraum *nicht* um. Im vorderen Teil blieb alles beim bisherigen Provisorium. Hinter der Vierung, die wie das Querhaus ganz leer blieb, wurden weitere Bankreihen aufgestellt, die sich dort aber völlig verloren ausnahmen. Die Situation vor der Domweihe, als die überwältigende Dimension des Innenraums erstmals sichtbar wurde, ist fotografisch gut dokumentiert. Die Aufnahmen zeigen aber auch, wie *hilflos* – anders lässt sich das kaum sagen – mit der Situierung der hinteren Bankreihen und der Kanzel experimentiert wurde. An die Umsetzung des Plans von 1859 dachte man gar nicht mehr.

Warum wusste man 1924 mit dem nunmehr entstandenen, größten Kirchenraum Österreichs nicht anders umzugehen? Um auf diese kritische Frage präzise Auskunft geben zu können, bedarf es weiterer Forschung, und die Antwort wird mehrere Aspekte umfassen müssen. Einer davon ist aber jedenfalls, dass der Statz'schen Entwurf in *historisierender, anachronistischer* Weise ein Konzept, das die liturgische Praxis einer Bischofskirche des Hochmittelalters abbildet, unverändert in die Situation des späten 19. Jahrhunderts überträgt. Schon ein oberflächlicher Blick auf die Entwicklungen in der Konzeption von Liturgie und – dem folgend – von Kirchenbau zeigt, dass der „hochmittelalterliche" Plan von 1859 von vorneherein kaum realisierbar war: Zwischenzeitlich hatten – um nur zwei Punkte zu nennen – die Liturgie der Barockzeit bekanntlich auf die *theatralische* Funktion des (einen!) Hochaltars gesetzt, und die katholische Aufklärung mit ihrem *volkspädagogisch-pastoralen* Impetus hatte das Ihre getan, dass der Statz'sche Innenentwurf schlichtweg nicht umsetzungsfähig war.

Aber – wenn schon der ursprüngliche Raumentwurf nicht verwirklichbar war – hätte es nicht *andere Möglichkeiten* gegeben, eine angemessen *differenzierte Raumordnung* herzustellen, welche die Größe des Mariendoms bewältigbar macht? Eigentlich hätte auch damals klar sein können: Als *Ein-Zonen-Raum*, der das hintere Langhaus, die Vierung und das vordere Mittelschiff bis zum Baldachin-Altar umfasst, *kann* der Mariendom – betrachtet man das Verhältnis dieser Länge zu seiner Breite – *auf keinem Fall funktionieren*, unabhängig davon, welches liturgische oder kirchensoziologische Nutzungsmodell darin gelebt werden soll. Die unausweichliche Konsequenz der Raumgestalt von 1924 – die auch in den 1980er-Jahren nicht entscheidend verändert wurde – war: Alles „Leben", alle Nutzung des Großraums Mariendom *drängt sich in den vorderen Mittelschiff-Bereich zusammen*, während die Vierung und das daran anschließende hintere Langhaus für die gottesdienstliche Nutzung faktisch *aufgegeben* waren.

„Vierungslösung"

Dass die Vorbereitungsgruppe, die Bischof Schwarz mit der Erarbeitung von Vorschlägen für die Neugestaltung der liturgischen Orte beauftragt hatte, im Jahr 2013 schließlich einstimmig die Empfehlung aussprach, die Zone zur Feier der Eucharistie in der *Raummitte* des Mariendoms, d. h. in der *Vierung*, zu verorten, war am Beginn ihrer Tätigkeit im Jahr 2009 keineswegs absehbar. Die Gruppe war – in der Absicht, viele und unterschiedliche Sichtweisen, Meinungen und Interessen zu Wort kommen zu lassen – so heterogen zusammengesetzt worden, dass sachbezogenes und kompetenzbestimmtes Arbeiten in manchen Phasen schwierig war. Dazu kommt, dass der Prozess dem Prinzip *Alle-Müssen-Zustimmen* unterstellt wurde. Das führte zu Situationen, die das Gelingen der „Altarraumgestaltung neu" als unwahrscheinlich erscheinen ließ.

Erste Pläne und Vorschläge seitens des Vertreters des Bischofs und des Diözesankonservators, die sich in Umsetzung eines liturgietheologischen Gutachtens dafür aussprachen, die Altarzone in das erste Jochfeld vor der Vierung zu positionieren – Motto: „Um ein Joch nach vor in Richtung Raummitte" –, wurden von der Vertretung der Dompfarre abgelehnt. Deren Pfarrgemeinderat fasste im Februar 2012 einen Beschluss, demzufolge die liturgischen

Orte an den bisherigen Positionen verbleiben müssten. Das Argumente dafür: „Die Verlagerung der Sitzreihen in den hinteren Bereich wird als Zurückdrängung des Volkes wahrgenommen, nicht als Annäherung des Altarraumes an die Feiergemeinde." Einen diesem Beharrungsbeschluss entsprechenden Planentwurf, der im Herbst dieses Jahres der Arbeitsgruppe vorgelegt wurde, beeinspruchte des Vertreters des Bischofs, weil damit die Probleme und Unzulänglichkeiten der bestehenden Situation „verewigt" worden wären: Eine Neuerung müsse eine Verbesserung sein! Im Herbst 2012 erschien die Situation so verfahren, dass die *Gemeindeberatung*, die zur Begleitung und Befriedung des Prozesses engagiert wurde, die Beendigung ihrer Tätigkeit bekanntgab.

„Die Projektgruppe war nahe am Aufgeben" – so heißt es in dem späteren schriftlichen Bericht ihres Vorsitzenden an das bischöflicher Konsistorium – als „im November 2012 ... der alte Plan (von Prof. Hollerweger) mit der Vierungslösung aus dem Hut gezogen wurde. Dieser belebte die Projektgruppe neu." Bei der Umgestaltung der 1980er-Jahre war dieser Vorschlag noch als zu radikal abgelehnt worden. Nun wurde sie Schritt um Schritt, Sitzung für Sitzung, Argument um Argument neu geprüft und diskutiert.

Ausschlaggebend dafür, dass die Vierungslösung diesmal mehrheitsfähig wurde, war die *bauhistorische Einsicht*, dass sie Maß nimmt am Entwurfsplan von 1859. *Erstmals* würde die ursprüngliche Raumidee von Dombaumeister Vincenz Statz umgesetzt werden, allerdings *in gegenwärtiger Interpretation*: Die Differenzierung in zwei Zonen und Altäre würde nämlich nicht gemäß einer „ständischen" Ordnung (Laienkirche und Klerusbereich) geschehen, sondern einer funktionalen Bestimmung folgen: Im Vierungsbereich ist die Feier der *Eucharistie* verortet, bei der sich die Gemeinde *um den Altar* versammelt. Außerhalb von Eucharistiefeiern wäre die bis zum historischen Hochaltar reichende Zone frei für alle Formen nichteucharistischer Feiern, wie *Stundengebet* (Vesper, Laudes, Vigilien), *Meditationsgottesdienste* und *Andachten*. Auch passagere Besucher:innen und Tourist:innen könnten diesen besonderen Bereich des Doms betreten und sich daran erfreuen. In raumästhetischer Hinsicht würde die Befreiung des vorderen Langschiffes von seiner Überfrachtung bedeuten, dass sich das gewaltige Raumpotenzial des Mariendoms durch die Differenzierung in mehrere Teilzonen erstmals entfalten könnte.

Im Februar 2013 revoziert der Pfarrgemeinderat der Dompfarre mit Zweidrittelmehrheit seinen vorangegangenen Beharrungsbeschluss. Im darauffolgenden Monat gibt die Bischof-Rudigier-Stiftung, die gesetzliche Eigentümerin des Mariendoms, „grünes Licht". Im Herbst 2013 stimmen Bischof Ludwig Schwarz und das Domkapitel dem Antrag zu, dass die weiteren Planungen unter Zugrundelegung der Vierungslösung erfolgen sollen. Diese Entscheidungen waren noch kein definitiver Umsetzungsauftrag, sie machten aber den Weg frei für eine vertiefte Prüfung des Vorschlags. Dazu wurde im ersten Halbjahr 2014 ein Konsultationsprozess aufgesetzt, der zwei halbtägige Informations- und Diskussionsveranstaltungen umfasste. Eingeladen dazu waren das Domkapitel und der Bischofsvertreter, die Pfarrgemeinderäte und alle im liturgischen Leben am Dom Engagierten, das Diözesankonservatorat, die Mitglieder der Bischof-Rudigier-Stiftung und des bischöflichen Konsistoriums.

Der Wettbewerb

Von Prozessbeginn an war klar gewesen, dass der eigentliche Entwurf für die Neugestaltung der liturgischen Orte nur in einem international auszulobenden und hochkarätig zu besetzenden Wettbewerb ermittelt werden könne. In dessen Vorbereitung, die im Mai 2014 in ihre heiße Phase trat, zeigte sich allerdings eine besondere Herausforderung:

Altar, Ambo, Leitungssitzen, Gemeinde- und Chorbänke, Gabentisch und Kredenz und alle weiteren Gegenstände würden von *objektgestaltenden* Künstler:innen entworfen werden. Deren Gestaltung ist bei diesem Projekt, das die komplette Neuverortung der Altarzone im Gesamt des Mariendoms vorsieht, aber vielfach verwoben mit einem *raumgestalterischen* Konzept. Die Objekte in ihrer Materialität und Form zu „er-finden" und sie im Raum zu positionieren, müsse also von vornherein ein einziger integraler Vorgang sein. Deshalb wurde entschieden, dass es „Tandems" von künstlerischen Objektgestalter:innen und architektonischen Raumgestalter:innen brauche. So wurden vier Künstler:innen und vier Architekt:innen eingeladen, jeweils eine Person oder ein Büro des anderen Kompetenzbereichs hinzuzuziehen, um einen *gemeinsamen* Wettbewerbsbeitrag auszuarbeiten. Bei der Auswahl der Anzufragenden wurde Wert darauf gelegt, eine

ausgewogene Mischung aus „arriviert" und „Newcomer", aus „regional" und „international" zu haben. Die Ausschreibung ging am 18. Dezember 2014 den Teilnehmer:innen zu. Das Ende der Einreichfrist war mit 3. Mai 2015 festgesetzt. Sieben Einreichungen gingen ein.

Die Bewertung und Prämierung der Projekte lag in der Verantwortung einer Jury aus fünf Fachpreisrichtern und fünf Sachpreisrichtern. Bei Ersteren handelte es sich um Fachleuten aus Architektur, Raum- und Objektgestaltung, bei Zweiteren um die Vertreter:innen von Bischof, Diözese und Dompfarre. Weitere Personen, die am Prozess beteiligt waren, konnten als nicht stimmberechtigte Berater:in nen den Versammlungen der Jury beiwohnen.

Am 29. Mai 2015 präsentierten die einreichenden Teams in der Bischofsaula des Linzer Priesterseminars die mit großer Spannung erwarteten Entwürfe anhand von Plakattafeln und Modellen. Die Entscheidungsfindung begann am folgenden Tag: Zunächst wurden die präsentierten Entwürfe nochmals rekapituliert und diskutiert. Eine erste Abstimmung mit eindeutigem Ergebnis ermittelte jene drei Einreichungen, die den meisten Zuspruch fanden. Am 30. Juni 2015 trat das Preisgericht erneut zusammen: Nach intensivem Austausch wurde der Antrag, „den Vorschlag Kuehn & Malvezzi / Zobernig an den ersten Platz zu reihen", einstimmig angenommenen.

Das Siegerprojekt

Der von der Jury prämierte Entwurf stammt vom Architekturbüro *Kuehn Malvezzi*, das mit dem von ihm hinzugezogenen Bildhauer und Objektgestalter *Heimo Zobernig* ein Team bildete.

Kuehn Malvezzi, eine 2001 in Berlin gegründete Architektengemeinschaft, war für Rauminszenierungen in Museen und Kunstausstellungen bekannt. 2012 machte sie mit ihrer ersten Arbeit im sakralen Bereich weltweit Schlagzeilen: dem Berliner „House of One", in dem Christen, Juden und Muslime im Dialog und unter einem Dach zusammenfinden. – Für den vielfach (u. a. mit dem Otto-Mauer-Preis) ausgezeichneten *Heimo Zobernig*, Professor für Bildhauerei an der Akademie der bildenden Künste Wien, sind seine konstruktivistischen Objektfindungen, die als „schnörkellos", „minimalistisch" und als „Ding an sich" bezeichnet wurden, charakteristisch.

Unter allen Wettbewerbsbeiträgen stach das Siegerprojekt hervor, weil es mit sparsamen Mitteln die zuvor unübersichtliche Raumgestaltung klärt und die Zwei-Zonen-Struktur des Statz'schen Urentwurfs auf überzeugende Weise umsetzt: Die markanten, auf die Vierung hin konvergierenden Bankspiegel bauen den Eucharistie-Raum auf, der in der Raummitte des Mariendoms sein Zentrum hat. (Die bisherigen Gemeindebänke aus den 1980er-Jahren wurden dafür wieder verwendet.) In diesem Zentrum stehen, angeordnet in der Längsachse, Altar, Ambo und die beiden Leitungssitze. Außerhalb des Gottesdienst ist das Feld zwischen Altar und Ambo auf Normalniveau abgesenkt. Dann ist die Querachse frei begehbar, und die Prinzipalstücke wirken wie eine Gruppe elementarer Skulpturen. Sie sind aus naturweißem Jurakalkstein in sehr zurückgenommener Form gestaltet. Ihre Position, Materialität und Beleuchtung verleihen ihnen aber eine starke, raumprägende Wirkung.

Der Sitz des Bischofs und der priesterliche Leitungssitz sind einfache Holzhocker – gleich jenen für die Konzelebranten und liturgischen Dienste –, sind aber in stuhlartige Steinskulpturen eingestellt, welche die Bedeutung von *Leitung aus der Mitte heraus* markieren. Im Rückraum der Leitungssitze hat die Dommusik ihren Ort und schließt den Kreis der Gemeinde um den Altar. Die beiden – an ihren ursprünglichen Ort und auf Normalniveau zurückgebrachten – Chorgestühle fassen zusammen mit dem schmiedeeisernen Gitter um das Presbyterium diese besonders kostbare und intime Zone ein. Sie ist Raum für Stundengebet und vielfältige Feiern. Außerhalb von Gottesdiensten ist sie frei zugänglich.

Die Umsetzung

Bischof Ludwig Schwarz wurde unmittelbar nach der Juryentscheidung mit dem Siegerprojekt vertraut gemacht und gab sein grundsätzliches Einverständnis. Am 7. Juli 2015 wurde dann die Öffentlichkeit in einer Pressekonferenz über den prämierten Entwurf zur Neugestaltung des Inneren des Mariendoms informiert.

Obwohl die Zustimmung zum Entwurf von Kuehn Malvezzi und Zobernig bei allen näher Befassten, auch in der Dompfarre und ihrem Pfarrgemeinderat, groß war, gab es natürlich auch Bedenken und besorgte Nachfrage.

Die prägende Neugestaltung der liturgischen Orte des Mariendoms von Kuehn Malvezzi und Heimo Zobernig.

In Wahrnehmung der breiten Zustimmung, aber auch der kritischen Stimmen fasste die Bischof-Rudigier-Stiftung am 15. September 2015 den Umsetzungsbeschluss – vorbehaltlich der Freigabe durch den Bischof. Weil dieser aufgrund seines wegen Erreichens der Altersgrenze bereits eingereichten Rücktritts aber keine weitreichenden Entscheidungen mehr treffen wollte, lag das Projekt noch einmal auf Eis. Als dann Bischof Manfred Scheuer am 17. Jänner 2016 sein Amt in der Diözese Linz übernahm, machte er sich mit dem Projekt vertraut, sprach mit den Verantwortlichen, hörte aber auch die Kritiker. Im Juni 2016 gab er schließlich den Auftrag zur Umsetzung.

Die Kosten für die Neugestaltung, die auch umfangreiche technische Sanierungen umfassten, beliefen sich auf ca. 1,2 Millionen Euro. Das Land Oberösterreich und die Stadt Linz leisteten Unterstützungsbeiträge. Der ganz überwiegende Anteil der Kosten musste aber durch Domkapitel, Bischof und Diözese finanziert werden. Auch die Dompfarre hatte einen Kostenanteil aus Spenden zu leisten und startete dafür die Initiative „Neuer Raum im Neuen Dom“, die ca. 200.000 Euro einbrachte.

Der Baubeginn war im Frühsommer 2017. Am 8. Dezember desselben Jahres, dem Patroziniumstag des Mariendoms, wurde die Weihe des neuen Altars und der übrigen liturgischen Orte gefeiert. Sehr viele Menschen aus nah und fern nahmen daran teil. Die positive Aufnahme der Neugestaltung durch jene, die regelmäßig hier Gottesdienst feiern, aber auch durch die vielen Tourist:innen, die tagaus, tagein die Linzer Bischofskirche besuchen, ist seitdem unbestritten.

Ein Dom zum Schauen

Mit dem „Neuen Dom" hat Bischof Rudigier der damals jungen Diözese Linz – sie wurde 1783/85 gegründet – eine Mitte gegeben. Mit der Weihe an die Unbefleckte Empfängnis Mariens hat er die Diözese unter den Schutz der Gottesmutter gestellt. Der Bau mit seiner Architektur, mit seinen Glasgemälden und den vielen Kapellen und Altären wurde auch zu einem kunstgeschichtlich herausragenden Werk.

Ein Dom wie kein anderer

Zur Ideen- und Kunstgeschichte des Mariendoms

Lothar Schultes

Abb. 1: Jan van Eyck, Die Madonna in der Kirche, um 1440.

Im 19. Jahrhundert einen Dom neu zu bauen bedurfte besonderer Gründe. Tatsächlich ist der Linzer Mariendom keine „gewöhnliche" Bischofskirche, denn der Gründer, Bischof Rudigier, sprach von einem „großen *gemeinsamen* Denkmal" in Form einer „neuen, würdigen Domkirche zur unbefleckten Empfängnis Mariä". Seine Besonderheit besteht also im Denkmalcharakter: Er ist ein großes, Stein gewordenes Monument zu Ehren der Immaculata. Dementsprechend wurde er nicht im Stadtzentrum, sondern auf einer fast unverbauten Fläche errichtet, die es ermöglichte, ihn mit einem romantischen, inzwischen leider verschwundenen Park zu umgeben. In diesem „malerischen" Charakter erinnerte er an englische Kathedralen, von denen viele ebenfalls frei in einer Parklandschaft stehen.

Die Doppelfunktion des Linzer Doms als Marienheiligtum und Bischofskirche spiegelt sich auch in seiner baulichen Konzeption. So ist der Altarbereich mit seinen Umgangskapellen gänzlich der Immaculata gewidmet. Die Votivkapelle bildet gleichsam eine Kirche in der Kirche und unterscheidet sich in ihrer preziösen Kleinteiligkeit vom klar strukturierten Langhaus. Wie in Jan van Eycks berühmtem Gemälde der *Madonna in der Kirche* (Abb. 1) ist der Dom ein gebautes Symbol Mariens, wobei dem einfallenden Licht eine besondere Funktion zukommt. So stand auf dem verschollenen Originalrahmen des Bildes: „Wie der Sonnenstrahl durch das Glas dringt, aber nicht befleckt, so ist die Jungfrau, wie sie war" – ein Text, der sich durchaus auch auf die Fenster des Linzer Mariendoms beziehen ließe.

Abb. 2: Karl Friedrich Schinkel, Mittelalterliche Stadt an einem Fluss, 1815.

Bereits im Gründungsjahr 1855 wurde entschieden, den Dom in „gothischer Bauart" zu errichten, da diese für eine Liebfrauenkirche (!) besonders geeignet sei. Damals trat die Neugotik ihren Siegeszug an und wurde in der westlichen Welt zum bevorzugten christlichen Baustil. Die ersten neugotischen Kathedralen waren allerdings nur gemalte Visionen. Wegweisend war ein Gemälde des Architekten Karl Friedrich Schinkel aus dem Jahr 1815 (Abb. 2). Nach dem Sieg über Napoleon leuchtet hier als Zeichen des Aufbruchs und Neubeginns ein Regenbogen über einer gotischen, von einer romantischen Landschaft umgebenen Kathedrale. Wie um die Botschaft des Bildes in die Tat umzusetzen, forderte der Philosoph Joseph Görres den Weiterbau des unvollendet gebliebenen Kölner Doms als „ein Symbol des Reiches, das wir bauen wollen". Das Gemälde illustriert damit treffend die Bedeutung der Neugotik zwischen religiöser und politischer Erneuerung. Diese führte einerseits zur deutschen Einigung und letztlich zum deutschen Kaiserreich, andererseits zum Erstarken des österreichischen Kaisertums.

Kurz nach der Wiederaufnahme des Kölner Dombaus begann man auch in Ulm mit der Vollendung des Münsterturms. Dass die Neugotik keineswegs nur eine Domäne der Katholiken war, belegt die protestantische Nicolaikirche in Hamburg, eines der unmittelbarsten Vorbilder für den Linzer Dom (Abb. 3, 4). Der Stil war offenbar deshalb für beide Konfessionen akzeptabel, weil er auf eine Zeit zurückgriff, in der sie noch ungetrennt waren.

Der erste Kirchenbau der Neugotik in Oberösterreich war die Jesuitenkirche auf dem Freinberg, die Erzherzog Maximilian d'Este bereits 1829–1840 in „romantischen" Formen errichten ließ. Auch die „streng" gotische Votivkirche in Wien wurde vor dem Linzer Dom begonnen, und zwar als Dank für die Errettung Kaiser Franz Josephs vor

Abb. 3: Der Linzer Mariendom.

Abb. 4: Die Nicolaikirche in Hamburg, 1850.

Abb. 5: Das Ulmer Münster, 1377–1890.

einem Mordanschlag im Jahr 1853. Am Architektenwettbewerb beteiligte sich auch der Kölner Dombaumeister Vincenz Statz, für den Wien dadurch ein „Sprungbrett" für den bedeutendsten Auftrag seines Lebens wurde: den Bau des Linzer Mariendoms. Seine Begeisterung muss groß gewesen sein, denn bereits 1859 lagen die genauen Pläne vor, die unverändert ausgeführt wurden. Statz hatte seit 1841 in der Kölner Dombauhütte gearbeitet, wo er große Erfahrungen sammeln konnte. Ab 1847 entwarf er eigene Bauten, allein in der Erzdiözese Köln waren es etwa 150 Kirchen und Kapellen, von denen leider viele heute zerstört sind. Es ist daher wie ein Wunder, dass der Linzer Mariendom fast unverändert erhalten blieb. Wie bei der Hamburger Nikolaikirche standen für den Entwurf gotische Vorbilder wie das Freiburger und das Ulmer Münster Pate, die aber zusätzlich zwei Chortürme besitzen (Abb. 5). Auch der Dom von Utrecht dürfte Anregungen geliefert haben, vor allem für den Innenraum (Abb. 6, 7).

Abb. 6: Das Innere des Doms von Utrecht, Zeichnung von 1636.

Abb. 7: Das Innere des Linzer Mariendoms.

Abb. 8: Madonna mit Kind („Wurmstraßenmadonna"), um 1440.

Abb. 9: Detail des Hochgrabs von Bischof Rudigier, Plastik von Josef Gasser.

Zu den Besonderheiten des Linzer Doms gehören die aufwändig gestalteten Querhausfassaden und der zarte, feingliedrige Chor mit seinen Umgangskapellen. Diese sind auch im Inneren von besonderer Kostbarkeit mit Skulpturen, Gemälden und Goldmosaiken. Die Glasmalereien der Votivkapelle und des Kapellenkranzes wurden ab 1867 von Johann Evangelist Klein entworfen und von der Tiroler Glasmalereianstalt Albert Neuhauser ausgeführt. 1861 gegründet, war sie weltweit erfolgreich und hatte sogar eine Filiale in New York. 1877 kam eine Mosaikwerkstätte hinzu, die erste in Österreich. Das Programm der Fenster ist ganz auf Maria ausgerichtet. Es wurde 1884/85 im Hochchor durch Szenen aus dem Leben Christi und biblische Vorbilder Mariens ergänzt. Die im Krieg zerstörten Scheiben im Kapellenkranz sind seit 1993/94 durch kleinteilig abstrakte Werke von Karl Martin Hartmann ersetzt. Eine der Chorkapellen beherbergt die so genannte Wurmstraßenmadonna von etwa 1440, die aus der Kapelle des Löfflerhofes stammen dürfte (Abb. 8).

Im Chorschluss steht der mächtige Baldachinaltar, den Ludwig Linzinger nach dem Plan von Statz ausführte. Vorbild war jener der Wiener Votivkirche, dessen Entwerfer,

Abb. 10: Detail der Domkrippe von Sebastian Osterrieder, 1906/14.

Josef Gasser, in Linz das vergoldete Kruzifix schuf. Von ihm stammen auch die Marmorfiguren der Choraltäre und das Grabmal Bischof Rudigiers (Abb. 9), das ursprünglich über dem Grab in der Krypta stand und formal an die Tumben des Mittelalters anknüpft. Die Unterkirche birgt die berühmte, jüngst restaurierte Domkrippe, an der Sebastian Osterrieder von 1906 bis 1914 gearbeitet hat (Abb. 10). Bischof Franz Maria Doppelbauer war 1893 nach Palästina gereist, weshalb er eine orientalische Krippe wünschte. Der Naturalismus der bemalten Figuren wird durch die bunten Stoffe noch wesentlich gesteigert.

1913 bis 1916 entstand der riesige, in seiner Art einmalige Glasmalereizyklus des Lang- und Querhauses. In großen, detailreichen Bildern erzählen sie die Geschichte des Dombaus von der Grundsteinlegung bis zur Krönung der Immaculata. Mit den zahlreichen Porträts sind sie ein Bild gewordenes Zeugnis der wieder erstarkten Kirche und ihres gesellschaftlichen Einflusses. Das Linzer Fenster erinnert hingegen an Ereignisse aus der Stadtgeschichte, vom hl. Severin über die Kaiser Friedrich III., Maximilian I. und Ferdinand I. bis hin zu Kepler und Pruner (Abb. 11). Im Hintergrund schwebt Maria über dem vollendeten Dom.

Abb. 11: Linzer Fenster, 1913/16.

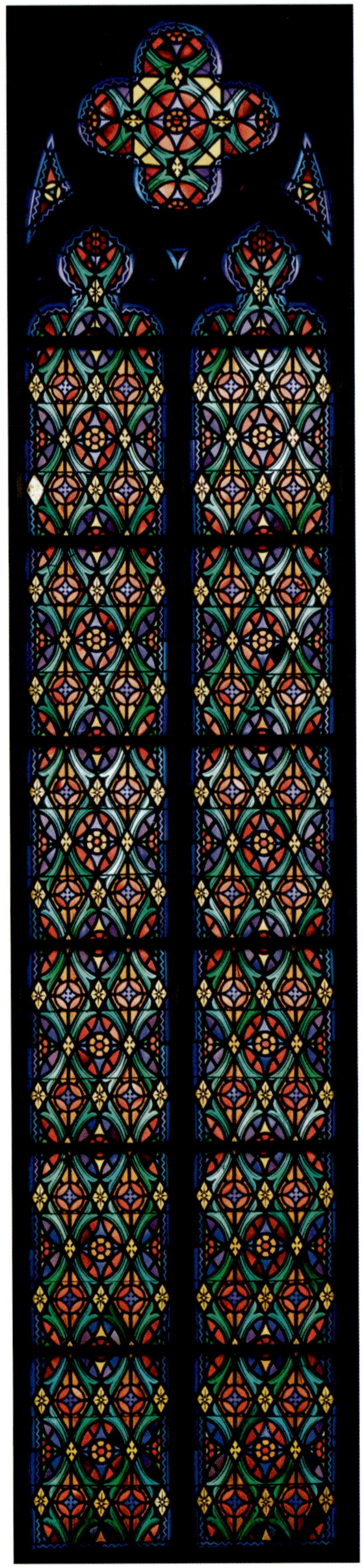

Abb. 12: Glasfenster von Josef Raukamp, 1925/30.

Abb. 13: Detail des Glasfensters von Josef Raukamp, 1925/30.

Das Bild der Allgemeinen Sparkasse belegt, dass auch die Sponsoren präsent sein wollten. Die Fenster des Hochschiffs sind „marianischen“ Orten gewidmet und beginnen mit der Fronleichnamsprozession am Traunsee. Vertreten sind berühmte, aber auch kleine, heute fast vergessene Wallfahrtsorte. 1910 stiftete der Landtag das Kaiserfenster, in dem die Monarchie durch den knienden Kaiser Franz Joseph und die Familie seiner Tochter Marie Valerie bis heute präsent ist. Erst 1925/30 zog mit den abstrakten Glasfenstern Josef Raukamps in den beiden Turmkapellen die gemäßigte Moderne in den Dom ein (Abb. 12). Zwischen 1948 und 1960 schuf der St. Florianer Bildhauer Franz Forster die monumentalen Kreuzwegreliefs des Langhauses. Den Ausgang bewachen seit 1948 zwei riesige Figuren der hll. Petrus und Paulus, die 1663 für den Hochaltar der Pfarrkirche von Eferding entstanden sind.

Die religiöse Botschaft des Mariendoms

Ein Rundgang mit dem Dompfarrer

Maximilian Strasser

Ich betrete den Dom meistens beim Turmportal und bleibe eine kurze Weile ganz hinten stehen. Dabei erspüre ich die Botschaft des Gebäudes. Ich kann dort nicht lange stehen und den Blick zum Boden senken, der Raum fordert mich auf, mich aufzurichten, er hebt meinen Blick nach oben und zieht ihn nach vorne.

Beim Aufblicken fällt als Erstes das Fenster über dem Baldachinaltar, dem alten Hochaltar auf. Es zeigt in der Bildsprache des späten 19. Jahrhunderts die Aufnahme Marias in den Himmel. Das erste bewusste Wahrnehmen dieses Fensters löste in mir eine gewisse Spannung aus. Der „Mariä-Empfängnis-Dom“ ist dem Geheimnis der Bewahrung Marias vor der Erbschuld vom Beginn ihres Lebens an geweiht. Er lässt an den Beginn des Lebens Marias (im Schoß ihrer Mutter Anna) denken; das Fenster an der Spitze nimmt das Ende des irdischen Lebens Marias in den Blick. Damit wird der Spannungsbogen angesprochen, unter dem jedes Menschenleben von seiner Geburt an bis zu seinem Tod steht. Die „Aufnahme Marias in den Himmel“ weist auf die Hoffnung hin, dass jeder Lebensweg nicht irgendwann einfach (ver-)endet, sondern seiner Vollendung entgegengeht.

Ich nehme einen inneren Appell wahr, den Weg nach vorne zu gehen und dabei auf dieses Bild der Hoffnung zu schauen. Beim Gang nach vorne geht mein Blick zu den Gemäldefenstern rechts und links – zuerst zu den Fenstern im Langhaus und dann zu denen im Querschiff. Einige von ihnen erzählen Geschichten vom Bau des Mariendoms und seiner Ausgestaltung: die Grundsteinlegung am 1. Mai 1862 durch den Dombaumeister Vincenz Statz im Beisein von Bischof Franz Joseph Rudigier, des Initiators des Dombaus, und anderer Persönlichkeiten des Landes; die Aufforderung Papst Leos XIII. an Bischof Ernest Maria Müller, den Nachfolger Rudigiers, „dieses großartige Werk müsse vollendet werden“; die Weihe der Domglocken am 30. April 1902 (diese wurden im Zweiten Weltkrieg abgenommen und hätten in Hamburg zu Munition verarbeitet werden sollen, sie hängen seit 1947 unversehrt wieder im Domturm); die Krönung der Marienstatue in der sogenannten Votivkapelle am 1. Mai 1905.

Es sind Ereignisse dokumentiert, die Ausdruck der Frömmigkeit der Oberösterreicher sind: zwei Wallfahrten der Diözese Linz in das Heilige Land (dargestellt sind die Landung in Haifa und der Einzug vor dem Felsendom in Jerusalem); eine Wallfahrt nach Lourdes. Und Wallfahrtsorte, die außerhalb Oberösterreichs liegen, aber von Oberösterreichern gerne aufgesucht werden (Maria Plain bei Salzburg, Altötting, Mariazell) sind ebenso ins Bild gefasst wie Wallfahrtsorte in unserem Bundesland (Pöstlingberg, Maria Schauersberg in Thalheim bei Wels, Allerheiligen, Kallham, Fallsbach in Gunskirchen, Attersee, Maria Schmolln, Mondsee, St. Wolfgang). Sieben oberösterreichische Stifte (Wilhering, Kremsmünster, St. Florian, Lambach, Reichersberg, Schlägl und Schlierbach – zum Teil mit Hinweisen auf ihre Gründungsgeschichte, besondere Persönlichkeiten oder ihre Tätigkeit) sind in Fenstern im Querschiff dargestellt.

Auf dem Weg von hinten nach vorne gehe ich gleichsam durch die vom christlichen Glauben geprägte Geschichte meines Heimatlandes. Mein Lebensweg ist hineinverwoben in das Leben und den christlichen Glauben der Bewohner dieses Landes, die vor mir gelebt haben. Ich finde mich wieder in einem großen geschichtlichen, kulturellen und religiösen Zusammenhang, der auch mein Leben prägt und trägt.

Die Fenster im Hochchor – rund um den alten Hochaltar mit dem Baldachin – stehen unter dem Thema „Maria im Leben Jesu“. Die Geburt Jesu, die Anbetung der Weisen (der „Heiligen Drei Könige“), Beschneidung und Darstellung Jesu im Tempel, die Flucht nach Ägypten, das Leben der Heiligen Familie in Nazaret, der zwölfjährige Jesus bei den Lehrern im Tempel, das Wein-Wunder in Kana, Kreuzabnahme und Grablegung Jesu, die Erscheinung des Auferstandenen und das Kommen des Heiligen Geistes. Dabei

Glasgemälde im Scheitel des Hochchors: Die Aufnahme Mariens in den Himmel.

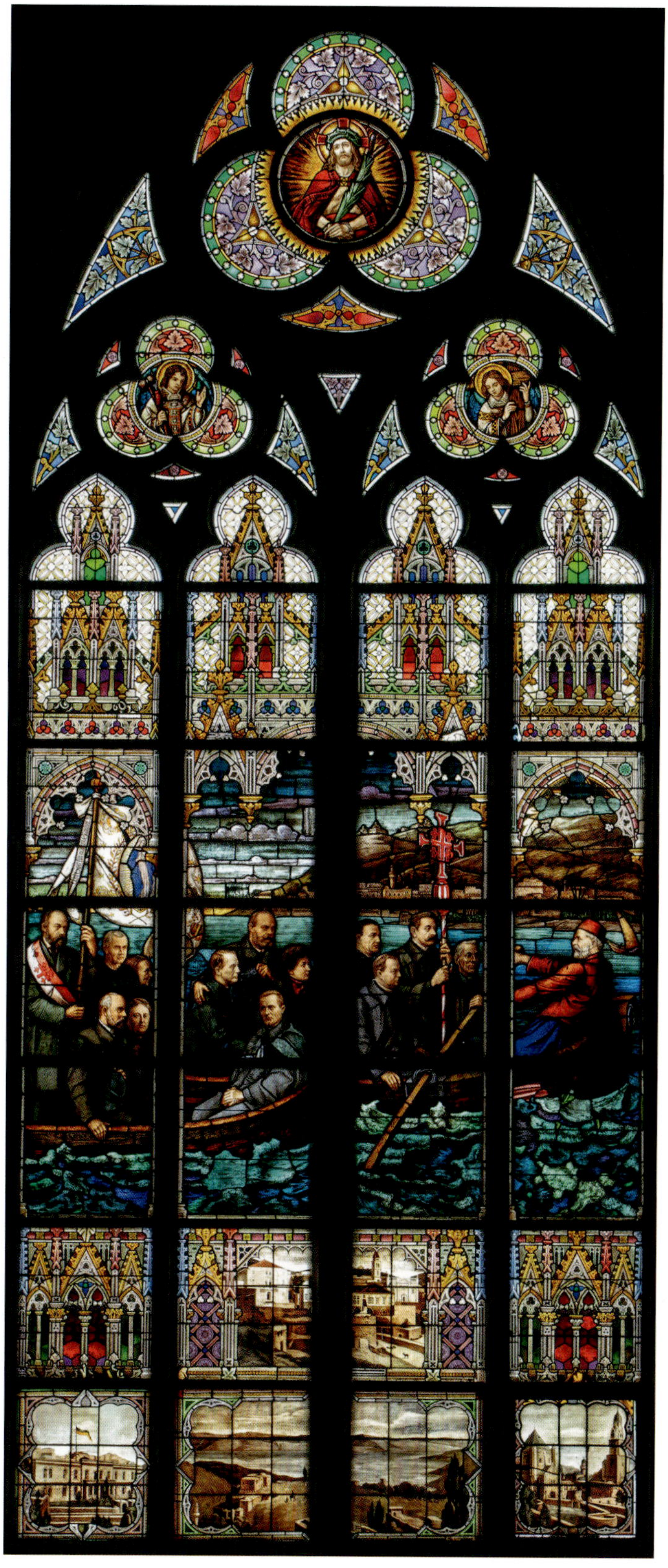

Das vierte Fenster im Langhaus (links) zeigt die Landung von Teilnehmern der Heilig-Land-Wallfahrt in Haifa im Jahr 1910.

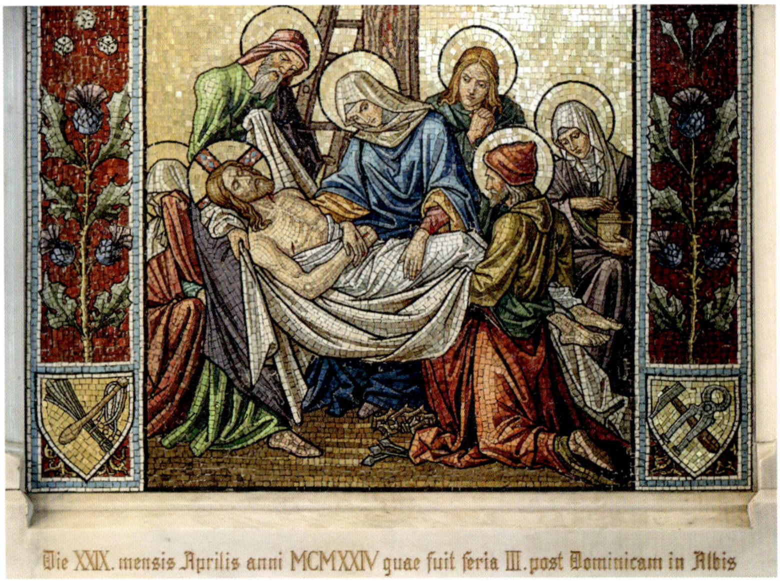

Das Mosaik an der Rückseite des alten Hochaltars zeigt die Kreuzabnahme Jesu. Es flankiert mit einem Mosaik von der Grablegung Jesu eine Darstellung des Auferstandenen.

wird unter dem Hauptbild jeweils auf Erzählungen aus dem Alten Testament Bezug genommen, die als „Hinführung" zum Christus-Geheimnis verstanden werden. Die zwei Fenster neben „Maria Himmelfahrt" thematisieren das noch einmal, indem sie wichtige Personen der Heilsgeschichte darstellen, die zu Christus hinführen. Im Raum unter diesen Fenstern wurde am Altar das Geheimnis des Todes und der Auferstehung Christi gefeiert.

Die Messfeier ins Bild gebracht

Der alte Hochaltar ist ausgestaltet, wie es der Eucharistie-Theologie zur Zeit der Errichtung des Doms entsprach. In der Mitte steht ein Kreuz mit einem lebensgroßen Gekreuzigten, unter der Altarmensa sind vier Szenen von Opfern aus der Überlieferung des Alten Testaments (Abel, Noach, Melchisedek und Abraham) dargestellt; sie wurden als Hinweis auf den Opfertod Jesu verstanden, der in der Feier der heiligen Messe vergegenwärtigt wird. Dem „Mariendom" entspricht, dass über der Altarmensa vier Mosaike zusammen mit dem großen Kreuz die Geheimnisse des „Schmerzhaften Rosenkranzes" (Todesangst Jesu, Geißelung, Dornenkrone, Kreuztragen und Kreuzigung) darstellen. Die Rückseite des Altars zeigt Kreuzabnahme und Grablegung Jesu, in der Mitte den Auferstandenen im Strahlenkranz mit der Siegesfahne. Der Baldachin über dem Altar gibt einen Ausblick in das „himmlische Jerusalem". Als Symbol für den gekreuzigten und auferstandenen Christus steht das Lamm mit der Siegesfahne auf dem „Buch mit den sieben Siegeln", rundherum sind zwölf der vierundzwanzig Ältesten mit Weihrauchgefäßen zu sehen. Es ist ins Bild gebracht, was in der Symbolhandlung der Messfeier von Anfang an präsent war, daher auch im erneuerten Ritus in der Mitte jeder Eucharistiefeier als Akklamation der Gemeinde ausgesprochen wird: „Deinen Tod, o Herr, verkünden wir und deine Auferstehung preisen wir, bis du kommst in Herrlichkeit."

Von Juni bis Dezember 2017 wurde der neue Feierraum der Eucharistie gebaut. Die Vorstehersitze (die Kathedra – der Sitz für den Bischof, der diesen auch in seiner Abwesenheit repräsentiert – und der Priestersitz), der Ambo und der Altar wurden rund um die Mitte des Doms zwischen den Vierungssäulen errichtet. Ambo und Altar stehen in der Hauptachse des Doms symmetrisch zum Mittelpunkt. Die Verkündigung des Wortes Gottes (einschließlich seiner Auslegung in der Predigt) wird – gerade durch diese Verortung des Ambo – als integraler Teil eines jeden Gottesdienstes erfahrbar gemacht.

Der geometrische Mittelpunkt des Doms ist frei und offen gehalten. Diese offene Mitte kann zweierlei repräsentieren: Einerseits das Geheimnis Gottes, das unanschaulich

Auf dem alten Hochaltar mit dem vergoldeten Kreuz und dem markanten Baldachin finden sich eine Reihe von biblischen Darstellungen aus dem Alten und Neuen Testament – Mosaike, Figuren und Gemälde –, die das Geheimnis der Eucharistie aus unterschiedlichen Perspektiven erschließen wollen.

Blick in die Vierung des Mariendoms. Diese bildet die Mitte des Doms am Kreuzungspunkt von Langhaus und Querschiff.

bleibt, solange wir in dieser Welt leben, und anderseits den Menschen, der sich öffnet für das, was sich am Ambo und am Altar ereignet, für das Wort Gottes und dafür, was im sakramentalen Zeichen der Eucharistie gefeiert wird. Diese offene Mitte kann auch gesehen werden als Hinweis auf das alttestamentliche Verbot, sich von Gott ein Bild zu machen.

Ich sehe hinter der Anordnung dieser liturgischen Orte die geometrische Figur einer Ellipse. Altar und Ambo stehen in den Brennpunkten der Ellipse (so wie die Sonne im Brennpunkt der elliptischen Erdumlaufbahn steht). Die Vorstehersitze befinden sich im Scheitel, sie sind rechts und links der Hauptachse des Doms angeordnet und weisen so auf den hin, der geheimnisvoll in der Mitte der Feiernden ist. Die Gemeinde ist wie in einem Kreis zur Feier versammelt. Wenn der Dom (beim Gang von hinten nach vorne) als „Weg" erlebt wird, so kann der Kreis um den Altar wie eine „Rast" gesehen werden, bei der das pilgernde Volk Gottes Zuspruch und Stärkung für den weiteren Weg erhält.

Bei der Weihe des Altars wurden die Reliquien zweier Glaubenszeugen, die vor Kurzem seliggesprochen worden waren, unter den Altar gelegt, jene von P. Unzeitig, Mariannhiller Missionar, im Konzentrationslager Dachau bei der Pflege Typhus-Kranker gestorben, und die von Josef Mayr-Nusser, Familienvater aus Südtirol, wegen Verweigerung des Eides auf den „Führer" hingerichtet. Zusammen mit Franz Jägerstätter, der sich geweigert hatte, für das NS-Regime Kriegsdienst zu leisten, deshalb zum Tod verurteilt und hingerichtet wurde, dessen Reliquiar im Kapellenkranz steht, repräsentieren sie Menschen des 20. Jahrhunderts, die entsprechend ihrer Glaubensüberzeugung gelebt und sich nach ihrem Gewissenurteil entschieden haben.

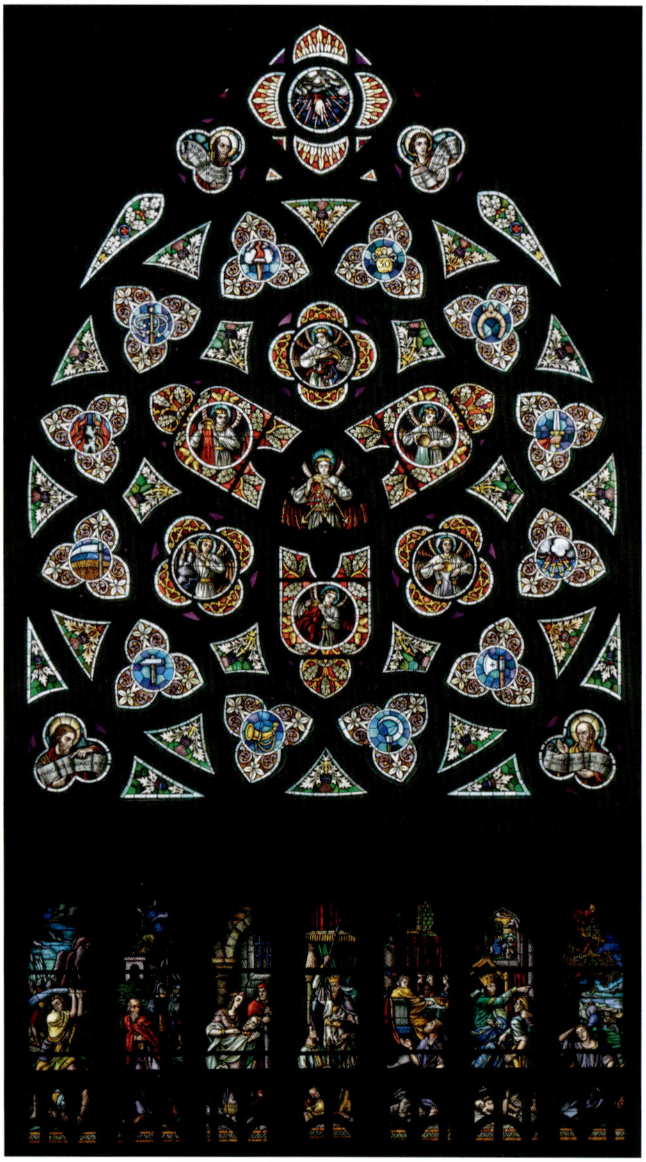

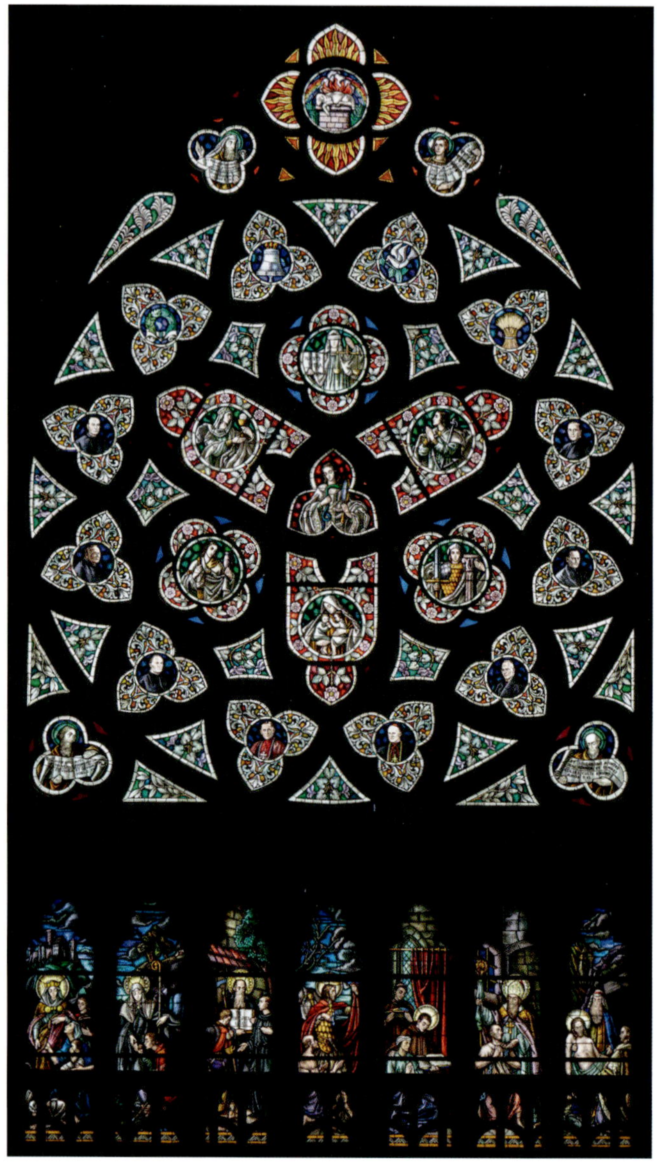

Die beiden Rosettenfenster im Querschiff werden als Kriegsfenster (links) und Friedensfenster (rechts) bezeichnet. Durch das Maßwerk geht von den Fenstern eine starke meditative Wirkung aus.

Das „Kriegsfenster" und das „Friedensfenster"

Die Mitte des Domes gibt auch den Blick frei für die Rosettenfenster über den beiden Seitenportalen. Die Rosette rechts heißt „Kriegsfenster", die gegenüber liegende „Friedensfenster". Unter dem Kriegsfenster verweisen sieben biblische Gestalten auf die Hauptsünden, auf fundamentale Untugenden, die zum Auslöser von Streit im kleinen Lebensbereich und von Krieg in der großen Welt werden können. Gegenüber – unter dem Friedensfenster – sind sieben Heilige dargestellt, die in beispielhafter Weise die Werke der Barmherzigkeit ausgeübt und dadurch zum Frieden beigetragen haben.

Zwei moderne Fenster (von Karl-Martin Hartmann, 1996) interpretieren Kriegs- und Friedensfenster in einer neuen Bildsprache. Das moderne Fenster unter dem Kriegsfenster zeigt in der Mitte einen weißen Riss, einen

Die beiden Fenster von Karl-Martin Hartmann befinden sich über den Seitenportalen. Sie aktualisieren das Kriegsfenster (gespaltene Flügel) und das Friedensfenster (Einheit um die Mitte).

Spalt oder eine Mauer. Links davon ist in jedem kleinen Viereck ein Davidsstern zu sehen, rechts in jedem kleinen Viereck ein Kreuz. Die Entfremdung von Juden und Christen, die sich bis hin zur Feindschaft entwickelt hat, ist ein Beispiel dafür, dass Menschen wegen unterschiedlicher Religion oder weltanschaulicher Grundüberzeugung einander so fremd werden, dass es dann zu feindseligen Handlungen bis hin zu Kriegen kommt.

Das moderne Fenster unter der Friedensrosette zeigt eine Mitte (einen Tisch, der an die Eucharistie erinnert, oder einen Schrank, ähnlich dem Thora-Schrein einer Synagoge – was immer die Fantasie des Betrachters sieht) und rundherum bunt gemischt Vierecke mit einem Stern, einem Kreuz, einem Kreis oder einem Viereck darin. Friede wird verstanden als ein Miteinander von Verschiedenen – Menschen, Religionen, Weltanschauungen, politischen Überzeugungen –, die sich um eine gemeinsame Mitte zusammenfinden. Zwischen diesen Fenstern wird seit Dezember 2017 Eucharistie gefeiert, des Todes Jesu gedacht und seine Auferstehung gepriesen.

Durch Maria zu Christus

Rund um den Baldachinaltar ist ein Kranz von sieben Kapellen angeordnet. Die mittlere ist wie eine kleine zweischiffige Kirche, sie heißt Votivkapelle, weil sie an die Widmung des Doms erinnert. Im Fenster an der linken Wand ist unter einem großen Marienbild inmitten von Bischöfen und Kardinälen Papst Pius IX. dargestellt, der am 8. Dezember 1854 feierlich das Dogma von der Unbefleckten Empfängnis Marias verkündet hat.

Die Entscheidung des Bischofs von Linz, einen Maria-Empfängnis-Dom zu bauen, der zugleich Bischofskirche sein sollte, war die Antwort auf diese päpstliche Lehrverkündigung. Das ist im Fenster gegenüber dargestellt. Bischof Rudigier – umgeben von Klerikern und den Vertretern des oberösterreichischen Volkes – bietet zusammen mit Dombaumeister Vincenz Statz den Dom (im Plan und im Modell) Maria an.

Der Hochaltar der Votivkapelle ist geprägt von der Immaculata-Statue, deren Krone ein Geschenk Papst Leos XIII. ist. Das Fenster dahinter zeigt oben vier Vorfahren Marias, Isai, den Vater des Königs David, David selbst (mit der Harfe) und die Eltern Marias, Joachim und Anna. Unterhalb sechs Theologen (vom 5. bis zum 12. Jahrhundert) und drei Päpste der Neuzeit, die um den Glauben an die Unbefleckte Empfängnis Marias bemüht waren, sowie den heiligen Maximilian, der bis 1971 Diözesanpatron war. Die beiden Seitenaltäre der Votivkapelle sind Joachim und Anna, den Eltern Marias, geweiht.

Die links und rechts anschließenden sechs kleinen Kapellen sind nach den letzten Anrufungen der Lauretanischen Litanei benannt: Königin der Patriarchen, Königin der Propheten, Königin der Apostel, Königin der Märtyrer, Königin der Bekenner und Königin der Jungfrauen.

Die gesamte Ausstattung dieses ältesten Teils des Doms bezeugt eine tiefe marianische Frömmigkeit. Diese ist in der Heiligen Schrift und vor allem in der Überlieferung der Kirche verwurzelt. Es gibt keinerlei Hinweis auf Privat- beziehungsweise Sonderoffenbarungen. Im Gegenteil, es wird im Dom der Grundsatz katholischer Marienverehrung „Per Mariam ad Christum“ – „Durch Maria zu Christus“ – anschaulich vermittelt.

Die Votivkapelle ist der älteste Teil des Doms und wurde 1869 von Bischof Rudigier der Unbefleckt Empfangenen Gottesmutter Maria geweiht. Am Hochaltar der Votivkapelle befindet sich eine Statue der „Immaculata", der Unbefleckt Empfangenen. Darunter ist die Inschrift angebracht: „Ganz schön bis du, Maria, und kein Makel ist an dir."

Die Osterrieder-Krippe in der Domkrypta

Wolfgang Sachsenhofer

„Ich behaupte und bleibe, solange mir nicht das Gegenteil bewiesen wird, bei meiner Behauptung, dass sie die größte Krippe der Welt ist und ohne weiteres können wir sie auch unter die schönsten Krippen der Welt einreihen.“ So pries noch im Jahre 1923 der Linzer Generalvikar Balthasar Scherndl das in den Jahren 1909–1913 vom Münchner Künstler Sebastian Osterrieder für den Linzer Dom geschaffene Werk. Noch heute, insbesondere nach der jüngst erfolgten Restaurierung, können wir uns der Schönheit dieses Kunstwerkes kaum entziehen.

Die Domkrippe ist ein Werk des Orientalismus. Ihr Schöpfer wollte jenes Bild vermitteln, welches sich dem Besucher der heiligen Stätten in Palästina um 1900 darbot. Landschaft, Stadtbilder, Wohn- und Siedlungsformen, Tier- und Pflanzenwelt sowie die Bewohner des Landes entsprachen damit dem Eindruck, den ein Pilger hatte, wenn er die Gegend um Betlehem bereiste. Der Betrachter der Krippe sollte die Überzeugung gewinnen: So sieht es im Heiligen Land aus – und genauso hat es auch schon zu Christi Geburt ausgesehen.

Dem Beschauer bietet sich ein Blick wie auf eine große Bühne, in deren Zentrum sich die Geburtsgrotte befindet. Sie ist umgeben vom „Hirtenfeld“ inmitten einer biblischen Landschaft, sowie von den Häusern, Mauern und Toren der Stadt Betlehem und ihrer Bewohner. Auf dieser zwölf Meter breiten und bis zu vier Meter tiefen Spielfläche werden wir Zeugen des biblischen Geschehens in drei Szenen: Die „Adventsszene“, bei der die Heilige Familie und der Großteil der Hirten noch fehlen; weiters die „Weihnachtsszene“, welche ab dem 24. Dezember das neugeborene Kind mit Maria und Josef sowie den herbei geeilten Hirten zeigt. Zuletzt ab dem 6. Jänner als künstlerischer Höhepunkt die „Dreikönigsszene“, bei der die Sterndeuter aus dem Osten mit ihrem Gefolge dem nun schon größer gewordenen und auf dem Schoß der Mutter sitzenden Jesusknaben ihre Gaben bringen.

Der Krippenkünstler Sebastian Osterrieder

Osterrieder wurde 1864 in Abensberg in Niederbayern geboren und musste zunächst das Bäckerhandwerk seiner Eltern erlernen und deren Betrieb übernehmen. Erst 1888 – nach dem Tod seines Vaters – übersiedelte er nach München, um – seiner künstlerischen Neigung folgend – Bildhauerei zu studieren. Als Künstler konzentrierte er sich mehr und mehr auf die Herstellung von Weihnachtskrippen, die seinen Ruf in der ganzen Welt verbreiteten und ihm den liebevollen Beinamen „Krippenwastl“ einbrachten. Für seine „Kunstkrippen“ entwickelte er ein Hartgussverfahren, welches ihm erlaubte, seine Werke zeitsparender und kostengünstiger vervielfältigen zu können. Dadurch wurde die Anschaffung einer „Osterrieder-Krippe“ für viele Krippenfreunde erst erschwinglich. Die wesentlich größeren Figuren seiner Linzer Domkrippe sind allerdings zur Gänze aus Lindenholz geschnitzt. Eine „Studienreise“ ins Heilige Land konnte sich Osterrieder übrigens erst 1910 leisten; zuvor betrieb der Künstler seine Studien exotischer Tiere und fremd aussehender Menschen beim „Fahrenden Volk“ am Münchner Oktoberfest. Osterrieder ist 1932 in München verstorben und wurde als der „große Erneuerer der künstlerischen Weihnachtskrippe“ gewürdigt.

Die Entstehung der Linzer Domkrippe

1904 – zu diesem Zeitpunkt war der Dombau schon weit fortgeschritten – fand der damalige Domkapitular und spätere Generalvikar Balthasar Scherndl bei einer Ausstellung sakraler Kunst in Landshut Gefallen an einer „orientalischen“ Weihnachtskrippe von Sebastian Osterrieder und lud den Künstler ein, ein Modell einer künftigen Krippe in Linz vorzustellen. Bei der Sitzung des Dombaukomitees im Dezember 1906 kam es zunächst zu lebhaften Diskussionen

wegen der hohen Kosten des Werkes. Nach eingehender Besichtigung des Modells konnten sich die Teilnehmer jedoch ein Bild von dessen hoher künstlerischer Qualität machen und sprachen sich einhellig für die Anschaffung von Osterrieders Krippe aus. Der Auftrag wurde jedoch an die Bedingung geknüpft, dass dafür keine Geldmittel verwendet werden durften, die für den Dombau bestimmt waren. Vielmehr musste der Kaufpreis (die einzelnen Figuren kosteten zwischen 100 und 300 Kronen) im Rahmen einer eigenen Sammlung aufgebracht werden.

Nach Abschluss des Kaufvertrages im Jänner 1908 begann Osterrieder ein Jahr später mit der Herstellung und Lieferung der ersten Figuren – der Heiligen Familie mit Ochs und Esel und dem dazugehörigen Stall. Die Begeisterung und Spendenfreudigkeit der Bevölkerung waren daraufhin so groß, dass Osterrieder sein Werk in den darauffolgenden Jahren zügig weiterführen konnte. Um den Krippenfreunden den beschwerlichen Gang in die Krypta zu ersparen und den Besucherandrang besser bewältigen zu können, entschloss man sich zunächst, das Werk in der Weihnachtszeit im westlichen Kapellenkranz des Domes, vor der Kapelle „Königin der Jungfrauen“, zu platzieren. Erst seit 1921 befindet es sich an seinem ursprünglich vorgesehenen Platz in der Krypta.

Nachdem in den Jahren 1910/11 die „Weihnachtsszene“ mit ihren Hirten und deren Tieren vervollständigt worden war, hielten schließlich 1912 und 1913 die Heiligen Drei Könige mit ihrem prächtigen Gefolge Einzug. Als krönenden Abschluss lieferte Osterrieder schließlich den sogenannten „Engelschor“, der über der Stadt Betlehem und der Geburtsgrotte schwebt. Ein einzigartiges Werk, welches – so Balthasar Scherndl – „den Besucher tatsächlich einen Blick wie in den geöffneten Himmel hinein machen lässt“.

Nach Fertigstellung des Werkes wurde 1914 den Spendern Rechenschaft über die Kosten der Krippe gegeben. Sie beliefen sich auf insgesamt 28.500 Kronen. Davon erhielt Osterrieder 20.000; der Rest wurde an die an der Arbeit beteiligten Linzer Maler, Tischler, Bildhauer und Vergolder ausbezahlt beziehungsweise für diverse Materialien sowie Zollgebühren ausgelegt. Mit Stolz wurde angemerkt, dass zur Bezahlung der Krippe kein einziger Heller verwendet wurde, der für den Bau des Doms bestimmt war.

Zum Vergleich: Im Jahre 1911 hatte ein Gymnasiallehrer ein Jahresgehalt zwischen 2.800 und 3.300 Kronen, ein Facharbeiter konnte auf 1.000 bis 1.500 Kronen kommen, ein Dienstmädchen oder ein Bauernknecht musste mit 300 Kronen jährlich das Auslangen finden.

Die Figuren der Dreikönigsszene – vor allem das Gefolge der Könige – sind besonders prächtig gestaltet.

Die Botschaft der Domkrippe

Maximilian Strasser

Die Linzer Domkrippe erscheint für den Betrachter zuerst als eine Darstellung dessen, was in den Evangelien (nach Lukas und Matthäus) über die Geburt und Kindheit Jesu erzählt und was an den beiden hohen Festen der Weihnachtszeit (25. Dezember beziehungsweise 6. Jänner) in den Gottesdiensten als Evangelium verkündet und gefeiert wird. Die Krippendarstellung ist geprägt vom Glauben, dass dieses Kind der „Christus Gottes" ist; die Krippe will diesen Glauben anschaulich verkünden und die betrachtenden Besucher:innen in ihrem Glauben bestärken oder zum Glauben hinführen. – Dieses Anliegen der Glaubensverkündigung wird an einigen Einzelheiten der Krippe in unserem Mariendom deutlich erkennbar.

Der Schlüssel zum Verständnis der Krippe

Mein persönlicher Zugang zum Verständnis der Krippe geht über die drei Engel, die an der Decke der Geburtsgrotte über dem neugeborenen Kind und seiner Mutter schweben. Sie tragen Kreuz, Dornenkrone und Kelch in ihren Händen; sie weisen darauf hin, dass dieses Kind als Erwachsener leiden und den gewaltsamen Tod am Kreuz sterben wird. Mein Blick geht dann weiter nach oben und sieht oberhalb der Geburtsgrotte – über dem Kind und den drei Engeln mit den „Leidenswerkzeugen" – die vielen musizierenden Engel im Strahlenkranz, der das Geheimnis Gottes umgibt. Dieses „große himmlische Heer, das Gott lobte" – wie es das Weihnachtsevangelium erzählt (Lk 2,13 f.) – sehe ich schon als Hinweis auf die Auferstehung und Himmelfahrt Jesu.

Der Krippenkünstler Sebastian Osterrieder hat in seiner Krippendarstellung ganz dezent und unaufdringlich veranschaulicht, was Christen im Glaubensbekenntnis aussprechen – „geboren von der Jungfrau Maria, gelitten unter Pontius Pilatus, gekreuzigt, gestorben ... am dritten Tage auferstanden von den Toten". Er hat die Geburt Jesu und die Verehrung durch die Sterndeuter aus dem Osten (die „Heiligen Drei Könige") nicht bloß einfach dargestellt, er macht durch diese Hinweise auf Kreuz und Auferstehung schon in der Krippe den „ganzen Christus" erfahrbar.

Ich halte es daher für angebracht, einzelne Krippenfiguren aus dem größeren Kontext der gesamten Heiligen Schrift zu interpretieren, und sehe darin zugleich einen Zugang zu einem tieferen Verständnis der „Krippe" und zu dem, was Christen von Jesus bekennen und was sie zu Weihnachten feiern.

Die Szenen der Domkrippe

Sebastian Osterrieder hat zwei Szenen gestaltet, die er den beiden Hauptfesten der Weihnachtszeit – „Fest der Geburt Jesu Christi" am 25. Dezember und „Fest der Erscheinung des Herrn" („Drei-Königs-Fest") am 6. Jänner – zuordnete. Vom Heiligen Abend an bis zum 5. Jänner wird das neugeborene Kind in der Krippe mit Maria und Josef sowie den Hirten, die zum Kind kommen, beten und Gaben bringen, gezeigt. Ab dem Fest „Erscheinung des Herrn" bis zum Fest der „Darstellung des Herrn" – Lichtmess, 2. Februar – sieht man ein Kind, das nicht mehr in der Krippe liegt, sondern schon auf dem Schoß seiner Mutter sitzt; die meisten Hirten sind den „Heiligen Drei Königen" und ihrem Gefolge gewichen.

Eine dritte Szene wurde in den ersten Jahren dieses Jahrhunderts entwickelt. Im Rahmen der Aktion „Krippenstadt Linz" waren schon im Advent in vielen Schaufenstern der Stadt voll ausgestaltete Krippen zu sehen. Gleichsam als Kontrapunkt dazu wurde im Dom die „Advent-Szene" entwickelt, die eine „leere Krippe" zeigt. Die Heilige Familie und die Hirten, die vor dem Kind beten und Gaben bringen, sind noch nicht zu sehen. Diese „leere Krippe" weist einerseits auf den „Alltag in Betlehem" hin und setzt anderseits ein Zeichen für den Advent als Zeit der Erwartung und der Hoffnung.

Sebastian Osterrieder hat für das Dreikönigsfest eine eigene Figurengruppe gestaltet, die von der Überlieferung des Matthäus-Evangeliums geprägt ist.

Einzelne Figuren und ihre Botschaft

Die Hirten sind in der „Adventszene" und in der „Weihnachtsszene" die größte Figurengruppe. Sie erinnern daran, dass Israel einst ein Volk von Wanderhirten war. In der Heiligen Schrift wird Gott selbst „Hirte Israels" genannt: „Wie ein Hirt weidet er seine Herde, auf seinem Arm sammelt er die Lämmer, an seiner Brust trägt er sie, die Mutterschafe führt er behutsam." (Jes 40,11) Die Israeliten nennen sich selbst „die Herde, von seiner [Gottes] Hand geführt" (Ps 95,7). Die Könige Israels repräsentieren durch ihr „Hirtenamt" Gott als den wahren Hirten. Propheten weisen die Könige Israels zurecht, weil sie diese Aufgabe als Hirten schlecht erfüllen (vgl. Jer 23,1–2; Ez 34,1–10). Auf diesem Hintergrund ist auch das Wort Jesu zu verstehen: „Ich bin der gute Hirt." (Joh 10,11) Auch das bekannte Gleichnis Jesu vom Hirten, der dem verlorenen Schaf nachgeht und es, nachdem er es gefunden hat, auf seinen Schultern nach Hause trägt, ist in zwei Krippenfiguren (ein kniender und ein gehender Hirt mit einem Schaf auf der Schulter) angedeutet (vgl. Mt 18,12–14; Lk 15,4–6).

Zur Alltagsszene gehört die Frau, die mit einem Kind auf dem Arm und einem Wasserkrug durch das Stadttor geht. Es gehörte zu den täglichen Aufgaben einer Frau, Wasser vom Stadtbrunnen beziehungsweise von der Quelle zu holen. Diese Frau kann mit einer Überlieferung des Johannes-Evangeliums in Verbindung gebracht werden. Jesus hat am Jakobsbrunnen bei der Stadt Sychar mit einer Samariterin ein Gespräch begonnen, an dessen Ende sie ihn als den Christus erkennt (vgl. Joh 4,3–42).

Auffälliger ist der Mann, der mit einem Wasserkrug auf der Schulter von der Stadt herunter zum Brunnen geht. Die Erzählung von der Vorbereitung des Pascha-Mahles (Mk 14,12–16; Lk 22,7–13) berichtet, dass zwei Jünger einem Mann mit einem Wasserkrug folgen und in das Haus kommen, in dem sie diese Feier vorbereiten. So erinnert dieser Mann an den Ursprung der Eucharistie, in der Christen jeden Sonntag das Gedächtnis Jesu begehen.

Im Zentrum der Weihnachtsszene steht die Heilige Familie, Maria kniet vor dem neugeborenen Kind, Josef hält seine Hand schützend über beide. Rund um die Krippe sieht man drei Engel, die das Kind mit ihren Flügeln umgeben. Diese drei „Schutzengel", die im Weihnachtsevangelium (Lk 2,1–14) nicht erwähnt werden, verweisen auf ein Wort aus dem Psalm 91: „Er [Gott] befiehlt seinen Engeln, dich zu behüten auf all deinen Wegen." (Ps 91,11) Jesus weiß sich ein Leben lang behütet und geschützt. Selbst dem Versucher, der ihn auffordert, die Zusage dieses Psalmworts durch einen Sprung vom Tempel in Jerusalem zu „testen", widersteht Jesus, weil er sich von einem größeren Vertrauen getragen weiß (vgl. Mt 4,5–7; Lk 4,9–12).

Im Weihnachtsevangelium nach Lukas ist auch keine Rede davon, dass Hirten mit Gaben zum Kind kommen – das ist eher ein Motiv volkstümlicher Krippenspiele. In der Krippe sind zwei Hirten zu sehen, die ein Körbchen mit Früchten beziehungsweise mit zwei Hühnern bringen. In Israel wurde ein Korb mit Früchten als Dank für die Ernte des Jahres in den Tempel gebracht und dem Priester übergeben (vgl. Dtn 26,1–11). Der Hirt mit den Früchten weist darauf hin, dass der Ort der Gottesbegegnung und der Danksagung für die Gaben Gottes nunmehr der Christus Jesus ist. Der Hirt mit den zwei Hühnern ruft ein Anliegen Jesu und dessen Ablehnung in Erinnerung: Jesus wollte Israel sammeln, wie eine Henne ihre Küken sammelt, und bedauert, dass das Volk das nicht wollte (vgl. Mt 23,37b; Lk 13,34b).

Zwei musizierende junge Männer sind zu sehen, sie stehen in einem Bezug zu Überlieferungen aus dem Alten Testament. Flöten wurde bei großen Festen in Israel – zum Beispiel bei der Einsetzung Salomos zum König – gespielt (vgl. 1 Kön 1,40). Die nach Babylon verschleppten Israeliten wurden aufgefordert, sich beim Ertönen der Sackpfeife vor dem Standbild des Königs niederzuwerfen (vgl. Dan 3,5–6). Beide Musikinstrumente weisen im großen Kontext der biblischen Überlieferung darauf hin, dass das neugeborene Kind der „König Israels" (vgl. Lk 1,32–33) und „Bild des unsichtbaren Gottes" (Kol 1,15.19) ist.

Die Dreikönigsszene hat ihren biblischen Anknüpfungspunkt im Matthäus-Evangelium. Der Evangelist berichtet, dass Sterndeuter aus dem Osten nach Jerusalem kamen und nach dem „neugeborenen König der Juden" fragten (vgl. Mt 2,1–2). Als sie das Kind gefunden hatten, „fielen sie nieder und huldigten ihm. Dann holten sie ihre Schätze hervor und brachten ihm Gold, Weihrauch und Myrrhe als Gaben dar." (Mt 2,11) Die drei kostbaren Gaben waren wohl ein Grund, die Sterndeuter als drei Könige anzusehen, seit dem 9. Jahrhundert tragen sie die Namen „Caspar, Melchior und Balthasar". Die Zeitangaben des Matthäus-

Für Dompfarrer Maximilian Strasser, den Autor dieses Beitrags, sind die Krippenfiguren nicht bloß fantasievoll-historisierende Darstellungen des Lebens zur Zeit Jesu. Er setzt die Figuren vielmehr mit biblischen Texten des Alten und Neuen Testaments und sogar mit dem Denken Friedrich Nietzsches in Verbindung.
Linkes Bild: Im Buch des Propheten Jesaija wird Gott selbst „Hirte Israels“ genannt (Jes 40,11).
Rechtes Bild: Die Frau mit dem Wasserkrug ist ein Hinweis auf die Samariterin am Jakobsbrunnen (Joh 4,3–42).

Evangeliums haben den Künstler dazu veranlasst, Jesus wie ein Kind im zweiten Lebensjahr darzustellen, das auf dem Schoß seiner Mutter sitzt. Die drei Könige sind als Repräsentanten der drei damals bekannten Erdteile (Europa, Asien und Afrika) und der drei Lebensalter erkennbar.

In prophetischen Texten des Alten Testaments ist davon die Rede, dass Menschen, die außerhalb Israels leben und nicht zum „erwählten Volk Gottes“ gehören, sich aufmachen „zum Berg des Herrn und zum Haus des Gottes Jakobs“ (Jes 2,3), dass Nationen zu seinem Licht und Könige zu seinem strahlenden Glanz wandern (vgl. Jes 60,3). Die Sterndeuter finden zum Christus Jesus, der den Tempel als Ort der Gottesbegegnung abgelöst hat. Diese Geschichte vom Kommen der Sterndeuter weist schon auf den Schluss des Evangeliums hin. Der auferstandene Jesus sendet seine Jünger zu allen Völkern, als deren Repräsentanten die Sterndeuter zum Jesus-Kind gekommen waren. Alle Völker sollen zu Jünger:innen Jesu werden durch die Verkündigung des Evangeliums und das Zeichen der Taufe (vgl. Mt 28,16–20).

In der Dreikönigsszene fällt der Tross besonders auf, die Tiere und die Diener der Könige. Die Kamele transportieren Menschen und Waren in ferne Länder. Die Frau, die einem der Knechte einen Wasserkrug hinaufreicht, erinnert an Rebekka, die Frau des Stammvaters Isaak, des Sohnes Abrahams (vgl. Gen 24). Der Elefant kommt in der Bibel nur in den (deuterokanonischen – griechisch, nicht hebräisch verfassten) Makkabäer-Büchern vor. Er ist ein Kriegstier, der „Panzer der Antike“, von den Nachfolgern Alexanders des Großen im Kampf gegen Israel eingesetzt (vgl. u. a. 1 Makk 1,17; 2 Makk 11,4). Die Friedensbotschaft, die von der Geburt Jesu ausgeht, wird in einer Welt verkündet, die von Krieg und Gewalt geprägt ist.

Zuletzt richte ich meine Aufmerksamkeit auf den Hirten mit der Laterne. Es ist nicht ungewöhnlich, dass ein Mann mit einer Laterne durch die Nacht geht. Er hat mich – weit über die Krippendarstellung hinaus – an den griechischen Philosophen Diogenes (400–328 v. Chr.) erinnert. Von ihm wird erzählt, er sei am hellen Tag mit einer Laterne auf den Markt gelaufen und habe gerufen: „Ich suche einen Menschen.“ Dieses Bild hat Friedrich Nietzsche (1844–1900) aufgegriffen: „Habt ihr nicht von jenem tollen Menschen gehört, der am hellen Vormittage eine Laterne anzündete, auf den Markt lief und unaufhörlich schrie: ‚Ich suche Gott! Ich suche Gott!‘“

Der Hirte mit der Laterne repräsentiert alle Menschen, die auf der Suche nach Gott und nach wahrer Menschlichkeit sind und damit den Grundfragen des menschlichen Lebens nachgehen. Der Hirte ist auf dem Weg zu Jesus. In ihm zeigt sich Gott „auf Augenhöhe“ und ganz menschlich. Menschen, die Jesus begegnen, erleben in ihm tiefe, unbedingte Menschlichkeit und Solidarität. Der Hirte ermutigt alle suchenden und fragenden Menschen, auch in der Nacht des Lebens auf dem Weg zu bleiben, um eine Antwort auf die grundlegenden Fragen des Lebens zu finden. Dieser Hirte verweist auf den tiefsten Sinn jeder Krippendarstellung: Sie will hinführen zu dem, der in seiner Menschlichkeit „Immanuel – Gott mit uns“ ist.

Dompfarrer Maximilian Strasser: „Der Hirte mit der Laterne repräsentiert alle Menschen, die auf der Suche nach Gott und nach wahrer Menschlichkeit sind ...“

Ein Dom zum Hören

Der Mariendom mit seiner Weite und Höhe eröffnet einen beeindruckenden Klangraum. Erfüllt von Musik und Stille, von Ton und Wort ist er eine Einladung zum Hören, zum Ganz-Ohr-Sein. All die Laute, die hier ineinanderfließen und verschmelzen, verleihen der größten Kirche Österreichs eine faszinierende klangliche Signatur. Die folgenden Beiträge zeigen, dass von der Grundsteinlegung bis heute die Musik im Mariendom ihren besonderen Platz hat.

Auf dem Irisbogen zwischen Himmel und Erde: Die Kirchenmusik im Linzer Mariendom

Wolfgang Kreuzhuber, Stefanie Petelin

„Die Töne sind doch der Irisbogen, der den Himmel mit dem Irdischen verbindet", weiß der dänische Schriftsteller Hans Christian Andersen. Für die Töne der Kirchenmusik gilt diese Verbindung umso mehr ... wie sich die Kirchenmusik im Linzer Mariä-Empfängnis-Dom (in Folge: Mariendom) in den vergangenen hundert Jahren entwickelt hat, zeigen diese Blitzlichter auf die bunten Facetten der musica sacra in der größten Kirche Österreichs.

Die Domkapellmeister

Der Blick auf das Wirken der Domkapellmeister erfordert zunächst eine kleine Rückblende ins 19. Jahrhundert.

Vorspiel

Rund um die Zeit der Grundsteinlegung des Mariendoms 1862 war die europäische Kirchenmusik heftigen Stürmen ausgesetzt. Zwei kirchenmusikalische Lager – Kirchenmusikreformer und Bewahrer der „klassischen" Kirchenmusik – standen einander kampfbereit gegenüber und sparten nicht mit heftigen Attacken. Dieser Konflikt prägte besonders die Entwicklung der Kirchenmusik in der zweiten Hälfte des 19. Jahrhunderts und wirkte noch weit bis ins 20. Jahrhundert nach.

Worum ging es? Kirchenchöre waren vielfach weder instrumententechnisch noch sängerisch in der Lage, lateinische Messen – beispielsweise der Wiener Klassik – aufzuführen. Gleichzeitig stand ihnen kein qualitativ hochstehendes kirchenmusikalisches Repertoire zur Verfügung, sodass sie auf Gebrauchskompositionen mit mehr oder weniger geistlichen Texten zurückgreifen mussten. Auch Organist:innen, die das Orgelspiel großteils autodidaktisch erlernt hatten, spielten vorwiegend nur jene Literatur, die ihnen besonders gefiel beziehungsweise die sie technisch auch meistern konnten. Davon geben Berichte in Zeitschriften wie den *Christlichen Kunstblättern* reichlich Auskunft.

Das Bedürfnis nach einer grundlegenden Kirchenmusikreform lag in der Luft. Eine solche wurde – wie auch eine scharfe Trennlinie zur Oper, die man als bedrohliche Konkurrenz zur Kirchenmusik sah – immer vehementer eingefordert. Die logische Konsequenz konnte demnach nur sein, Orchester wie Kompositionen, die sich in ihren harmonischen Mitteln allzu sehr an Opern wie jenen Richard Wagners (1813–1883) orientierten, in Kirchen zu verbieten. Hingegen sah man in den Werken Palestrinas das gewünschte Kompositionsideal. Die Orgel blieb als alleiniges Kirchenmusikinstrument zurück und durfte weiterhin ihren liturgischen Dienst versehen.

Die Gründung von Cäcilienvereinen folgte, ausgehend von dem in Regensburg tätigen Domprediger Franz Xaver Witt (1834–1888). All das „Laszive" sollte fortan aus der Kirchenmusik verbannt sein. Ein strategisch straff durchorganisiertes Netz an Mitarbeitern in den Diözesen – von den Referenten bis zu den Chorleitern vor Ort – sollte gewährleisten, dass nur durch in periodisch erscheinenden Werklisten autorisierte Kirchenmusik aufgeführt wurde. Um die musikalischen Ansprüche trotzdem möglichst breit zu fächern, mussten viele Neukompositionen in Auftrag gegeben werden, die zwar im Sinne Palestrinas komponiert, aber in den Ansprüchen doch wesentlich einfacher gehalten waren. Die Cäcilienvereine (und mit ihnen die Idee des Cäcilianismus) konnten sich somit in der zweiten Hälfte des 19. Jahrhunderts rasch länderübergreifend verbreiten, wobei jedes Land eine eigene Organisation hatte, die jedoch in enger Abstimmung mit dem ACV (Allgemeiner Cäcilienverein deutscher Zunge) in Deutschland stand.

Einzig in der Diözese Linz verlief der Weg anders. Der aus dem böhmischen Horní Planá stammende Johann Evangelist Habert (1833–1896) hatte sich in Gmunden als Stadtpfarrorganist und Lehrer sesshaft gemacht. Anfangs noch in Euphorie mit dem ACV in Deutschland zusammenarbeitend hatte er sich aufgrund immer radikalerer Forderungen von diesem abgewandt. Als Gegenpol gründete er

1875 den Oberösterreichischen Diözesan-Cäcilien-Verein, der gewährleisten sollte, dass in der Diözese Linz weiterhin Orchestermessen im Gottesdienst musiziert werden durften. Die Bemühungen Haberts mündeten schließlich in die *Verordnung über die Kirchenmusik* von Bischof Ernest Maria Müller (1822–1888) vom 10. April 1887.

Zwischen traditioneller Kirchenmusik, kirchenmusikalischen Reformen und „Neutönern“ wie Anton Bruckner (1824–1896) versuchte man in der Linzer Dommusik einen vernünftigen Mittelweg zu gehen. Parallel zu Werken von Cäcilianern erlebten so Orchestermessen beziehungsweise Kompositionen von Linzer Domkapellmeistern und Domorganisten ihre Aufführungen im Dom. Ausdruck dieses Mittelwegs ist die Uraufführung von Bruckners *Messe in e-Moll*, WAB 27, zur Einweihung der Votivkapelle 1869: In der achtstimmigen Messe ging Bruckner nicht nur äußerst sparsam, auch wegen der Aufführung im Freien, mit der Besetzung des „Orchesters“ (2 Oboen, 2 Klarinetten, 2 Fagotte, 4 Hörner, 2 Trompeten und 3 Posaunen) um, sondern setzte kompositorisch in seiner Sprache die Polyphonie Palestrinas fort.

Dies durfte nicht darüber hinwegtäuschen, dass innerhalb der Dommusik Spannungen zunahmen, die vorwiegend mit Chorvikar Johann Baptist Burgstaller (1840–1925) verbunden waren: An beiden Linzer Domkirchen tätig (von 1872 bis 1886 Dom- und Chorvikar am Alten Dom in Linz und von 1872 bis 1909 Chordirigent an der Votivkapelle des Mariendoms) schwankte er zwischen den Ideen beider Cäcilienvereine, obwohl er von 1884 bis 1892 selbst Obmann des Oberösterreichischen Diözesan-Cäcilien-Vereines war. Sein schillernder Charakter äußerte sich auch darin, dass er als überzeugter Cäcilianer zwischen großer Distanz und intensivem Kontakt zu Anton Bruckner changierte. Dieser Verbindung ist so manche Bruckner-Uraufführung im Mariendom zu verdanken.

Das Jahr 1909, in dem die Übersiedlung der Dommusik in den neuen, noch nicht fertiggestellten Mariendom stattfand, war für Burgstaller ein schmerzliches: Denn er musste dem bis zu diesem Zeitpunkt im Alten Dom wirkenden Domkapellmeister Ignaz Gruber (1868–1937) weichen. Auch die Auflösung seiner Sängerkapelle war damit besiegelt. Burgstaller fühlte sich von dem aus Linz stammenden Gruber, Neffe des Bruckner-Schülers und Nachfolgers im Domorganistenamt Karl Waldeck (1841–1905), aus dem Mariendom verdrängt. Burgstaller jedenfalls wusste sich auf seine Weise zu „revanchieren“ und verunglimpfte im Nachhinein die Aufführungen von Orchestermessen der Wiener Klassiker im Mariendom. Erstaunlicherweise gelang es Burgstaller durch ständige Intrigen, die Klassikermessen – unter denen er besonders Mozarts *Messe in D-Dur*, KV 194, Haydns *Missa Sancti Nicolai*, Hob. XXII:6, Beethovens *Messe in C-Dur*, op. 86, kritisierte – für kurze Zeit aus dem Mariendom zu verbannen.

Ignaz Gruber (Domkapellmeister von 1909 bis 1924)

Zur Bischofweihe von Rudolph Hittmair (1859–1915), der ersten Bischofsweihe im Mariendom am 1. Mai 1909, wurde die *Missa „Deo Gratias“*, op. 50, von Domorganist Franz Neuhofer (1870–1949) musiziert. Gruber war es nach fünfzehn anstrengenden Arbeitsjahren vergönnt, die Einweihungsfeierlichkeiten des Doms 1924 als Abschluss seiner sehr erfolgreichen Domkapellmeistertätigkeit musikalisch zu gestalten. Gruber wurde dabei intensiv von seinem Domorganisten Franz Neuhofer unterstützt, mit dem er gemeinsam ab 1905 die Dommusik verantwortete. Mit Neuhofer als glühendem Verehrer Bruckners war so auch ein bedeutender Komponist am Dom tätig.

Im Musikarchiv des Linzer Doms existieren Aufzeichnungen, die Auskunft über die aufgeführten Werke geben: Das Repertoire des ersten Domchors am Mariendom präsentierte sich dabei mit enormer Bandbreite – mit Werken von Rudolf Bibl (1832–1902), Moritz Brosig (1815–1887), Anton Faist (1864–1933) und Johann Evangelist Habert über Messen der Wiener Klassik und Romantik bis hin zu neuer Musik von Franz Xaver Müller (1870–1948) oder Franz Neuhofer. Mit elf Aufführungen nimmt Schuberts *Messe Nr. 6 in Es-Dur*, D 950, einen besonderen Status ein. Von Bruckner waren die früheren Messen – *Windhaager Messe*, WAB 25, und *Missa solemnis in B*, WAB 29, – und die drei großen Messen – *Messe in d-Moll*, WAB 26, *e-Moll* und *f-Moll*, WAB 28, – im Repertoire.

Die gestiegene Zahl an Orchestermessen setzte jedoch eine solide finanzielle Basis voraus. Zu diesem Zweck kam es 1922 zur Gründung des Vereins zur Erhaltung der Instrumentalmusik am Mariä-Empfängnis-Dom zu Linz. 1958 änderte man Namen und Zweck des Vereins und führte ihn als Dommusikverein Linz weiter. Als neu gewählter Obmann gab Dompfarrer Josef Ledl (1901–1980) dem Verein die herausfordernde Aufgabe der Beschaffung der Rudigierorgel, die 1968 eingeweiht werden konnte. Der ihm folgende Obmann Hermann Kronsteiner (1914–1994) initiierte schließlich die Konzertreihe der Rudigierorgel-Triduen an dieser im Linzer Dom und gab dem Dommusikverein so abermals eine neue Aufgabe. Domorganist Wolfgang Kreuzhuber (*1957) zeichnet seit 1984 als Obmann für die Vereinsagenden verantwortlich und erweiterte in dieser Zeit die Aktivitäten rund um die Rudigierorgel in Liturgie, Konzert und Vermittlung.

Ouvertüre

Mit einem musikalischen Paukenschlag wurde der Weihetag des Mariendoms am 1. Mai 1924 begangen. Domkapellmeister Gruber hatte für diesen denkwürdigen Anlass als Ordinarium Anton Bruckners *Messe in d-Moll* gewählt, die Bruckner am 20. November 1864 im Alten Dom seinen ersten großen Erfolg in Linz beschert hatte. Als Proprien wurden Werke von Franz Xaver Müller, Franz Neuhofer und Karl Waldeck musiziert. Mit dieser Aufführung stand Gruber als Domkapellmeister im Zenit und gleichzeitig am Ende seines Wirkens. Zufrieden konnte er den Dirigierstab an seinen Nachfolger Franz Xaver Müller übergeben, der die enge, ununterbrochene künstlerische und persönliche Verbindung zu Anton Bruckner, dessen 100. Geburtstag ebenfalls 1924 begangen wurde, fortsetzte.

Franz Xaver Müller (Domkapellmeister von 1924 bis 1943)

Denn Müller kannte als Sängerknabe in St. Florian Bruckner noch persönlich. Das Zusammentreffen der beiden bei Bruckners Sommeraufenthalten in St. Florian zählte zu Müllers Höhepunkten in seiner Jugend. Nach seiner Zeit als Sängerknabe war er dort als Stiftsorganist, später als Stiftskapellmeister und Musikererzieher tätig. Geschult am klassischen wie am cäcilianischen Repertoire war es ihm ein Leichtes, die Messgestaltungen im Mariendom vielfältig zu konzipieren. Neben Messen der Wiener Klassik und Kompositionen der „cäcilianischen Epoche" wurde auch zeitgenössisches Repertoire gepflegt: Müllers überregional bekannteste Messe, die 1912 uraufgeführte *Augustinusmesse*, erklang dabei ebenso wie Neuhofers *Immaculatamesse*, op. 80, aus dem Jahr 1914.

So schwungvoll die Ära des als Mensch und Musiker weit über die Grenzen des damaligen Österreichs geschätzten Franz Xaver Müller trotz äußerst schwieriger wirtschaftlicher und politischer Lage auch begonnen hatte – so schnell kam sein Schaffen durch die politischen Umwälzungen beinahe zum Erliegen. Insbesondere der politische Umsturz 1938 und der Ausbruch des Zweiten Weltkriegs 1939 hinterließen in Müllers Wirken tiefe Spuren: Immer öfter wurden Domchorsänger zum Kriegsdienst eingezogen, wodurch der Domchor nach und nach schrumpfte. Umso erstaunlicher ist die Tatsache, dass während des Kriegs an den Hochfesten große und anspruchsvolle Messen der Wiener Klassik aufgeführt werden konnten. In den 1940er-Jahren verschlechterte sich allmählich Müllers Gesundheitszustand, sodass er 1943 schweren Herzens sein Domkapellmeisteramt niederlegte.

Durchführung und deutliche Kontrapunkte

Mit dem in Losenstein geborenen Joseph Kronsteiner (1910–1988) kamen neue Ideen in die Dommusik: Der vom cäcilianischen Erbe kaum vorbelastete Kronsteiner konnte neue Wege beschreiten – und so erweiterten neue Messkompositionen von Johann Nepomuk David (1895–1977) sowie Hermann und Joseph Kronsteiner, die intensive Pflege des kirchenmusikalischen Thesaurus und die Kultivierung des Neuen und des Gregorianischen Chorals das Repertoire des Linzer Domchors.

Allerdings gab es mit Kronsteiner seit knapp einem Jahrhundert einen Domkapellmeister, der keinen persönlichen Kontakt mehr zu Anton Bruckner hatte beziehungsweise haben konnte. Kronsteiners Verbindung zum Mariendom hingegen war schon früh gegeben: Bereits als Musikpräfekt für Choralgesang und Obmann der liturgischen Sektion des Priesterseminars war er mit den Vorgängen am Dom bestens vertraut. Die Bindung zum Mariendom intensivierte sich durch seine Tätigkeit als Domvikar in den Kriegsjahren 1941 bis 1943. Nach seiner Ernennung zum provisorischen Domkapellmeister folgte ihm sein Bruder Hermann als Domvikar nach. Nach Abschluss seines Studiums in Leipzig (1943–1945) wurde er

Joseph Kronsteiner (Domkapellmeister von 1943/1945 bis 1981)

final zum Domkapellmeister ernannt. Wesentlichen Einfluss auf das kompositorische Schaffen Kronsteiners hatte dabei sein Studium bei Johann Nepomuk David, mit dem er zeitlebens freundschaftlich verbunden blieb.

In Kronsteiners ersten Jahren als Domkapellmeister war eine gut funktionierende Dommusik kaum gegeben. Nach dem Bombenangriff auf Linz am 20. Januar 1945 war ein Gewölbefeld im Mittelschiff komplett eingestürzt, sodass die Gottesdienste in die Ursulinenkirche verlegt werden mussten. Erstaunlicherweise konnte am 1. April 1945 Haydns *Missa in tempore belli*, Hob. XXII:9, unter großen Mühen aufgeführt werden; ein symbolischer Ausdruck für den starken Willen nach großer Kirchenmusik. Auch im folgenden Jahr kam es zu Aufführungen größerer Werke: Beethovens *Messe in C-Dur* als Radioübertragung am 9. Juni 1946 aus der Familienkirche und Bruckners *Messe in e-Moll* im Rahmen der Bruckner-Festtage am 28. Juli 1946. Zur Wiedereröffnung des Mariendoms am 6. Oktober 1946 erklangen als Ordinarium wiederum Bruckners *Messe in e-Moll* sowie Werke von Hermann Kronsteiner, Joseph Kronsteiner und Franz Xaver Müller.

Die folgenden Jahre entwickelten sich zur Blütezeit des Domchors: Unter den zahlreichen Konzerten im In- und Ausland zählen die drei Reisen nach Rom (1952, 1965, 1975) mit der Aufführung von Bruckners *Messe in e-Moll* sowie dem vierstimmigen *Locus iste*, WAB 23, und dem siebenstimmigen *Ave Maria*, WAB 6, zu den bedeutendsten Erfolgen des Linzer Domchors.

Ins Jahr 1963 fällt ein Kontrapunkt zur jahrhundertelangen, katholischen Kirchenmusiktradition: Infolge der am 4. Dezember 1963 in Kraft gesetzten Konstitution über die heilige Liturgie *Sacrosanctum Concilium* erhielt die Kirchenmusik im Gesamt der Liturgie eine größere Bedeutung und galt nun selbst als liturgischer Vollzug. Daneben wurde die jeweilige Landessprache in die Liturgie aufgenommen. Im Kontext der Liturgiereform spielte auch Bischof Franz Salesius Zauner (1904–1994) eine bedeutende Rolle: Sein unermüdlicher Einsatz in liturgischen Fragen dürfte der Grund für seine durch Papst Johannes XXIII. verkündete Berufung in die Commissio Praeparatoria für Liturgie gewesen sein. Nach Erarbeitung eines Liturgieschemas wurde Zauner mit der höchsten Stimmenzahl überhaupt völlig überraschend in die Liturgiekommission des II. Vatikanischen Konzils gewählt.

Kronsteiner war somit durch seinen Diözesanbischof bestens über die Konzilsereignisse informiert. Zahlreiche Kompositionen für die erneuerte Liturgie folgten. Nicht stoppen konnten die Gebrüder Kronsteiner allerdings die rasante Ausbreitung des „rhythmischen Lieds“ – ihr Widerstand gegen die sogenannten „Jazzmessen“ war vehement, aber erfolglos. Davon unbeeindruckt wurde das 10-Uhr-Kapitelamt – auch weiterhin „Hochamt“ genannt – im Mariendom in der klassischen Form mit den vom Domchor ausgeführten Ordinariums- und Propriumsgesängen gefeiert. Joseph Kronsteiner selbst hinterließ eine Vielzahl an lateinischen Ordinarien und Proprien, u. a. die *Missa Aula Dei* für fünf Chöre (1948), die *Epiphaniemesse* (1954) und die *Rudigiermesse* (1964). Der *Kreuzweg* (1953) in deutscher Sprache zählt heute zu den meistgesungenen geistlichen Werken Kronsteiners.

Ein musikalisches Denkmal wurde dem Mariendom 1968 durch den Bau der Rudigierorgel gesetzt: Bis heute von Fachwelt wie Publikum bewundert und geschätzt zählt die von der dänischen Firma Marcussen & Søn auf der gen Norden ausgerichteten Westempore gebaute Orgel mit ihrem faszinierenden Klang und ihrer zeitlosen Optik international zu den bedeutendsten Instrumenten des 20. Jahrhunderts.

Zur Unterstützung der Pfarrgottesdienste und sonstigen kirchlichen Feiern gründeten die Gebrüder Kronsteiner um 1942 den Jugendchor der Dompfarre, den 1954 der Gymnasialprofessor und Musikkritiker Johannes Unfried (1910–1972) übernahm. Unter seiner Leitung wurden zahlreiche Gottesdienste und Feiern im Mariendom gestaltet. Besonders hervorzuheben sind außerdem die Teilnahme beim Bundesjugendsingen 1972 in Wien sowie als Höhepunkt ein erster Preis mit Auszeichnung der Jury und ein zweiter Platz beim Jugendchorfestival im belgischen Neerpelt. Nach dem plötzlichen Tod von Johannes Unfried im Juli 1972 übernahm sein Sohn Gebhard Unfried (*1948) kurzerhand im folgenden Herbst den Jugendchor und leitete ihn bis zu dessen Auflösung 1986.

Zäsur

Das Jahr 1982 brachte auf personeller Ebene große Veränderungen für den Mariendom: Der Abt des Stifts St. Lambrecht, Maximilian Aichern (*1932), wurde neuer Diözesanbischof, der Gymnasialprofessor am Petrinum Johann Bergsmann (1935–1998) wurde neuer Dompfarrer, der Stiftskapellmeister und Lehrer am Stiftsgymnasium Schlierbach Wolfgang Kreuzhuber wurde neuer Domorganist. Bereits ein Jahr zuvor, 1981, hatte man den in Großraming geborenen Balduin Sulzer (1932–2019) zum Domkapellmeister ernannt. Die intensive Verbindung Sulzers zum Musikgymnasium und sein großer Bekanntheitsgrad schienen eine gedeihliche Fortsetzung der Chortradition am Mariendom zu gewährleisten.

Denn Kronsteiners Domchor war nach beinahe 40-jähriger Tätigkeit in die Jahre gekommen: Nur noch wenige Sänger:innen konnten oder wollten weiterhin im Domchor mitwirken. Als Konsequenz griff Sulzer daher auf Schüler:innen bzw. Absolvent:innen des Musikgymnasiums zurück – so wurden bereits international bekannte Musiker wie Franz Welser-Möst (*1960) oder Kurt Azesberger (1960–2020) zu Stützen oder Aushilfen des Domchors.

Balduin Sulzer (Domkapellmeister von 1981 bis 1986)

Anton Reinthaler (Domkapellmeister von 1986 bis 2003)

Der sängerische Grundstock für größere Aufgaben war damit gegeben. In den fünf Jahren seines Wirkens am Linzer Mariendom brachte Sulzer viele Werke bedeutender Komponisten der Kirchenmusikliteratur mit großem Engagement zur Aufführung.

In der liturgischen Praxis war Sulzer bestrebt, Ordinarium und Proprium durch den Chor zu gestalten. Dem Gemeindegesang fiel nur eine untergeordnete Rolle zu. Sulzers Beitrag zur erneuerten Liturgie konzentriert sich damit stark auf eine Auftragskomposition für die TV-Übertragung anlässlich des 200-Jahr-Jubiläums der Diözese Linz am 8. Dezember 1985. Die anstrengende, beinahe wöchentliche Suche nach Sänger:innen in ausreichender Zahl für Gottesdienste und schließlich der fehlende Wille, die erneuerte Liturgie auch im Dom lebendig werden zu lassen, bewogen Sulzer schließlich zum Entschluss, 1986 sein Amt als Domkapellmeister zur Verfügung zu stellen.

Zweite Durchführung

Mit dem aus Offenhausen stammenden Anton Reinthaler (*1950), dem ehemaligen Kirchenmusikreferenten und ersten Kantor der Diözese Linz, berief man 1986 einen jüngeren Domkapellmeister, der fest in der erneuerten Liturgie verankert war und einen mittelgroßen, leistungsfähigen Chor leitete, ins Amt, sodass der neue Domchor schnell gefunden war. Mit seinem Amtsantritt wurden der Gesang zum Einzug, der Antwortpsalm, das Halleluja und der Dankgesang feste Bestandteile der Liturgiefeier im Kapitelamt am Sonntag um zehn Uhr. Die erneuerte Liturgie fand auch räumlich ihren Ausdruck: Domchor und Domorchester musizierten nun erstmals im Presbyterium. Durch Reinthalers Chor, der sich bereits jahrelang in verschiedenen Linzer Pfarren zusammengesungen hatte, war schnell an größere Aufführungen im Dom zu

Norbert Matsch (Domkapellmeister von 2003 bis 2005)

denken – und so konnten die Jubiläen der Komponisten Wolfgang Amadé Mozart (1991), Anton Bruckner (1996) und Johannes Brahms (1997) intensiv begangen werden.

Neben der Pflege des kirchenmusikalischen Thesaurus nahmen Uraufführungen eigener Werke, im Besonderen seiner Messen und Vertonungen der Leidensgeschichte aller vier Evangelisten, einen breiteren Raum ein. Aus dem Repertoire des 19. Jahrhunderts wurden besonders die Werke von Josef Gabriel Rheinberger (1839–1901) und Johann Evangelist Habert gepflegt. Konzerte in vielen Kirchen Oberösterreichs und Südtirols ergänzten Reinthalers Tätigkeiten, wobei sich insbesondere das Konzert zum 100. Todestag Anton Bruckners (11. Oktober 1996) mit dessen 150. *Psalm*, WAB 38, und dem *Te Deum*, WAB 45, ins Gedächtnis des Publikums eingebrannt hat.

Zu Beginn des neuen Jahrtausends kam es leider zu Dissonanzen innerhalb der Dommusik, sodass Reinthaler 2003 seinen Abschied als Domkapellmeister nahm. Sehr tragisch für die Linzer Dommusik war, dass er bis auf wenige Sänger:innen mit dem bisherigen Domchor in den Alten Dom übersiedelte. Dieser nach erfolgtem Umzug in Franz-Schubert-Chor umbenannte Chor löste sich allerdings bereits einige Jahre später wieder auf.

2003 wurde der aus dem niederösterreichischen Retz stammende Norbert Matsch (*1969) mit 34 Jahren als junger, dynamischer Kirchenmusiker zum Domkapellmeister an den Linzer Mariendom berufen. Dabei gestaltete sich seine Tätigkeit anfangs schwierig, denn bis auf einige wenige Sänger:innen war vom „alten Domchor" nichts mehr vorhanden. Zudem mussten die seelischen Wunden der vorangegangenen Jahre erst verheilen. Matsch kam jedoch zugute, dass sich zeitgleich zu seinem Amtsantritt der Chor der Karmelitenkirche in Linz auflöste und ein Großteil der Sänger:innen zum neuen Linzer Domchor stieß; so war der Grundstock an Stimmen rasch wieder gesichert.

Neue, kirchenmusikalische Impulse wurden gesetzt, der Zulauf an Sänger:innen in den ersten Monaten war beachtlich. Familiäre Gründe veranlassten Matsch jedoch, sich bereits zwei Jahre später als Stiftskapellmeister für das Prämonstratenserstift Wilten zu bewerben. Matsch erhielt die Stelle und wechselte im Sommer 2005 nach Tirol. Bleibende Spuren in der Linzer Dommusik sind aufgrund seiner kurzen Tätigkeit kaum zu finden. Auch nur wenige seiner Kompositionen beziehungsweise Arrangements im Dommusikarchiv zeugen von seiner Tätigkeit. Für immer in Erinnerung bleiben wird jedoch die Aufführung von Bruckners *Messe in e-Moll* in der Erstfassung zum Domweihetag am 1. Mai 2005.

Nach diesem recht überraschenden Rückzug galt es, rasch eine Lösung für die Dommusik zu finden. Zunächst teilten sich der damalige Kirchenmusikreferent Josef Habringer (*1952) und Wolfgang Kreuzhuber von August bis

Josef Habringer (Domkapellmeister von 2006 bis 2022)

Andreas Peterl (Domkapellmeister seit 2022)

Dezember 2005 die Leitung des Domchors. In diese Zeit fiel u. a. auch der feierliche Gottesdienst zur Amtsübernahme von Bischof Ludwig Schwarz (*1940), die der Domchor mit Wolfgang Amadé Mozarts *Messe in C*, KV 220, unter der Leitung von Kreuzhuber gestaltete.

Mit 1. Januar 2006 wurde der Desselbrunner Josef Habringer schließlich zum Domkapellmeister am Mariendom ernannt. Als erfahrener Chorleiter (u. a. des Collegium Vocale Linz, Voices) und beliebter Referent bei verschiedenen Kursen und Seminaren konnte er auf einen großen Pool an Sänger:innen zurückgreifen.

Ein vier- bis sechsstimmiges Vokalensemble und eine Gregorianikschola bildeten zusammen mit dem Domchor nun das Rückgrat der Dommusik. In Kombination mit beiden Domorgeln, vokalen und instrumentalen Gästen entstand ein bunt gefächertes kirchenmusikalisches Angebot. Besonders an Hochfesten wurden die Gottesdienstbesucher:innen durch Chor, Solist:innen, Domorchester und zwei Orgeln emotional berührt. Auch Orgelmusik für ein oder zwei Orgeln ergänzte das vielfältige Musikprogramm in der Amtsperiode von Domkapellmeister Habringer. In Tradition der vergangenen Jahrzehnte ließ sich der unter Habringer erneuerte Domchor auch bei Konzerten – vorwiegend im Dom – hören: Das „Te Deum der Tausend" mit Anton Bruckners *Te Deum* (26. Oktober 2009) und eine getanzte Version von Joseph Haydns *Die Schöpfung*, Hob. XXI:2 (7./8. Juli 2012), mit Tänzer:innen des Landestheaters und der Anton Bruckner Privatuniversität – gemeinsam mit fünfzig Kindern aus Kindergarten und Hort der Kreuzschwestern Linz – zählen zu den musikalischen Höhepunkten seiner Ära.

Neue Herausforderungen kamen durch die Altarraum-Neugestaltung im Linzer Mariendom 2017 auf den Domchor zu – zum einen aufgrund der neuen akustischen

Vereint zum Lob Gottes und zur Freude der Menschen: Der Linzer Domchor mit Sänger:innen aus der gesamten Diözese und dem erweiterten Domorchester beim Te Deum der Tausend (mit Anton Bruckners Te Deum, WAB 45) im Rahmen des Kulturhauptstadtjahres Linz 2009

Gegebenheiten und der damit verbundenen Verstärkung der Musizierenden, zum anderen aufgrund des gestiegenen Aufwands von Auf- und Abbau vor und nach den Gottesdiensten. Bis zu seinem 70. Geburtstag durfte Habringer als Domkapellmeister am Mariendom wirken. Drei Pandemiejahre verhinderten die bereits geplanten Aufführungen größerer Chorwerke am Ende seiner Wirkungsperiode; umso beeindruckender waren darum sein Abschiedskonzert am 25. Juni 2022 beziehungsweise die in der Liturgie am 15. August 2022 musizierte *Missa in Angustiis*, Hob. XXII:11, von Joseph Haydn.

Als achter Domkapellmeister am Mariendom hat der gebürtige Feldkircher Andreas Peterl (*1976) mit 1. September 2022 seine Arbeit aufgenommen. Anders als viele seiner Vorgänger konnte der frühere Kirchenmusikreferent weitgehend mit dem vorhandenen Domchor weiterarbeiten. Dieser hat durch die notwendig gewordenen Baumaßnahmen des Rudigierhauses 2023 sein neues Probenlokal im Sozialcampus B3 in der Baumbachstraße bezogen. Peterl strebt eine Intensivierung des vor mehr als dreißig Jahren eingeschlagenen Weges der Dommusik unter Einbeziehung der gesamten Kirchenmusikliteratur an.

Die Domorganisten

Der Dienst an den Orgeln des Mariendoms scheint nicht nur für kurze Zeit große Freude zu machen, denn die Domorganisten zeigen in ihrem Wirken eine unglaubliche Beständigkeit: In den vergangenen hundert Jahren stehen acht Domkapellmeistern nur drei Domorganisten gegenüber. Als Nachfolger Anton Bruckners im Amt des Domorganisten fühlten und fühlen sich diese im besonderen Maße der Pflege von Bruckners Erbe verpflichtet.

Der erste dieser drei ist der gebürtige Freistädter Franz Neuhofer. Mit ihm kam neuer Schwung in die Dommusik. Von 1905 zunächst am Alten Dom und von 1909 bis 1930 am Mariendom Linz tätig, eilte ihm der Ruf eines hervorragenden Organisten und bedeutenden „Neutöners" mit Hang zur Symphonik voraus. Neuhofer war umfassend musikalisch tätig – als Domorganist, Musikpädagoge, Chorleiter und Komponist. Fünfzehn lateinische und drei deutsche Messen sowie diverse Orgelwerke zeugen von seinem vielfältigen Schaffen. Unterstützt wurde Neuhofer bei der Drucklegung und Aufführung seiner Kompositionen ab 1919 von einer Neuhofer-Gemeinde in Linz, die bis gegen Ende des Zweiten Weltkriegs bestand. Neuhofers Kompositionsstil steht dabei in der Nachfolge Bruckners, und seine spätromantischen Werke zählen zu den bedeutendsten seiner Zeit. Eine besondere Verbindung bestand offenbar zu Bischof Rudolph Hittmair: Dieser hatte sich die *Missa „Deo Gratias"* zu seiner Inthronisation sowie das *Requiem und Libera*, op. 60, für seinen eigenen Tod gewünscht und ist Widmungsträger der *Missa Asperges me*, op. 70, sowie der *Symphonischen Phantasie*, op. 85. Auf seinen ausdrücklichen Wunsch war außerdem zum Patrozinium des Doms die *Immaculata-Messe* entstanden.

Neuhofers Nachfolger als Domorganist wurde 1930 der aus Raab im Innviertel stammende Ludwig Daxsperger (1900–1996), der in seiner Jugend Franz Xaver Müller als Lehrer in St. Florian genießen durfte. Wie auch sein Vorgänger war Daxsperger als Domorganist, Musikpädagoge, Chorleiter und Komponist tätig. Er kümmerte sich in besonderer Weise um das Orgel- und Glockenwesen der Diözese Linz. Aufgrund seiner langjährigen einschlägigen Tätigkeit (bis 1984 Orgelreferent, bis 1995 Glockenreferent) konnte er jede Pfarre der Diözese Linz mindestens unglaubliche drei Mal besuchen. Zu den wichtigsten geistlichen Werken des Komponisten Daxsperger, dessen Œuvre Chor- und Instrumentalmusik umfasst, zählen sein *Requiem* für gemischten Chor und Orgel (1918) und sein *84. Psalm* für Soli, gemischten Chor und Orchester (1927).

Daxsperger errang beim „Orgel-Wettbewerb des Reichsgaues Oberdonau" 1941 im Stift St. Florian, an dem 54 Personen in drei Gruppen – „Unbekannte Begabungen", „Komponisten" und „Konzertorganisten" – teilnahmen, nach den Erstplatzierten Hermann Kronsteiner und Georg Pirckmayer (1918–1977), Orgellehrer am Linzer Brucknerkonservatorium, einen zweiten Preis. Als Interpret von Orgelwerken Max Regers konnte sich Daxsperger einen internationalen Ruf erarbeiten, auch durch die während des Zweiten Weltkriegs regelmäßig stattfindenden Konzertübertragungen von der Brucknerorgel aus St. Florian im Großdeutschen Rundfunk. Nach 1945 erwarb sich Daxsperger Verdienste um den Aufbau des Linzer Musiklebens. Mit dem von ihm neu gegründeten Brucknerchor führte Daxsperger bedeutende Werke der Chorliteratur konzertant auf – allerdings außerhalb des Mariendoms.

Franz Neuhofer (Domorganist von 1905/1909 bis 1930)

Unglücklich dürfte Daxsperger immer mit seiner eigenen Orgelsituation im Mariendom gewesen sein. Zwar gelang es ihm kurz nach seinem Amtsantritt 1930, die für den Dom zu klein gewordene, zweimanualige Chororgel des Linzer Orgelbauers Johann Lachmayr (1850–1915) durch die Orgelbaufirma Gebrüder Mauracher auf ein

Ludwig Daxsperger an der alten Chororgel (Domorganist von 1930 bis 1982)

Wolfgang Kreuzhuber an der Rudigierorgel (Domorganist seit 1982)

dreimanualiges Instrument erweitern zu lassen, eine Hauptorgel jedoch fehlte ihm dennoch. Sein Traum von einem Orgelgesamtkunstwerk im Dom, also der Verbindung einer neu zu bauenden Hauptorgel mit der bestehenden Chororgel, fand – in erster Linie aufgrund der nicht vorhandenen finanziellen Mittel – keine Umsetzung. Als in den 1950er-Jahren erneut der Wunsch nach einer neuen Hauptorgel laut wurde, lag die Projektierung bereits in den Händen der Gebrüder Kronsteiner und des Dompfarrers Josef Ledl. Daxsperger hingegen war nicht mehr aktiv in das große Neubauprojekt der Rudigierorgel eingebunden worden, sodass er sich zeitlebens nie ganz mit ihr identifizieren konnte.

Für seinen Nachfolger als Domorganist hingegen ist sie eine „Lebensliebe": Der ebenfalls aus dem Innviertel stammende Wolfgang Kreuzhuber trat 1982 seinen Dienst an der Kathedrale an. Als damals jüngster Domorganist Österreichs verantwortete er mit 25 Jahren neben den obligatorischen Domdiensten die Weiterbildung der Organist:innen.

Die notwendige Intensivierung der Ausbildung der vielen nebenamtlichen Kirchenmusiker:innen in Oberösterreich erkennend, gründete Kreuzhuber 1992 das Konservatorium für Kirchenmusik der Diözese Linz, das er dreißig Jahre leitete. In seinen über vierzig Jahren als Domorganist an der Rudigierorgel, deren klangliche und konzeptionelle Bewahrung ihm ein Anliegen ist, hat sich auch in Sachen Orgelmusik so einiges in der größten Kirche Österreichs getan: Neben den seit 1983 alljährlich stattfindenden Mittags- und Abendkonzerten mit jungen Organist:innen und solchen von international höchstem Rang, dem international viel beachteten Improvisationswettbewerb 1987 oder dem Neubau der Chororgel 1989 steht Wolfgang Kreuzhuber auch für Offenheit für Neues – vom 2000 von ihm erfundenen Raumklang, bei dem der Dom durch die zwei Domorgeln in Kombination mit unterschiedlichen Besetzungen an unterschiedlichen Orten ins Klingen und Schwingen gebracht wird, bis hin zu experimentellen Projekten mit Sam Auinger (*1956) oder Gerfried Stocker (*1964).

Auch in der Liturgie am Dom setzt Kreuzhuber besondere Akzente – so sind in den regelmäßig stattfindenden Orgelmessen für eine oder zwei Orgeln auch immer wieder Improvisationen über die Perikopen des Tages zu hören. Daneben komponierte Kreuzhuber für den Mariendom Messen, geistliche Gesänge sowie Musik für Bläser und Orgel. Unterstützung bei seiner Arbeit im Dom erfuhr Kreuzhuber ab 2015 durch Heinrich Reknagel (1959–2018), seit dessen zu frühem Tod durch Gerhard Raab (*1992).

Das gemeinsame Wirken von Domkapellmeistern, Domorganisten und ihren Klangkörpern prägt hundert Jahre Tätigkeit der Linzer Dommusik am Mariendom, wie schon diese Collage aus dem Jahr 1924 (Domkapellmeister Gruber, Linzer Domchor mit Domorganist Neuhofer inmitten der Sänger:innenschar, Mariendom, Musikempore mit der alten Chororgel) zum Ausdruck bringt.

Gemeinsam(es) Wirken: gestern – heute – morgen

Kirchenmusik lässt das Wort Gottes unmittelbar erleben und macht die nicht fassbare Dimension des Unendlichen für Ausführende wie Lauschende hörbar – ganz im Sinne einer mittelalterlichen Orgelinschrift: „musica praeludium vitae aeternae". Mit ihren Tönen als Irisbogen zwischen Himmel und Erde haben acht Domkapellmeister und drei Domorganisten in den vergangenen hundert Jahren am Linzer Mariendom durch ihr gemeinsames Wirken im Dienst der musica sacra das Herz vieler Menschen für das Geheimnis Gottes geöffnet.

Neben unvergessenen Klängen in Liturgie und Konzert zur Ehre Gottes und zur Freude der Menschen legen unzählige Instrumental- und Vokalkompositionen, die in dieser Zeit für die Kathedrale der Diözese Linz geschaffen wurden, Zeugnis ab von der spirituellen und künstlerischen Auseinandersetzung mit diesem einzigartigen und inspirierenden Kirchenraum und seinen ganz besonderen akustischen Gegebenheiten.

Nach dieser Tour d'Horizon in Vergangenheit und Gegenwart der Linzer Dommusik richtet sich nun der Blick in die Zukunft: Man darf gespannt sein, welche Entwicklung die Kirchenmusik an der größten Kirche Österreichs in den nächsten hundert Jahren nehmen wird ...

Erfüllt vom Atem des Himmels: Die Orgeln im Linzer Mariendom

Wolfgang Kreuzhuber, Stefanie Petelin

Erfüllt vom Atem des Himmels ist das Spiel auf den Orgeln des Mariä-Empfängnis-Doms (in Folge: Mariendom). Ihre Geschichte steht in enger Verbindung mit dem Baufortschritt der Kathedrale und späteren baulich-liturgischen Maßnahmen im Kirchenraum.

Die Chororgeln

Begonnen hat die Geschichte der Orgeln im Linzer Mariendom mit der Einweihung der Votivkapelle am 29. September 1869: In der *Zeitschrift für katholische Kirchenmusik* wird hier bereits von einer kleinen neuen Orgel (7/I/P) des Linzer Orgelbauers Anton Hanel (1820–1880) berichtet. Nach Fertigstellung des Presbyteriums, des Kapellenkranzes und der Sakristei (1885) dachte man an eine neue, größere Orgel über der Bischofssakristei; und so durfte Johann Lachmayr (1850–1915), Mitarbeiter und Nachfolger Hanels, eine Orgel mit 34 klingenden Registern auf zwei Manualen und Pedal erbauen. Mit mechanischen Kegelladen ausgeführt versah dieses 1887 geweihte Instrument (34/II/P) bis 1930 seinen Dienst.

Mit der Ernennung Ludwig Daxspergers (1900–1996) zum Domorganisten im Jahre 1930 konnten Erweiterungspläne dieser für die Größe der fertiggestellten Kathedrale nicht mehr ausreichenden Chororgel in Angriff genommen werden. Bereits 1931 führte die Orgelbaufirma Gebrüder Mauracher, deren Werkstatt sich in unmittelbarer Nähe des Mariendoms befand, daher den Umbau durch, in dem die bestehende Lachmayr-Orgel um ein drittes Manual (Schwellwerk) erweitert, die vorhandenen Manualwerke ohne Dispositionsveränderung übernommen und die Traktur elektrifiziert wurden.

Trotz dieser Vergrößerung des Instruments, das als Haupt- und Chororgel fungierte, blieb der Wunsch nach einer großen Domorgel bestehen. Ähnlich der Konzeption der Brucknerorgel in St. Florian schwebte Daxsperger für den Mariendom eine Verbindung der bestehenden Chororgel mit einer neuen Hauptorgel auf der Westempore (eigentlich eine Nordempore!) vor. Erste, undatierte Entwürfe aus der Zwischenkriegszeit zeigen die neue Hauptorgel als hängende Traube, welche die Empore umschließt und den Blick zur Rosette freigibt.

Die Weltwirtschaftskrise der 1930er-Jahre und die folgenden politischen Ereignisse ließen jedoch keine weiteren Gedanken an eine Verwirklichung dieses Projekts zu. Erst in den 1950er-Jahren konnte sich der Wunsch nach einer großen Orgel auf der Westempore entfalten. Ein geplanter und willkommener Anlass war, dem Dom für das 1962 bevorstehende Jubiläum seiner Grundsteinlegung (1. Mai 1862) eine neue Orgel zu schenken. Daxspergers Konzept einer Verbindung von Chor- und Hauptorgel wurde damit endgültig ad acta gelegt.

Die Lachmayr-Mauracher-Orgel wurde schließlich 1989 aufgrund massiver technischer Mängel durch eine neue, von Domorganist Wolfgang Kreuzhuber (*1957) initiierte Chororgel (26/II/P) der Vorarlberger Firma Pflüger im Presbyterium des Doms abgelöst und harrt seither ihrer Reaktivierung und Restaurierung.

Die Rudigierorgel

Die Geburtsstunde für den Bau der Rudigierorgel fällt ins Jahr 1958. Denn in diesem Jahr übernahm der rege Dompfarrer Josef Ledl (1901–1980) als Obmann den Dommusikverein Linz, der seit 1922 für die Beschaffung der Mittel für die Kirchenmusik verantwortlich zeichnete. Mit Ledls Übernahme des Vereins erhielt dieser die herausfordernde Aufgabe, eine neue Orgel zu „beschaffen".

Nach dem ersten Konzept der Brüder Hermann (1914–1994) und Joseph Kronsteiner (1910–1988, Domkapellmeister von Linz) aus dem Jahr 1958 sollte die neue Orgel 150 Register und eine elektrische Traktur erhalten. Auf mehrfaches Anraten korrigierten die Brüder ihr Konzept ein Jahr später und reduzierten darin nicht nur die Registerzahl, sondern favorisierten auch mechanische Trakturen. Wesentlichen Anteil an dieser Korrektur hatte

Alte Chororgel (Lachmayr/Mauracher, 1887/1931/1951, 53/III/P)

Chororgel (Pflüger, 1989, 26/II/P)

Egon Krauss (1905–1985), der Orgelsachverständige des Bundesdenkmalamts, der im Auftrag von Josef Ledl am 27. Februar 1959 einen Vortrag in Linz hielt, der deutliche Spuren hinterließ: Denn der Orgelsachverständige hatte nicht nur gute Kenntnisse des internationalen Orgelbaus, sondern auch enge Kontakte zur Fachwelt in den Niederlanden und in Dänemark, sodass es ihm gelang, die Linzer von einem qualitätsvollen Orgelneubau im Mariendom zu überzeugen. Krauss wurde schließlich mit der Konzeption des Orgelprojekts betraut.

Durch die enge Verbindung Hermann Kronsteiners zur Wiener Musikakademie (heute: Universität für Musik und darstellende Kunst Wien) waren die Orgelprofessoren Hans Haselböck (1928–2021) und Anton Heiller (1923–1979) von Beginn an in das Projekt eingebunden und bestimmten den weiteren Verlauf wesentlich mit. Ähnlich wie bei einem der Vorbilder für die künftige Domorgel, der berühmten Christian-Müller-Orgel (1738, 62/III/P) in der Grote of Sint-Bavokerk in Haarlem, entschloss man sich, die Orgel im Bereich des Bogens zum Turmraum auf der Westempore zu errichten. Der erste Schritt für eine Lösung der Orgelfrage im Mariendom war getan.

Doch welches Konzept, welche Größe, welche Gestaltung sollte die neue Domorgel erhalten? Hier kommt der Name Sybrand Zachariassen (1900–1960) ins Spiel, denn der Chef der dänischen Orgelbaufirma Marcussen & Søn war in den 1950er-Jahren nicht nur der große Orgelreformer in Europa, der für kompakte Bauweise, bestes

Material, klares Werkprinzip und mechanische Trakturen stand, sondern auch der Geist hinter der Restaurierung der Müller-Orgel in durch Kurse und Wettbewerbe zum Orgelmekka avancierten Haarlem (1959–1961) sowie des Neubaus der Orgel in Utrecht (1956) war. Diese Punkte gaben insgeheim den Anstoß, Marcussen & Søn für einen Orgelneubau in Betracht zu ziehen. Die endgültige Auftragsvergabe zog sich jedoch vor allem aus finanziellen Gründen hin. Auch der plötzliche Tod von Zachariassen und die damit verbundene Ungewissheit über die Zukunft des Unternehmens zögerten die Vertragsunterzeichnungen bis ins Jahr 1963 hinaus. Der Finanzierung des Orgelbauprojekts kam schließlich zugute, dass Landesrat Erwin Wenzl (1921–2005) sich für das Projekt begeisterte und in verschiedener Weise unterstützte.

Der Gedanke an eine „Riesenorgel" war bereits seit den 1950er-Jahren verflogen, stattdessen sollte eine qualitätsvolle Orgel verwirklicht werden, bei der in kompakter Bauweise (= geringe Tiefe des Orgelgehäuses) alle Pfeifen bestmöglich hinausklingen können, mit ursprünglich 71 Registern, verteilt auf vier Manuale und Pedal. Zu diesem Zweck musste allerdings die gesamte Öffnung der Westempore verbaut werden – nur der Raum über dem Gehäusedach wurde freigelassen. Um den gesamten Orgelklang nach vorne zu transportieren, musste außerdem eine Rückwand neu errichtet werden (ohne diese gäbe es also die heute oft von Besucher:innen aus akustischen Gründen bestaunte Rudigierhalle nicht!). In streng symmetrischer Form mit Spiegelpfeifen entstand nach mehreren Entwürfen das jetzige Orgelgehäuse, das zu den bedeutendsten modernen Orgelgehäusen des 20. Jahrhunderts zählt.

Musikalisch gesehen stellt die Rudigierorgel – der Widmungsname entspringt dabei dem ehrenden Andenken des Dom-Initiators – eine „Kompromissorgel im besten Sinn" dar, wie sie ein Musikjournalist nach ihrer Weihe 1968 bezeichnete. Die Orgel ist demnach so konzipiert, dass ein Großteil der Orgelliteratur auf ihr musiziert werden kann. Mit jedem Register verändert sich etwas Wesentliches im Klang – nur ein Ausdruck dessen, dass man sich statt Quantität für Qualität entschieden hatte. Aus heutiger Sicht stellt die Rudigierorgel nicht nur einen Höhepunkt der sogenannten *Dänischen Orgelreform* dar, sondern markiert auch ein bedeutendes Beispiel einer Domorgel per se. Denn die Linzer Domorgel war damals ganz bewusst als Leuchtturmprojekt im Vergleich zur „misslungenen Riesenorgel" im Wiener Stephansdom initiiert worden.

Organisten von höchstem internationalem Rang inaugurierten die Orgel in einem dreitägigen Weihefest vom 6. bis zum 8. Dezember 1968: Hans Haselböck, Anton Heiller und Gaston Litaize (1909–1991). Von Letzterem stammt die Beschreibung, die bis heute Gültigkeit hat: „Eine der herrlichsten Orgeln der Welt!" Die Aufnahmen der Orgelweihe dokumentieren eine neue Welt der Orgelmusik in Österreich; so zählt beispielsweise Heillers Improvisation über *Ave maris stella* zum Besten auf dem Sektor Improvisation. Von Heiller damals angestellte Überlegungen, in Linz analog zu Haarlem eine internationale Orgelakademie zu errichten, wurden leider nicht verwirklicht. Durchaus epochemachend darf man aber Anton Heillers 1971 erfolgte Einspielung von Reger-Werken bezeichnen – bis heute faszinieren diese Aufnahmen. In den folgenden Jahren war die Rudigierorgel liturgisch in der 11.30-Uhr-Messe, konzertant in Mittagskonzerten und bei Rudigierorgel-Triduen zu hören.

Dass in diesen Jahren nicht mehr geschah, ist möglicherweise darauf zurückzuführen, dass sich Domorganist Ludwig Daxsperger nie ganz mit dem außergewöhnlichen Instrument identifizieren konnte, sodass erst in den 1980er-Jahren mit der Ernennung Wolfgang Kreuzhubers zum Domorganisten (1982) neuer Schwung in die Aktivitäten rund um die Rudigierorgel kam. In Liturgie und Konzert erklingt sie seither das ganze Jahr – und in einem sind sich die vielen international bedeutenden, arrivierten Gastorganist:innen, die sie bereits bespielt haben, und die unzähligen jungen Nachwuchsorganist:innen, die sie immer wieder bei Seminaren und Mittagskonzerten kennenlernen, einig: Sie ist besonders – im Klang, in der Optik, in ihrer Gesamtheit. Und sie inspiriert – im Literaturspiel, in der Begleitung, in der Improvisation. Einfach: „Eine der herrlichsten Orgeln der Welt!"

Einem so zeitlosen, inspirierenden, faszinierenden Instrument, das man mit Fug und Recht als bedeutendes europäisches Klangdenkmal des 20. Jahrhunderts bezeichnen darf, bleibt zu wünschen, dass es der Nachwelt auch in Zukunft unverändert erhalten bleibt – zur Ehre Gottes und zur Freude der Menschen klingend!

Töne, Bilder und Worte rund um die Rudigierorgel: www.rudigierorgel.at

Rudigierorgel (Marcussen & Søn, 1968, 70/IV/P)

Anton Bruckner und der Mariendom

Elisabeth Maier

Der Name Anton Bruckner ist mit beiden Linzer Domkirchen eng verbunden: Im „Alten Dom“, bis 2023 Jesuitenkirche, wirkte Bruckner als Organist während seiner Zeit als Linzer Dom- und Stadtpfarrorganist (8. / 24. Dezember 1855 bis 30. September 1868). Vor allem in seinen Werken als Komponist bestand die Verbindung mit dem „Neuen Dom“, dem Mariä-Empfängnis-Dom.

Schon bald nach der Verkündigung des Mariendogmas von der „Immaculata Conceptio“ (Unbefleckte Empfängnis) am 8. Dezember 1854 durch Papst Pius IX. fasste Bischof Franz Joseph Rudigier den Plan, einen neuen Linzer Dom zu bauen; dieser sollte unter den Schutz Mariens gestellt werden. Bereits im Jahr 1855 begannen die Vorbereitungen zu dem gigantischen Bauprojekt. Am 1. Mai 1862 konnte die feierliche Grundsteinlegung erfolgen – rund dreihundert Priester aus der Diözese und viele Tausende Gläubige versammelten sich, die unter anderem mit Sonderzügen von Enns, Salzburg und Passau anreisten. In den nächsten beiden Tagen erschienen in den Linzer Zeitungen begeisterte und detailgenaue Berichte.

Bruckner hatte zu diesem Anlass den Auftrag für eine Festkantate erhalten, und er vollendete das Werk wenige Tage zuvor, am 25. April. Die Komposition fiel in Bruckners Studienzeit bei Otto Kitzler (dieser war damals Theaterkapellmeister in Linz), bei dem er von 1861 bis 1863 Unterricht in Formenlehre und Instrumentation nahm; und die Hand des Lehrers findet sich – neben jener Bruckners – auch in den Skizzen: Kitzler, der versierte Praktiker, hatte Bruckner bei den Tonumfängen der eingesetzten Blasinstrumente beraten. Der Text zur Kantate stammte von Maximilian Pammesberger, einem Priester, Religionslehrer, Professor für Moraltheologie und Mitglied des Dombaukomitees. Das Werk stellt gleichsam ein Verbindungsglied zwischen den Gelegenheitskompositionen der Frühzeit und den Werken des gereiften Künstlers dar, ist für die Aufführung im Freien gedacht (vierstimmiger Männerchor, Männer-Soloquartett, Baß-Solo, Blasorchester und Pauken), nicht zu schwer auszuführen, prägnant und festlich. Ausführende waren die *Liedertafel „Frohsinn“* und die Militärmusikkapelle des 13. Infanterie-Regiments *„Freiherr von Bamberg“* unter der Leitung von Engelbert Lanz. Bruckners Erfolg war ein erfreulicher, nicht nur finanziell (er erhielt als „Remuneration“ 50 fl), sondern auch künstlerisch. So schrieb etwa die *Linzer Zeitung* am 3. Mai 1862: *„Grundsteinlegung des Mariä-Empfängniß-Domes in Linz. Linz, am 2. Mai. Wir beeilen uns, nachträglich noch einige besondere Momente bei der Feier der Grundsteinlegung hervorzuheben.* [...] *Nach dem Psalm Miserere wurde die von Herrn Professor Dr. Pammesberger verfaßte und vom Herrn Anton Bruckner in Musik gesetzte Festkantate von der Liedertafel „Frohsinn“ unter Mitwirkung der Regimentskapelle schwungvoll aufgeführt und vorgetragen. Eine herrliche prachtvolle Komposition! Wir wissen nicht, welcher Theil mehr gelungen ist, der kräftige Eingangschor oder das Baßsolo in der Mitte, oder der majestätische Choral, oder der Schlußsatz. Wir wünschen sehr im Interesse der Kunst, daß diese Kantate nicht gleich anderen Gelegenheitsstücken der Vergessenheit anheimgegeben, sondern daß sie auch veröffentlicht und in weiten Kreisen bekannt gemacht würde. Auch wünschten wir, daß dieses Werk bei irgend einer Gelegenheit in einem geschlossenen Raume möchte noch einmal aufgeführt werden.“*

Mit seinem Dom- und Stadtpfarrorganisten Bruckner hatte Bischof Rudigier den besten aller damaligen Musiker gewählt. Er kannte ihn schon aus dessen Zeit als Stiftsorganist in St. Florian, wo er ihm vermutlich erstmals bei der Infulierung (der Verleihung der Amtsinsignien Mitra, Stab, Kreuz und Ring) des neuen Propstes Friedrich Theophil Mayer am 14. September 1854 begegnet war. Für diesen Anlass hatte Bruckner seine *Missa solemnis in b-Moll* (WAB 29) komponiert. Schenkt man der Bruckner-Biografie von August Göllerich und Max Auer Glauben, so hatte Bischof Rudigier ab da immer wieder *„in Sehnsucht nach den klingenden Andachtsübungen des Florianer Organisten denselben plötzlich nach Linz gebeten, um sein Herz in dessen Kunst gesund zu machen“*; das heißt, der Bischof hatte Bruckner gebeten, für ihn allein in der leeren Domkirche

Anton Bruckner, Kyrie der Messe e-Moll (WAB 27). Autograph. Die Partitur (insgesamt 52 Blätter, 1866) befindet sich in Verwahrung des Diözesanarchivs Linz.

die Orgel zu spielen, um ihm so Sammlung zu verschaffen und zur Klärung mancher Probleme beizutragen.

Auch die nächste große Etappe des Dombaues, die Einweihung der Votivkapelle 1869, begleitete Bruckner mit einem neuen Werk, seiner *Messe in e-Moll* (WAB 27). Obwohl bislang keinerlei schriftliche Belege dafür bekannt sind, dürfte Rudigier den Auftrag an Bruckner zu Anfang des Jahres 1866 erteilt haben. Am 25. November 1866 war die Messe vollendet, die Uraufführung erfolgte jedoch erst am 29. September 1869, da sich die Fertigstellung des Kapellenbaues verzögert hatte. Bruckner war zu diesem Zeitpunkt schon Professor für Harmonielehre und Kontrapunkt am Konservatorium der Gesellschaft der Musikfreunde und „exspectierender" Hoforganist in Wien.

Lange Zeit hatte man angenommen, Bruckner habe sein Werk von vornherein für eine Aufführung unter freiem Himmel komponiert. Aus seinem Brief an Domkapitular Johann Baptist Schiedermayr (Gründer des *Katholikenvereins*, der *Theologisch-Praktischen Quartalschrift* und Obmann des *Diözesan-Kunstvereins*) vom 20. Mai 1869 geht jedoch hervor, dass er Bedenken wegen des Aufführungsortes hatte: *„H. Waldeck schrieb mir, meine Messe würde schwer aufzuführen sein, wegen des Raumes. Ich bitte Euer Gnaden, gütigst Sorge tragen zu wollen, daß selbe doch von den Damen und Herren der Liedertafel u des Musikvereins gut jetzt schon studirt werde, denn auf dem Chor ist wohl zu nichts Platz, aber wir können selbe ja im Freien aufführen mit oder sogar ohne Tribüne. Will man aber nur eine kleine Messe u nicht meine aufführen, so ists mir auch recht.*" Daraus ist zu schließen, dass Bruckner die Besetzung seiner Messe (achtstimmiger gemischter Chor und Bläser) nicht wegen einer geplanten Aufführung unter freiem Himmel wählte, sondern aus rein künstlerischen Gründen, was ein ebenso asketisches wie kühnes Klangbild ergibt.

Die Uraufführung der Messe erfolgte am 29. September 1869 unter Bruckners Leitung. Tags darauf schrieb die *Linzer Zeitung*: „[...] *Um 11 Uhr wurde sodann in der Capelle von dem hochwürdigsten Herrn Bischofe das heilige Hochamt celebrirt, bei dessen Beginne am Giebel der Votivcapelle die Kirchweihfahnen aufgezogen wurden. Hiebei fand unter Mitwirkung der bewährtesten Musikkräfte von Linz und Umgebung die Aufführung einer von unserem bewährten früheren Domorganisten, nunmehrigen k. k. Hoforganisten und Professor des Wiener Conservatoriums, Herrn Anton Bruckner, für diesen Zweck eigens componirten und von ihm selbst dirigirten Dombau-Festmesse in vorzüglicher Weise statt, welche durch ihren genialen Schwung im Allgemeinen und die zahlreichen Schönheiten in Besonderem der seltenen Feier, zu deren Verherrlichung sie geschrieben wurde, in jeder Beziehung vollkommen würdig war.*"

Noch ein anderes Werk hatte Bruckner eigens für diesen Anlass komponiert: eine seiner berühmtesten Motetten, das Graduale *Locus iste* (WAB 23). Es kam jedoch, ebenso wie das gleichfalls geplante phrygische *Pange lingua* (WAB 33), nicht bei der Weihe der Votivkapelle zur Aufführung. Das *Locus iste* wurde aber einige Wochen später, am 29. Oktober 1869, in der Votivkapelle unter der Leitung von Johann Baptist Burgstaller (1840–1925; Priester, von 1872 bis 1909 Chordirigent der Sängerkapelle im Neuen Dom) gesungen.

Mit dem Neuen Dom und Bischof Rudigier eng verbunden ist auch die Antiphon für vierstimmigen gemischten Chor, Tenor-Solo und Orgel *Tota pulchra es, Maria* (WAB 46), die *„Dem Hochwürdigsten H. Bischof Fr*[*anz*] *J*[*oseph*] *zum 5. Juni 1878 in tiefster Ehrf*[*urcht*] *AB.*" gewidmet ist. Die Widmung erfolgte zum 25-jährigen Amtsjubiläum Bischof Rudigiers, und Bruckner traf mit Choralanklängen, modaler (phrygischer) Anlage und der Nähe zur Harmonik des Palestrinastils mit Sicherheit den „cäcilianischen" Geschmack des Chordirektors Burgstaller, der die Aufführung in der Vesper am 4. Juni 1878, dem Vorabend des Festes, in der Votivkapelle leitete.

Im Jahr 1885 feierte man das Hundert-Jahr-Jubiläum der Errichtung der Diözese Linz. Burgstaller regte aus diesem Anlass Bruckner zur Komposition des Graduale *Virga Jesse floruit* (WAB 52) an, eines Werkes für vierstimmigen gemischten Chor a cappella in e-Moll; es wurde nach neueren Erkenntnissen ebenfalls im Neuen Linzer Dom am 4. Oktober 1885 im gerade erst fertiggestellten Presbyterium uraufgeführt (und nicht erst am 8. Dezember 1885 in der Wiener Hofburgkapelle, wie man lange Zeit annahm).

Die – wie viele andere seiner Werke – von Bruckner mehrmals überarbeitete *Messe in e-Moll* wurde aus Anlass des Diözesanjubiläums ebenfalls am 4. Oktober aufgeführt; diesmal aber nicht im Neuen, sondern im Alten Dom, und unter der Leitung des damaligen Musikdirektors Adalbert Schreyer (Musikdirektor der *Gesellschaft der Musikfreunde* in Linz und Chormeister des *Männergesang-Vereins „Sän-*

gerbund"). Bruckner saß an der Orgel und bedankte sich bei Schreyer nach seiner Rückkehr nach Wien: „[...] *Aus der Ferne rufe ich Ihnen nochmals meinen innigsten Dank und tiefste Bewunderung für die künstlerische Heldenthat der sehr gelungenen Aufführung meiner E Messe! Unauslöschlich wird meine Freude darüber sein!*"

Diese Überarbeitung der Messe hat uns einen der seltenen und berühmt gewordenen Einblicke in Bruckners tiefe Gedankenwelt beschert: Mit den Umarbeitungen beabsichtigte er vor allem eine Glättung des Periodenbaus auf 8-taktige Perioden oder die Hervorhebung besonderer Textwörter. Als sich eine 7-taktige Periode im *Gloria* vor dem pianissimo zu singenden Wort „*Jesu Christe*" nicht glätten ließ, notierte er in der Partitur: „*NB. Misterium (unerwartet nach dem 7. Tact d. Periode)*". Bei allem Streben nach handwerklicher Perfektion war sich Bruckner also stets bewusst, dass er es mit einem Mysterium zu tun hatte ...

Detail des Bruckner-Denkmals in seinem Geburtsort Ansfelden.

Im Beitrag erwähnte Personen (in der Reihenfolge des Vorkommens):

Otto Kitzler (16. März 1834 Dresden – 6. September 1915 Graz) war 1858 bis 1860 und 1861 bis 1863 Theaterkapellmeister in Linz. Bruckner hatte ihn 1858 kennengelernt und wandte sich nach Abschluss seiner Studien bei Simon Sechter an ihn, um seine Ausbildung fortzusetzen.

Maximilian Pammesberger (27. November 1820 Bad Ischl – 17. März 1864 Linz) war Priester, hatte ein Doktorat in Kirchenrecht, wirkte als Religionslehrer am k. k. Gymnasium und war 1856 bis 1864 Professor für Moraltheologie an der Bischöflichen Theologischen Diözesanlehranstalt in Linz sowie 1860 bis 1864 Redakteur der *Christlichen Kunstblätter*. Er war als Mitglied des Dombaukomitees an der Planung des Neuen Domes beteiligt. (Andrea Singer – Margarethe Wagner, Artikel „*Pammesberger, Maximilian*", in: Anton Bruckner-Lexikon online, abgerufen am 26. 2. 2023.)

Johann Baptist Schiedermayr (6. Juni 1807 Linz – 16. April 1878 Linz), Priester, seit 1845 Domherr, 1845 bis 1853 und 1863 bis 1874 Regens des Priesterseminars, 1858 bis 1865 Dechant, 1874 Dompropst. Gründer des *Katholikenvereins*, der *Theologisch-Praktischen Quartalschrift* und Obmann des *Diözesan-Kunstvereins*

Johann Baptist Burgstaller (3. Oktober 1840 Neukirchen a. d. Vöckla – 15. Mai 1925 Linz), Priester, ab 1872 (bis 1886) Dom- und Chorvikar im Alten Dom, ab 1872 bis 1909 Chordirigent der Sängerkapelle im Neuen Dom. Burgstaller ist Widmungsträger von Bruckners *Afferentur* (WAB 1).

Adalbert Schreyer d. J. (10. November 1850 Olmütz – 12. August 1925 Olmütz), Sohn des Olmützer Domorganisten Adalbert Schreier, studierte ab 1869 Jus in Wien, dazu privat Musiktheorie bei Franz Krenn und Rudolf Bibl sowie Klavier bei Eduard Maximilian Pirkhert. Seit 1875 wirkte Schreyer als Kapellmeister u. a. in Olmütz, Baden bei Wien und Wiener Neustadt. 1883 bis 1903 war er Musikdirektor der *Gesellschaft der Musikfreunde in Linz* und Chormeister des *Männergesang-Vereins „Sängerbund"*.

Literatur:

Anton Bruckner-Lexkion online: http://www.bruckner-online.at/

Göllerich, August / Auer, Max: Anton Bruckner. Ein Lebens- und Schaffens-Bild. Band 3/1, Gustav Bosse Verlag, Regensburg 1932)

Andrea Harrandt (Hrsg.), *Anton Bruckner, Briefe*. Band I, 2. Aufl. Wien 2009

Die Domglocken – die Stimme des Doms

Siegfried Adlberger

Zu den unverzichtbaren Ausstattungsgegenständen einer Kirche zählen seit vielen Jahrhunderten die Glocken. So ist es kaum verwunderlich, dass bereits bei Beginn des Dombaues ein tragfähiges Fundament von knapp 2.700 m^3 Granitsteinen für den später geplanten Bau eines hohen Glockenturms gelegt wurde, um einen dauerhaft festen und sicheren Stand des hohen und schweren Bauwerkes zu erreichen. Der mächtige Turm soll nicht nur als weithin sichtbares Zeichen errichtet werden, um mit seiner Spitze – dem Turmkreuz – und seinen Verzierungen auf die Unendlichkeit und Vollkommenheit Gottes hinzuweisen, sondern ebenso eine weit hörbare Stimme des Doms nach außen in sich tragen: die der Glocken.

Als Bischof Franz Joseph Rudigier am 1. Mai 1863 die neu errichtete Steinmetzhütte segnete, weihte er auch das erste wichtige klingende Instrument auf der Baustelle, die Arbeitsglocke. Sie verkündete Jahrzehnte hindurch den Dombauarbeitern Beginn und Schluss der Tagesarbeitszeiten.

Die ersten Kirchenglocken des Domes erklangen, wie auch die e-Moll Messe von Anton Bruckner, zum ersten Mal am 29. September 1869 anlässlich der Konsekration der Votivkapelle und des dazugehörenden Hauptaltars. Die kleinen Glocken sind von außen gut sichtbar in den beiden Strebetürmchen der Votivkapelle angebracht und über ein langes Seil von der Kapelle aus zu läuten. An der Flanke der beiden den Eltern Mariens (Anna und Joachim) gewidmeten Glocken gibt uns die Inschrift folgende Auskunft: AM FESTE S. MICHAEL AM 29. SEPT. 1869 HABE ICH ZUR EINWEIHUNG DER VOTIVKAPELLE MEINE ERSTE STIMME ERSCHALLEN LASSEN – FRANZ SER. HOLLEDERER IN LINZ. – Die größere (Hl. Joachim) fand als Zügenglocke ihre wichtige Bestimmung.

Nachdem 1884 der große Domraum bis zum Querschiff vollendet war, bestellte das eigens installierte Glockenkomitee beim Steyrer Glockengießer Johann M. Peteler die fünf kleineren Glocken des siebenstimmig geplanten Domgeläutes. Die reich mit gotischen Friesen verzierten Glocken wurden am 4. Mai 1885 vom neu ankommenden Bischof Ernest Maria Müller im Beisein von tausenden Menschen auf dem Dombauplatz feierlich geweiht und in einem provisorischen hölzernen Glockenturm angebracht. Aus musikalischen Gründen überlegte man bereits bald einen Umguss der vier größeren Glocken. Die Einzelglocken gaben zwar einen guten Ton, aber die Stimmung zueinander passte leider gar nicht; und ein Umstimmen für den schon geplanten Zuguss der beiden größeren Glocken war nicht möglich.

Zudem wurde auch in Linz die Normalstimmtonhöhe eingeführt, die vorhandenen Glocken lagen jedoch einen halben Ton daneben. Im Jahre 1900, kurz vor Vollendung des Domturms, wurde daher beschlossen, das Peteler-Geläute zu veräußern, um so den Weg für ein gut gestimmtes Domgeläute zu ebnen. Noch im selben Jahr wurden Angebote von drei bedeutenden Gießereien eingeholt, von denen die Linzer Gießerei Anton Guggs im Jänner 1901 den Zuschlag erhielt. Wie Jahrzehnte später bei der Pummerin, misslang leider der erste Guss der großen Domglocke. Sie wurde am 23. Juli 1901 noch einmal gegossen und war dann hervorragend gelungen. Klangschön ergab nun der komplette Neuguss des Geläutes das gewünschte Salve-Regina-Motiv mit der Tonfolge f – a – c – d – f – a – c.

Die neuen Glocken besitzen neben ihren eigenen Widmungen alle die Inschrift: Anton Gugg goss mich in Linz 1901. Die Kronenhenkel wurden von Gugg als Engelsköpfe mit Flügeln gebildet. Inschriften, Bilder und Zierrate in neugotischen Formen gestaltete hingegen der akademische Bildhauer Ludwig Linzinger aus Linz.

Weltweit modernster Glockenantrieb

Anfangs waren alle Glocken in der vierten Turmetage im eisernen Glockenstuhl untergebracht. Beim Läuten der großen Glocke kam es jedoch zu größeren Turmbewegungen, daher musste sie bald einen Stock tiefer versetzt und zusätzlich in der Schwungrichtung um 90° gedreht werden. Aber auch in der dritten Etage ließ sie den Turm auf-

Siegfried Adlberger, Orgel- und Glockenbeauftragter der Diözese Linz

grund einer Eigenfrequenz-Übereinstimmung nach wie vor in Schwingung geraten; während der 2023 abgeschlossenen Turmsanierung gelang jedoch mit neuesten Messmethoden und den besten Experten auf diesem Gebiet eine weitere Reduktion der Beanspruchung des Turmes beim Läuten.

Das Gesamtgewicht der Glocken beträgt 17.770 kg, die Gesamtkosten beliefen sich auf 59.351,80 Kronen. Das Kollaudierungsprotokoll vom 22. April 1902 vermerkt unter anderem Folgendes: „*Die Reinheit der Stimmung ist vollkommen tadellos. Sämtliche Glocken müssen in Bezug auf Klangschönheit als gelungen bezeichnet werden.*" – Die feierliche Weihe der Glocken fand am 30. April 1902 statt, die des Turmkreuzes einen Tag später. Zum Läuten der sieben Glocken waren sechzehn Männer notwendig, die dazu 272 Stufen in die circa 60 Meter hoch gelegene Glockenstube steigen mussten. Bereits ein Jahr später ließ man eine elektrische Läutemaschine mit einem 7-PS-Motor in ein eigens dafür errichtetes Maschinenhaus beim Turmeingang einbauen, welche die größeren fünf Glocken über Transmissionen, Riemen und zuletzt Seile durch nur einen Mann läutbar machte. Lediglich die beiden kleineren mussten noch mit der Hand geläutet werden. Aus architektonischen Gründen erforderte die 1923 in greifbare Nähe gekommene Domweihe das restlose Entfernen des Maschinenhauses. Dies wurde dadurch möglich, dass man den damals weltweit modernsten elektrischen Glockenantrieb nun direkt bei den Glocken anbrachte.

Interessant erscheint auch die erste Läuteordnung des Mariendoms: Ave-Läuten mit Glocke IV; abends Armenseelenläuten mit Glocke VI; zur Segenmesse Glocke V; zur Kapitelmesse Glocke VI; zur Predigt, zum Amt und zum Sonntags-Segen Glocke IV zum Viertelläuten. An Wochentagen wird zum Ziborium-Segen mit Glocke VI, zum Monstranz-Segen mit Glocke V Viertel geläutet. – Zusammengeläutet wird nie (sic!). – Zum Angst- und Scheidungsläuten wird Glocke II verwendet. Zum „Vesper-Läuten" werden zuerst die Glocken einzeln (von Glocke VII angefangen) nacheinander geläutet und dann alle sieben Glocken zusammen. Zum Ein- und Auszug des Bischofs wird mit allen Glocken geläutet. Als Sterbeglocke wird die kleine Glocke auf der Evangelienseite der Votivkapelle verwendet, für einen Domherrn die II., für den Bischof die I. Glocke.

Die besondere Bedeutung der Linzer Domglocken

Der Mariendom besitzt mit seinen sieben Glocken ein bemerkenswertes klangschönes Geläute, das vollständig und nahezu unversehrt zwei Mal der sicheren Zerstörung durch Einschmelzen in den beiden Weltkriegen entging. Es zählt daher zu den wenigen weltweit komplett erhaltenen Geläuten aus der Zeit um 1900. Zudem ist der Mariendom als Gesamtkunstwerk der Neugotik zu sehen, der in seiner ursprünglichen Ausstattung bis zur Fertigstellung 1924 wohl einzigartig für das damalige Liturgieverständnis gestaltet, besser gesagt, komponiert worden ist. Einzigartig ist daher auch die farbige und warme Klanggestalt des Septimgeläutes, das durch Vielfalt in den Tönen im Gesamtklang besticht. Wenn man die am besten zu hörenden Töne der Glocken (Schlagton/Nominal und Unterton) ohne Berücksichtigung der absoluten Tonhöhen nebeneinander reiht, ergeben sich nahezu alle Töne der Tonleiter. Aus natürlicher Dissonanz entsteht so Harmonie und Wohlklang. Gewiss, vergleichbare, aber auch viel kleinere Kathedralen vereinen oft viel mehr und tontiefere Glocken in ihren Türmen. Außerdem fehlt für ein vollständiges Verdoppelungskonzept der Töne für das kleine Salve Regina der oberste Ton (d2), eine Glocke, die eigentlich als Wandlungsglocke im Vierungsturm, direkt über dem heutigen Standort des Altares erklingen müsste. Hier gäbe es noch zu vollenden, was unvollständig ist. All jenen jedoch, die das schöne und klangvolle Geläut jemals aufmerksam gehört haben, geht musikalisch eigentlich nichts ab. – Mit dem Klang der Glocken verbinden Menschen auch heute noch immer Harmonie, Frieden, Heimat, Geborgenheit und Transzendenz.

Beispielhaft sind/waren auch der Mut und das Vertrauen in die Menschen, welches die Letztverantwortlichen trotz der vielen Gegenstimmen der Finanzleute in diesen wohl schwierigsten Zeiten bewiesen haben. Legendär ist die Aussage des damaligen Bischofs, der sogar die Berechnung der Kosten zwischendurch untersagte: „Wir bauen mit Gottes Gnade solange, bis ausgebaut ist!"

Die Agnes Glocke. Eine Übersicht über sämtliche Dom-Glocken und deren Klangspektren finden sich im Anhang (Seite 239).

ORA
GOSS MICH ZU

Raummusik
Der Mariendom – 100.000 m³ bewegte Luft

Sam Auinger

Seit ich den Mariendom kenne, hat mich seine Atmosphäre in Mächtigkeit, architektonischer Form, Proportion und klanglichem Ausdruck fasziniert. In diesem Raum begeben wir uns in gebaute Kulturgeschichte, einen Raum mit extremen Maßen und Volumina, einen einzigartigen Klangraum für jedwedes Klangereignis – mit eigener Sprache und Farbe im Spiel, seinen physikalischen Wechselwirkungen und Bedingungen.

Lassen Sie uns für einen Moment gemeinsam den klanglichen wie atmosphärischen Qualitäten des Mariendoms nachspüren. Er ist in seiner Form und Gestaltung „Gotisch", sprich: Er zeigt musikalische Zahlenverhältnisse in seinen Proportionen. In dieser Architektur wird Atmosphäre – seine Stimmung – im Zusammenspiel von Klang, Licht, Materialität und architektonischer Form verstärkt sinnlich, erfahr- und erlebbar. Beginnt man den Mariendom bewusst hörend zu erleben, offenbaren sich klare musikalische und klangliche Qualitäten. Im Hören des Raums erkennen wir in ihm das Instrument.

Der Titel dieses kleinen Textes stellt sein außerordentliches Raumvolumen in den Vordergrund und verweist auf das Medium Luft, das es uns ermöglicht, diesen außergewöhnlichen Raum hörend zu erleben.

Wenn wir Schall, einen Klang oder ein Geräusch hören, nehmen wir dieses Ereignis vorrangig als Schwingungen der Luft wahr. Diese Schwingungen, sprich Schallwellen, breiten sich in alle Richtungen mit einer Geschwindigkeit von circa 340 Metern pro Sekunde aus. Sie erzeugen in Interaktion mit den architektonischen Formen, Materialien und Dimensionen des Mariendoms seinen spezifischen Klang wie auch sein spezifisches Tempo. Jedes gesprochene oder gesungene Wort, jeder Ton, jedes Geräusch, einfach alle darin stattfindenden Aktivität werden vom Raum aufgenommen, klanglich gefärbt und zeitlich strukturiert.

Der Raum nimmt auf, spiegelt, wirft zurück und schwingt. – Durch Reflexionen, Resonanzen, Verstärkungen und Dämpfungen entsteht sein spezifischer Klangcharakter als Ganzes, mit einer Vielzahl an verschiedenen klanglichen Betonungen und rhythmischen Phänomenen. Seine Größe macht es möglich, hier eine Art dreidimensionaler Klanggeografie zu erleben – Klänge finden nicht nur im Horizontalen statt, sie sind hier auch im Vertikalen erlebbar. Hohe Klänge scheinen auf den Decken zu hängen, und tiefe Töne breiten sich aus wie Wasser in einem Becken.

Im Zusammenspiel mit der komplexen Architektur des Innenraums (ein Langbau mit Querschiff und Kapellenkranz, alles mit eigenen Höhen, Breiten und Ausführungen) entstehen interessante Beziehungen zwischen Ereignis-Ort und Hör-Ort. Der räumliche Abstand des Hörenden zum Klangereignis definiert immer den klanglichen Anteil des Raums in dessen Hörbarkeit. Klangereignisse haben hier einen Ort. Leise Klänge bleiben lokal, Klänge mit mehr Energie aktivieren den ganzen Raum.

Der mächtige Raum selbst strahlt Ruhe aus, hat aber niemals Stille. Er ist auch Membran und wird von außen durch wechselnde Wetterzustände wie starken Regen und die Aktivitäten einer pulsierenden Stadt bespielt. Diese Klänge dringen gedämpft, gefiltert und gefärbt im Innen an unser Ohr. Der Raum ist mitten in der Welt.

Experimentelle und zeitgenössische Musik sind angehalten, um als Musik wahrgenommen zu werden, immer zuerst einen Rahmen für sich und ihr Publikum zu setzen, da meist weder das Instrumentarium noch die Kompositionsform dem gewohnten Verständnis von Musik folgen. Dies bedeutet für mich, die klanglichen und musikalischen Qualitäten eines Aufführungsorts – den Raum selbst – im Innehalten und (Zu-)Hören zu erforschen. Dabei lerne ich

Sam Auinger: „Ein bewusstes Hin- und Zuhören im Mariendom offenbart seine ‚Raummusik'".
(Blick auf Gewölbe mit Orgel)

seine „Raummusik" kennen und entwickle Vorstellungen dafür, wie seine materiellen Bedingungen und physikalischen Wirkungszusammenhänge die Entstehung von Klang prägen, und wie ich Klangereignisse an diesem Ort erlebe.

Ein bewusstes Hin- und Zuhören im Mariendom offenbart seine „Raummusik". Diese Erfahrung stellt sich bereits ein, wenn man sich zum ersten Mal mit Zeit hörend auf diesen Raum einlässt. Immer wieder Innehalten und Zuhören lassen uns diese Erfahrung vertiefen, Dauer und Langsamkeit werden belohnt. Seine klangliche und musikalische Erfahrbarkeit steht unserer nach Effizienz strebenden und auf Zeitoptimierung ausgerichteten Alltagserfahrung entgegen.

Er ist ein Instrument, das die Stimmen der konkreten Welt wie auch Stimmen in uns auf seine Weise zum Klingen bringt. Er schafft einen einzigartigen Ort, der uns inspiriert und uns zu kontemplativem Raumerleben einlädt. Er wird dabei zu einem wichtigen Erfahrungsraum für Fragen des Ich und der Gemeinschaft im 21. Jahrhundert, jenseits seiner ursprünglichen Bestimmung, Bedeutung, Aufgabe und Botschaft.

Ein Dom geht zu den Menschen

Johann Hintermaier

Ein Dom geht zu den Menschen: Dieser Satz mag im ersten Moment seltsam klingen. Gehen nicht Menschen zum Dom, um zu beten, ihn zu besichtigen, einander zu begegnen, zu singen und zu feiern, um zu trauern und sich zu freuen. Selbstverständlich ist es so, aber der Mariendom zieht auch Menschen in den Bann und nimmt sich mit seiner Botschaft und den vielfältigen Darstellungen ihrer an. Der Dom greift viele Lebenssituationen auf.

Der Mariendom hat mich in seinen Dienst genommen

Mich persönlich hat der Dom „in seinen Dienst genommen“. Aus dieser Perspektive sehe ich auch, wie der Dom motiviert und Raum gibt, zu den verschiedensten Menschen und Gruppen zu gehen. – Im Jahr 1993 wurde ich im Mariendom von Bischof Maximilian zum Priester geweiht. Wir Kandidaten lagen bei der Allerheiligenlitanei mit dem Gesicht nach unten auf dem Boden des Mariendoms. Dann folgte die heilige Weihehandlung mit Handauflegung und Gebet. Zuvor hatten wir in den Jahren der Seminarzeit viele Gottesdienste im Dom gefeiert. Sechs Jahre nach der Weihe stand ich mit zittrigen Knien – ich spüre es heute noch – am Ambo und stellt mich als neuer Kaplan (Domvikar) der Dompfarre vor. „Zum Dom gehört auch der Kirchplatz“, sagte mir klar und deutlich Dompfarrer Maximilian Strasser. Mit ihm gemeinsam durfte ich vier Jahre in Pfarre und Dom für und mit den Menschen meinen Dienst tun. Heute bin ich im Domkapitel und in dieser Funktion auch „Domkustos“ und somit im Dom mitverantwortlich für viele Belange, welche die Entwicklung des Mariendoms betreffen. Der Kirchplatz gehört zum Dom, das heißt: Wir verstecken uns nicht hinter den dicken Mauern und schönen Fenstern, sondern gehen aus der Kraft des Gotteshauses zu den Menschen.

Die Botschaft des Mariendoms – ein Zeichen der Hoffnung

In einer schwierigen Zeit der gesellschaftlichen, politischen und kirchlichen Entwicklungen und Kontroversen wurde von Bischof Rudigier, der gewiss kein einfacher Mensch war, der Beschluss gefasst, einen für die damalige Zeit überdimensionalen Dom zu errichten. Dieses Unterfangen war einerseits davon getragen, dass die Jesuiten wieder in die Ignatiuskirche zurück wollten, und andererseits von der Botschaft des damals neuen Dogmas von der Unbefleckten Empfängnis Mariens. Hinter diesem Dogma steckt auch die Frage: „Wie viel kann man Gott zutrauen?“. „Unbefleckt – Immaculata“ bedeutet „makellos“. Die Botschaft des Mariendoms ist kurz und einfach zusammengefasst, bei Gott – oder durch ihn – beziehungsweise mit ihm – ist Makelloses oder wie wir auch sagen könnten: „Heiliges“ möglich. Maria hat sich ganz Gott anvertraut, und sie ist als Urbild der Kirche die Person, an der sichtbar wurde, was für Gott möglich ist, wenn man sich ihm und seinem Willen überlässt. Nicht Entfremdung ist die Folge, sondern ein Miteinander und Füreinander, das mit der Bergpredigt den Höhepunkt beschreibt: Liebt nicht nur eure Freunde, sondern auch die Feinde. Im Dienst dieser Heilsbotschaft zu stehen, ist eine Ehre und auch eine große Aufgabe; aber wie sollen sonst die großen und kleinen Konflikte der Welt gelöst werden können, wo sich nicht nur Feinde bekriegen, sondern auch Freunde gegeneinander die Waffen erheben? Nach einhundert Jahren der Weihe ist diese Botschaft keine alte und verstaubte, sondern eine, die unserer Welt auch gut tut. In einer Welt, in der so viel Unheil geschieht, ist mir der Mariendom ans Herz gewachsen und zu einem Zeichen der Hoffnung geworden. Dort schöpfe ich auch persönlich immer wieder Kraft, um mich nach dem Vorbild Gottes für eine Welt einzusetzen, wo alle gut leben können. Die Hoffnung auf Frieden und Liebe in der Welt wollen wir durch unser Leben und Wirken nach außen tragen und nicht warten, bis jemand durch die Kirchentür hereinkommt.

Mariendom, Domplatz und Domcenter – Orte der Begegnung und Ermutigung

Die Botschaft des Doms hat in Stein und Glas eine faszinierende Gestalt angenommen. Die neugotische Architektur verweist von der Erde nach oben, zum „Himmel“. Die Zyklen der Glasfenster greifen die Zeigeschichte des 19. Jahrhunderts auf, bilden das religiöse Leben ab und präsentieren im Hochchor die Heilsgeschichte. Viele Menschen haben gespendet, so den Bau ermöglicht und erfreuen sich an diesem großartigen Werk – dem Werk einer Gesellschaft, die um eine gute Zukunft besorgt war. Die Kirche rang damals ebenfalls um ihr Selbstverständnis, wobei sie sich nicht immer leicht tat und mancher Fehleinschätzung erlag. Auch davon gibt der Dom Zeugnis.

Der Mariendom ist weithin sichtbar, der Turm überragt die Stadt und grüßt beim Hereinfahren die Menschen. Die dezente Beleuchtung am Abend ist beruhigend und nicht aufdringlich. Auf dem Domplatz herrscht reges Treiben, Kinder spielen am Brunnen, andere ruhen sich aus, die Fahrer der Lieferservices treffen sich mit ihren bunten Fahrrädern und Jacken, Märkte, Konzerte und private

Architekturskizze des neuen Domcenters, das bei der Drucklegung noch in Bau war.

Treffen finden dort statt. Der Domplatz ist nicht nur der „Vorplatz“ zum eigentlichen Heiligtum, er gehört dazu. Mit dem neuen Domcenter wird ein Schritt nach draußen gemacht, um dort den Menschen zu begegnen und mit ihnen in Kontakt zu kommen. Viele, die sich auf dem Domplatz aufhalten, machen zumeist auch einen kleinen Abstecher in den faszinierenden Dom. Wie Jesus zu den Menschen auf die Märkte und Straßen gegangen ist, so wollen wir eine neue Form der Begegnung ermöglichen, unterstützt von dem neuen Domcenter.

Das neue Domcenter – nach 100 Jahren eine neue Möglichkeiten der Begegnung

Menschen willkommen heißen, informieren, begrüßen, Platz zum Ausruhen oder Schmökern geben oder als Startpunkt für Domführungen, all das wird mit dem Domcenter eine neue Qualität erhalten. Zudem gibt es dort Andenken, Bücher, schöne Geschenke und Devotionalien zu kaufen. Einen kleinen Kaffee wird es wohl auch geben.

Das Interesse am Mariendom ist in den letzten Jahre sehr gewachsen. Qualitätvolle Liturgie und Musik bei Gottesdiensten oder im Konzert, die Möglichkeit für pfarrliche, diözesane, städtische oder landesweite Veranstaltungen wird immer mehr genützt. Der Dom rückt ins Bewusstsein der Bevölkerung, nicht zuletzt durch die Großsanierung der letzten Jahre und die Unterstützungsaktion „ProMariendom“. Die aufgebauten und im Aufbau befindlichen Kontakte müssen weiter gut gepflegt werden – und das aus dem Geist und der Botschaft des Mariendomes heraus. Miteinander und füreinander die Welt menschlich zu gestalten ist der Grundauftrag unseres Glaubens und unserer Kirche. Wie geht das? Über Menschen und Menschlichkeit. Deshalb schaffen wir auch diesen neuen Ort der besonderen Begegnugsmöglichkeiten – das Domcenter.

Es sind unzählige Schulklassen aus ganz Österreich, die jährlich den Dom besuchen, dazu sehr viele Touristen in Gruppen oder einzeln, in Schiffen oder Bussen. Aus ganz Europa kommen Fachgruppen, um die Neugestaltung des Altarraums, die Fensterzyklen, die Krippe zu studieren oder sich in der Dombauhütte Expertisen einzuholen. Die Zahlen sind stark steigend. Da ist es wichtig, eine gute Koordinations- und Anlaufstelle zu haben, die auch die Grundbotschaft gut vermitteln kann, damit die Menschen mit einem gestärkten Herzen und nicht nur mit mehr Info für das Hirn nach Hause gehen.

Der „Speisewagen“ der Caritas macht wöchentlich vor dem Mariendom halt und bietet ein Mittagsmenü an.

Das neue Domcenter ist aber auch ein Ort der Pastoral für Gemeinde, Stadt und Land. Die Nutzung und die Angebote werden sehr vielschichtig sein. Verschiedene Gruppen und Einrichtungen spielen hier zusammen und bieten ein breites Spektrum für die Menschen in Stadt und City und die Besucher:innen der Landeshauptstadt.

Das Domcenter wird auch ein Ort der intellektuellen Auseinandersetzung werden. Zu speziellen Domführungen, musikalischen oder künstlerischen Angeboten im Dom gibt es Gesprächsrunden und Hinführungen sowie im Anschluss die Möglichkeit zu Gespräch und Diskussion. Man kann diesen Raum auch für kleiner Veranstaltungen, Talks oder Präsentationen und Diskussionen mieten.

Der Dom mit seinem „Drumherum“ soll die Menschen aufrichten und zu einem aufrechten Dasein in der Welt ermutigen. Das Streben nach oben, das „Steh auf“ und „Hilf auf“ bringt der Dom als Bauwerk zum Ausdruck, es steht als Motto aber hinter all unseren Bemühungen.

Das caritative Gesicht der Kirche rund um den Mariendom

Freude und Leid, Angst und Hoffnung zu teilen ist eine Aufgabe der Kirche. Vielen Menschen geht es nicht gut. Diese wollen wir nicht übersehen, auch für sie da sein und auf sie zugehen. Die Zusammenschau von Kirche als Gebäude und Kirche als Gemeinschaft von Menschen ist biblisch – sehr treffend – in den Texten des Gründonnerstags zum Ausdruck gebracht. Während Markus, Matthäus und Lukas beim „Letzten Abendmahl“ die Bedeutung der Eucharistie betonen, beschreibt der Evangelist Johannes an dieser Stelle die Fußwaschung. Hier kommt klar zum Ausdruck, dass das eucharistisches Leben auch immer ein Leben im Dienst für die Menschen ist. Jesus hat uns dafür viele Beispiele gegeben. Der Dom nimmt in Dienst und motiviert aus seiner Botschaft heraus zum Dienen und zum Helfen.

Mittagessen für einen guten Zweck –
jeden Mittwoch auf dem Domplatz

Ein besonderes Projekt der Caritas ist der Food-Truck „Speisewagen". Die Caritas beschreibt das Projekt so: „Bei uns wird mit Liebe und Begeisterung gekocht. Die Kochlöffel schwingen neben unserem Chefkoch Jugendliche mit Beeinträchtigungen, die bei uns eine Koch-Ausbildung absolvieren. Der SPEISEWAGEN schafft Begegnung und Integration – denn beim Essen kommen bekanntlich die Leute zusammen, und die Jugendlichen erhalten mit dieser kreativen Ausbildung die Möglichkeit, hautnah am Arbeitsleben teilnehmen zu können."

Alle Schichten von Menschen begegnen einander am Mittwoch um die Mittagszeit auf dem Domplatz, und es entstehen viele Gespräche und Begegnungen. Auch neue Bekanntschaften sind dabei schon entstanden. Essen ist eben mehr, als nur Nahrung zu sich zu nehmen. Mit diesem Projekt unterstützt die Caritas Hilfsbedürftige auf vielfältige Weise, sie kann aber auch als Dienstgeberin besondere Ausbildungen ermöglichen und mit dem, was eingenommen wird, noch Menschen unterstützen, denen das Lebensnotwendige fehlt.

Einkaufen im Carla – Second-Hand Shop verbindet günstige Preise für Kleidung und Gebrauchsgegenstände aller Art mit dem Entdecken von Raritäten abseits des Mode-Mainstreams und der Hilfe für Menschen in Not.

Carla Shop & Café im Schatten des Domturms

Die caritative Seite der Kirche wird auch sichtbar im unlängst renovierten Caritasladen mit kleinem Café in der Baumbachstraße, quasi im Schatten des Domturms. Der Ertrag aus dem Verkauf der gebrauchten oder neuwertigen Produkte kommt bedürftigen Menschen zugute. Im kleinen Gastgarten wird über das Leben diskutiert, gelesen oder man genießt einfach die Fassade des Mariendoms, wo es immer wieder etwas zu entdecken gibt, was man bisher noch nicht gesehen hat. Zum Beispiel den Nistplatz für Turmfalken, die hoch über Linz am Domturm eine Heimat gefunden haben.

Das Help-mobil – Hilfe, die mobil macht

In Kooperation von Caritas, Arbeitersamariterbund OÖ, Kongregation der Barmherzigen Schwestern Linz, dem Lazarus-Ordens Hilfsdienst Oberösterreich und dem Roten Kreuz Linz wird Obdachlosen eine medizinische Basisversorgung angeboten, und das Angebot wird auch entsprechend angenommen. „Neben Beratungsgesprächen werden von ehrenamtlichem, medizinischem Fachpersonal Verletzungen erstversorgt, Verbände gewechselt und Medikamente ausgegeben. Weiters erhalten die Menschen bei Bedarf auch Schlafsäcke, warme Unterwäsche, Socken, Babynahrung oder Windeln und können sich mit Tee und etwas zum Essen stärken", weiß die Homepage dieses Angebot zusammenzufassen.

Der Ort und der Platz um den Mariendom ziehen viele Menschen an, auch jene, die Hilfe brauchen. Es ist gut, wenn die Kirche Kapazitäten und Raum gibt, damit Not ein wenig gelindert werden kann. Das geschieht bei diesen Hilfeleistungen immer auf der persönlichen und oft ehrenamtlichen Ebene. Das dürfen wir nie aufgeben, auch wenn Situationen, Strukturen, Korruption und Kriege es oft schwer machen, sich immer wieder neu zu motivieren. Ein besonderer Dank all jenen, die sich für eine bessere Welt und Menschlichkeit einsetzen!

Der Mariendom – ein Magnet für Tourismus und Kirchenbesichtigungen

Ich erinnere mich noch sehr genau, als ich in den 80er-Jahren mit meiner Mutter den Dom besuchte. Ich kannte ihn als Seminarist bereits gut, sie ging das erste Mal in die Kathedrale, obwohl sie schon lange für den Dom spendete. Von hinten betraten wir den Dom; und es blieb ihr fast der Atem weg, als sie die Weite und Höhe mit den im Sonnenlicht strahlenden Fenstern sah. Der Dom hat sie angesprochen, weil sie sich ansprechen ließ.

Wie alle Begegnungen des Lebens werden diese dann zu einem tiefen und ergreifenden Erlebnis, wenn man nicht das eigene Vorverständnis durchdrücken will, sondern offen ist und sich ansprechen und bereichern lässt. Man kann den Mariendom sehr sachlich besichtigen. Mit dem Blick der Architektur, der Kunst- oder Zeitgeschichte, der Musik, des Glaubens – oder indem man nur einfach so schnell einmal hineinschaut. Besuche werden dann zu einer Bereicherung, wenn man mit offenen Sinnen hingeht und sich überraschen lässt. Begegnung braucht Zeit, Zeit zum Wahrnehmen. Das erlebe ich bei Führungen immer deutlicher. Nicht das viel Wissen ist das große Erlebnis und die Stärkung für die Seele, sondern es sind die Details und Botschaften, die einen Menschen ansprechen. Wenn es gelingt, das eigene Leben mit den Bildern und Darstellungen in Dialog zu bringen, dann beginnt etwas zu schwingen und klingen, was den Besuch des Mariendoms zum Erlebnis machen kann. Meine Botschaft: Nehmen Sie sich ein wenig Zeit, um das zu erleben und den Geist Gottes zu spüren, in dessen Haus man sich befindet. Kirchen sind keine Museen, sondern Lebensräume, wo sich Menschen begegnen, und ein privilegierter Ort der Gottesbegegnung.

Der Mariendom gehört zu den zehn Topdestinationen in Linz, die man auf jeden Fall besuchen sollte. So wird er in den Tourismusplakaten beworben. Das kann man nur unterschreiben. Wenn man auf Reisen ist, entwickelt man oft eine besondere Sensibilität, und man hat auch etwas mehr Zeit als sonst. Lassen Sie sich vom Mariendom ansprechen und erspüren Sie, wo er auf Sie zugeht mit seinen Bildern, Darstellungen und Erzählungen. Die Mitte bei all dem ist der neugestaltete Altarraum, der Gott in die Mitte der Begegnung rückt und von dort aus bereichert entlässt, um gestärkt die eigenen Wege zu gehen. Der Mariendom, eine Kirche, auf die man zugeht – der Mariendom, eine Kirche, die auf die Menschen zugeht. Viel Freude!

Advent am Dom

Der Mariendom bildet die beeindruckende Kulisse für den Advent am Dom, zu dem die Diözese Linz seit einigen Jahren einlädt. Qualität und Regionalität stehen beim kunsthandwerklichen Angebot und bei den kulinarischen Spezialitäten in den dreißig Markthütten an erster Stelle. Unter den Aussteller:innen finden sich auch soziale Einrichtungen und Hilfsorganisationen wie zum Beispiel die Caritas Oberösterreich. Advent am Dom lebt von der Kombination aus Angeboten am Domplatz und im Mariendom selbst, der mit der Krippe das Herzstück des Adventmarkts bildet.

Auch seine zusätzlichen Veranstaltungen machen den Adventmarkt zu etwas Besonderem: So gibt es für die Kinder eine Reihe von Aktivitäten, unter anderem Kinderdomführungen. Bereits während der ganzen Adventzeit kann die Krippe in der Krypta des Mariendoms besichtigt werden. Mit einer 3D-Brille besteht sogar die Möglichkeit auf eine neue, außergewöhnliche Weise in die Weihnachtsgeschichte einzutauchen. Weiters stimmen im Rahmen von Advent am Dom musikalische und spirituelle Angebote am Domplatz und im Mariendom auf das Weihnachtsfest ein. www.adventamdom.at

Ein Dom für Stadt und Land

Als Bischofskirche hatte der Mariendom immer schon eine besondere Bedeutung für Linz und Oberösterreich, aber einen zusätzlichen Schub in der öffentlichen Wahrnehmung erhielt er durch das Europäische Kulturhauptstadtjahr 2009. Seither ist der Dom verstärkt in das Zentrum von Stadt und Land gerückt und ist mehr denn je zu einem identitätsstiftenden Symbol geworden.

Der Mariendom und Oberösterreichs Selbstbewusstsein

Landeshauptmann Thomas Stelzer

Der Linzer Mariendom gilt als eines der bedeutendsten Wahrzeichen unseres schönen Bundeslandes, vor allem aber natürlich der Landeshauptstadt. Als Domkirche ist sie nunmehr seit 100 Jahren für viele Landsleute von Kindheitstagen an ein beliebter religiöser Mittelpunkt und lädt neben dem prächtigen Platz samt Park zur spirituellen, aber auch musikalischen Einkehr.

Eine Kathedrale ist als Kirche des Bischofs die Hauptkirche des Bistums. Der Maria-Empfängnis-Dom ist aber viel mehr. Er stellt das Herzstück unserer relativ jungen Diözese dar. Seine Errichtung als neue Bischofskirche geht auf die Initiative von Bischof Franz Joseph Rudigier zurück und brachte auch das Selbstbewusstsein einer jungen Diözese – in Abgrenzung zum alten Bistum Passau – zum Ausdruck. Die Dimensionen des Kirchenbaus unterstreichen diesen Anspruch. Der „Neue Dom“ ist seither die größte Kirche Österreichs mit Platz für rund 20.000 Besucherinnen und Besucher.

Dieses große Fassungsvermögen ist sowohl Sinnbild als auch Selbstverständnis eines von der breiten Öffentlichkeit getragenen Kirchenbaus. Das schlug sich vor allem in der Finanzierung nieder. So ist es besonders beeindruckend, dass der Bau ausschließlich aus vom Dombauverein gesammelten Spenden der Gläubigen finanziert wurde. Es zeigt für mich eindrucksvoll, welche Bedeutung die Errichtung der Kathedrale für die Menschen in unserem Bundesland hatte. Stolz macht mich, dass die Renovierung des Linzer Mariendoms nach dem gleichen Prinzip unter der umsichtigen Leitung von Landeshauptmann a. D. Dr. Josef Pühringer vonstattengeht und somit neuerlich ein oberösterreichisches Gemeinschaftswerk darstellt.

Ich bin überzeugt, dass mit der selbstbewussten Errichtung einer neuen Kathedrale in Linz nicht nur der jungen Diözese ein identitätsstiftendes Symbol gegeben wurde, sondern dem ganzen Bundesland Oberösterreich. Kultursoziologe Dr. Roland Girtler charakterisierte das Wesen unserer Landsleute einmal so: „Die Oberösterreicher sind stolz und rebellisch, großzügig und fleißig.“ Dieses Selbstverständnis spiegelt sich auch im Bau unserer Domkirche.

Unsere Kulturgeschichte ist auch an unseren Kirchen abzulesen. Wir brauchen Orte, an denen das Vergangene lebendig bleibt und wo wir unsere Wurzeln spüren. Die kirchlichen Bauten sind für die gesamte Bevölkerung nicht nur Zeugnis der Identität, sondern auch Ausdruck christlicher Tradition und Wertvorstellungen.

Thomas Stelzer, Landeshauptmann von Oberösterreich

Mariendom als Zeugnis der Wertegemeinschaft

Gotteshäuser wie der Linzer Mariendom sind ein wesentlicher Bestandteil unserer abendländischen Wertegemeinschaft. Sie sind aber seit vielen Jahrhunderten nicht nur spiritueller Mittelpunkt unseres Gemeinwesens, sondern auch Spiegelbild der jeweiligen kulturellen Lebenswirklichkeit. Kirchen begleiten Gläubige in allen Lebensbereichen und Lebenslagen. Erst der kirchliche, spirituelle Rahmen und die zumeist auch musikalische Begleitung lassen die Feiern zu Festen werden.

Als herausragendes Beispiel dient hierfür der berühmteste Komponist unseres Landes – Anton Bruckner –, der auch als „Musikant Gottes" bezeichnet wird und dessen 200. Geburtstag wir ebenfalls 2024 feiern. So komponierte Bruckner für die Einweihung der Votivkapelle im Maria-Empfängnis-Dom das weltberühmte „Locus iste" – eine Motette für vierstimmigen gemischten Chor in C-Dur, das noch heute gerne zum Kirchweihfest gesungen wird.

Ein Band über das 100-Jahr-Jubiläum der Weihe des Mariendoms ist aber auch eine Würdigung unserer Vorfahren. Ihre Leistungen waren es, die uns heute die Möglichkeit geben, darauf aufzubauen und die Zukunft unseres Landes erfolgreich zum Wohle aller weiter zu gestalten. Durch die Bilder in diesem Band bleibt so auch die Erinnerung an frühere Generationen und ihre Leistungen lebendig.

So wird manche neue, spannende Perspektive auf unsere Linzer Domkirche eröffnet, die auch identitätsstiftendes Symbol unserer Heimat Oberösterreich ist.

Mariendom: Eindrucksvolles Bauwerk als Zeichen der Einigkeit und des Friedens

Bürgermeister Klaus Luger

Der Linzer Mariendom ist für mich ein beeindruckendes Gebäude, das aus dem Stadtbild nicht mehr wegzudenken ist. Deutlich wird dies nach der ersten Etappe der Sanierungsmaßnahmen mit der neu errichteten sogenannten Himmelstreppe, die seit 2021 über 633 Stufen bis zur Turmspitze in 112 Metern Höhe führt. Stein und Edelstahl gehen damit eine Harmonie ein, welche die Menschen im wahrsten Sinne des Wortes höher trägt.

Dieses Bauwerk ist ja bekanntlich nicht die höchste, jedoch die größte Kirche Österreichs. Am schönsten ist wohl für viele Linzer:innen die Erinnerung an die Vorweihnachtszeit und die darauffolgenden Festtage, an denen Familien der Tradition folgen, die von Sebastian Osterrieder gestaltete Weihnachtskrippe mit ihren detailreichen Figuren zu bewundern. Dieses Erlebnis ist heute dank der Kooperation mit dem Ars Electronica Center nicht nur den Linzer:innen, sondern Menschen aus aller Welt zugänglich geworden. Es ist nun möglich, die weltberühmte Krippe per 3D-Visualisierung im Internet virtuell erforschen zu können.

Für zahlreiche Menschen ist der Mariendom ein Ruhepol und zugleich ein architektonisches Meisterwerk unserer Stadt. So wie die neugotische Architektur sprechen mich vor allem die wunderbaren Glasfenster an, die den 1924 fertiggestellten Dom zieren. Auch in diesen Fenstern vereint dieser Sakralbau historische Ereignisse mit moderneren Motiven, die mit der Geschichte des Doms und jener von Linz sowie von ganz Oberösterreich verbunden sind. Er ist somit ein schönes Symbol für die solidarische Lebensstadt Linz, die ja in ihrer Gesamtheit eine gut funktionierende Gemeinschaft ist, die auf Zusammenhalt aufbaut.

Dem Dom kommt ebenso eine musikalisch-kulturelle Bedeutung zu. Denn in der warmen Jahreszeit bringt die großartige Konzertreihe „Klassik am Dom" hier musikbegeisterte Menschen zusammen, die gemeinsam den Darbietungen großer Stars lauschen und eine Atmosphäre genießen, die keinen Vergleich mit anderen bekannten Freiluft-Konzert-Arenen Österreichs zu scheuen braucht.

Klaus Luger, Bürgermeister der Landeshauptstadt Linz

Bereicherung für die Lebensstadt Linz

Der Dom ist ein Ort, an dem sich Menschen treffen, auch ein Ort der Stille und der Entspannung. Sehr eindrucksvoll wirkt sich der spirituelle Aspekt der Ruhe und der Einkehr auch in der Möglichkeit aus, einige Zeit als Turmeremit:in zu verbringen. Der Dom ist ein Gebäude, das zum Zeitpunkt seiner Errichtung und Fertigstellung Aufbruchsstimmung erzeugt hat. Er war schon damals ein einzigartiges Bauwerk und wirkt immer noch faszinierend, für mich ebenso wie wohl für alle Linzer:innen. Mehr als 60 Jahre hat die Errichtung gedauert, mehr als ein Jahrzehnt nimmt die Sanierung in Anspruch. Und nicht nur, dass das Gebäude dadurch in neuem Glanz erstrahlen wird, es wird sogar ein Stückchen größer: Im Jubiläumsjahr 2024, rechtzeitig zu „100 Jahre Mariendom“ und „200 Jahre Anton Bruckner“, erhält das Linzer Wahrzeichen und der Tourismusmagnet einen neuen Zubau für ein Welcome-Center mit Domshop. Das diesbezügliche Konzept wurde vom Linzer Gestaltungsbeirat begrüßt und befürwortet. Die Besucher:innen erhalten also, schon bevor sie den Dom betreten, einen repräsentativen Rahmen, in dem sie sich über dieses schöne Bauwerk und das, was den Dom mit unserer Stadt verbindet, vorweg informieren können.

In diesem Sinne freue ich mich, in Form dieser Zeilen einen persönlichen Beitrag für den vorliegenden Band zum 100-Jahr-Jubiläum des Mariendoms leisten zu können. Für die Feiern zu diesem Jubiläum, ebenso für die nächsten Jahre, die noch folgen werden, wünsche ich alles Gute!

Der NEUE Dom wird 100 Jahre ALT

Günther Lainer

Als ich gefragt wurde, ob ich einen Text für den Band zum Jubiläum „100 Jahre Mariendom“ verfassen will, dachte ich gleich an den Widerspruch: Der NEUE Dom zu Linz wird 100 Jahre ALT! Worauf kann sich das „Neu“ beziehen? Wohl kaum auf die Bausubstanz und auf den Baustil, sondern eher darauf, dass es in Linz auch einen Alten Dom gibt, der übrigens in fünf Jahren 350 Jahre alt wird. Doch damals – 1862, als der Bau begann –, war er neu, sehr neu: Von der Bausubstanz und auch vom Baustil (Neugotisch) her. Dieser Beitrag soll nun meine „Beziehung“ zum Dom beschreiben.

Meine Zeit als Ministrant im Dom

Ich war elf Jahre lang Domministrant, und diese Zeit war sehr prägend: gleichzeitig intensiv und schön. Und liegt doch schon viele Jahre zurück. Damals war ich noch jung, klein und schlank. Es gab Monate (meistens in den Sommerferien), da ministrierte ich jeden Tag in der Frühmesse. Ich muss zugeben: Ein Grund war sicher auch, dass es pro Messe ein sogenanntes „Markerl“ gegeben hat. Für jeden Dienst haben wir zwei Schilling in Form eines „Markerls“ bekommen: Dieses haben wir in eine Tabelle auf einen Zettel in A4-Größe geklebt, und kurz vor Weihnachten wurde uns der gesamte Betrag ausbezahlt. Dieser kleine Nebenverdienst war eine große Motivation, Ministrant zu werden. Das bessere Einkommen war übrigens, wenn man in der Karwoche dem Mesner Franz Fuchshuber (eine Legende und ein ganz großer Kenner des Doms) geholfen hat.

Einmal habe ich mir von diesem Lohn ein gelbes Skateboard gekauft. Das klingt jetzt fast so, als ob Geld der einzige Antrieb zum Ministrieren gewesen wäre. Nein. Es waren auch die große Gemeinschaft und die gleichaltrigen Burschen (damals durften Mädchen noch nicht ministrieren). Mein Lieblingsplatz war die Sakristei und ganz speziell der geheizte Ofen. Dort versammelten wir uns, nachdem wir das Ministranten-Gewand angezogen hatten, und plauderten je nach Altersgruppe über unsere Themen. In den besten Zeiten waren wir insgesamt einhundert Domministranten. Man beachte: Wir waren keine normalen Ministranten, sondern immer Domministranten. Wenn ich es heute im Nachhinein betrachte, war das eine gewisse Präpotenz, aber für uns damals normal. Und mein bester Freund stammt aus dieser Zeit.

Günther Lainer, Kabarettist und Schauspieler

Veränderung

Seitdem hat sich optisch viel getan rund um den und im Dom. Wo heute das „Hotel am Domplatz“ neben einer großen betonierten Fläche steht, befand sich der Dompark mit seinem entzückenden Teich, einem großen Garten und ganz vielen Bäumen. Ich verfalle jetzt nicht in ein „Früher war alles besser“ Gejammere. Es war früher und anders. Es hat sich etwas verändert, und der Platz wird heute für großartige Konzerte, Märkte und Begegnungen genützt. Die drei Stangen, die sporadisch Wasser versprühen und einen Brunnen symbolisieren sollen, sind nicht nur ein Anziehungspunkt für Touristen, sondern meistens auch für Kinder.

Am ersten Ferienwochenende hatten wir dort, wo jetzt das Dom-Hotel steht, unser Probelager. Wir haben alle Zelte, die wir in das Ministrantenlager mitgenommen hatten, aufgestellt und ausprobiert. Ein Zeltlager neben dem gigantischen Dom und mitten in der Stadt: Das war spannend und als Kind auch sehr gruselig. Jetzt steht der Dom frei sichtbar in seiner unfassbaren Größe und Schönheit da.

Im Dom hat sich auch einiges entwickelt und getan. Ich habe noch Messen ministriert, welche der Pfarrer mit dem Rücken zum Volk zelebriert hat. Heute steht der Altar mitten in der Kirche, und rundherum versammelt sich die betende Gemeinde. Eine schöne Symbolik, und vor allem wurde der Wille des Zweiten Vatikanums umgesetzt.

Linz – Wien: Ein ganz besonderes Match

Ein Wiener Kollege hat mich einmal gefragt, ob es stimmt, dass der wuchtige neugotische Linzer Mariendom einen höheren Turm als der Südturm vom Stephansdom in Wien hat. Ich habe ihm das Geheimnis von Linz verraten. Alle Linzer und Linzerinnen erzählen das einander, weil sie es glauben wollen: Der Linzer Dom ist höher als der Stephansdom, wenn man das Kreuz dazurechnet. Aber hier muss ich ergänzen: Das wissen die WienerInnen nicht. Fix ist aber, dass der Linzer Dom flächenmäßig größer ist als der Stephansdom. Letztendlich geht es bei dieser Geschichte immer um den Komplex, den wir Linzer gegenüber den Wienern haben.

Folgende Erzählung hat mich als kleiner Bub immer fasziniert. Der Linzer Dom wurde von 1862 bis 1924 erbaut. Also in einem 62 Jahre langen Schaffensprozess. Unser Mesner Franz Fuchshuber hat die Bauzeit immer so erklärt: „Wenn ein Lehrbub bei dieser Baustelle angefangen hat, ist er bei dieser Baustelle in Pension gegangen und das Bauwerk war noch immer nicht fertig." Heute fasziniert mich, dass man mit den damaligen Mitteln so ein großes Gebäude mit einem so hohen Turm bauen konnte. Ich finde, das war schon eine andere Herausforderung als heute. Übrigens: Am 1. Mai 1862 fand im feierlichen Rahmen die Grundsteinlegung durch Bischof Rudigier statt. Am 1. Mai 1969, genau 107 Jahre später, fand meine feierliche Geburt durch meine Mutter statt.

Jugendzeit – Neuzeit

Meine Jugendzeit habe ich viel rund um den Dom verbracht. Ich war in einer Jugendgruppe der Dompfarre, und wir haben immer wieder ein Lied gesungen: *„Wenn du noch staunen kannst, dann bist du neu! Weil jeder Morgen Licht bringt, dann bist du neu! Deine Hände fühlen, deine Füße laufen. Neu bist du, wenn du weißt, dass du lebst! Neu bist du, wenn du singst, weil dein Herz schlägt! Neu bist du!"*

Das wäre doch ein Lied für den Dom. Vielleicht kann das Wort „Neu" auch für die Kirche eine besondere Bedeutung haben. So wie der Dom ständig renoviert wird, sollte sich auch die Kirche erneuern. Nehmen wir das Wort „Neu" genauer: Worauf kann sich das „Neu" noch beziehen? Wenn man in den Dom hinein geht oder sich auf die Kirche im positiven Sinn einlässt, macht man neue Erfahrungen, hat vielleicht neue Erkenntnisse. Das Wort „Neu" steckt auch im Wort „Neu-gierig". Lassen wir uns auf die „Gier nach Neuem", auf etwas Neues ein! Auch die Kirche sollte das versuchen. Es bricht eine neue Zeit an. Hineingehen zu den und in die neuen Themen.

Heute

Für mich ist der Dom aus heutiger Sicht eine wunderschöne Kirche! Oder sagen wir es in einer neuen Sprache: Ein faszinierendes Gebäude mit spirituellem Hintergrund, in dem man sich erholen, zur Ruhe kommen, staunen, singen, beten und im Sommer abkühlen kann.

Wer Günther Lainer in der großen Schar der Domministranten sucht: 3. Reihe, rechts

Der Domturm im Firmenlogo – KommR Leo Jindrak und der Mariendom

Christine Grüll

Die Tür in die Konditorei Jindrak zu öffnen, heißt einzutauchen in den Duft von Kuchen und Kaffee und in leises Stimmengewirr. Das Familienunternehmen mit dem Stammhaus in der Linzer Herrenstraße hat Tradition. Seine Geschichte ist eng verbunden mit dem Mariendom, und das hat nicht nur mit der Nachbarschaft zu tun.

„Wir haben den Dom schon immer in unserem Logo gehabt", sagt Leo Jindrak, Konditormeister und Leiter des Unternehmens in dritter Generation. Sein Großvater Leo Jindrak I. eröffnete die „Konditorei am Dom" im Jahr 1929, ein paar Jahre, nachdem die größte Kirche Österreichs feierlich geweiht worden war. Der Schattenriss des Doms im alten Logo hat sich zu einer stilisierten Turmspitze verändert. Aber er ist immer noch da. So wie die Konditorei. Leo Jindrak war 24, als er den Betrieb – gemeinsam mit seiner Mutter – nach dem Tod des Vaters früher übernehmen musste als geplant. ‚Jetzt gibt's den Jindrak nicht mehr lang', haben böse Zungen damals behauptet.

Mittlerweile bieten neun Filialen täglich frisch zubereitete Mehlspeisen an, von der Herrenstraße bis hinauf zum Pöstlingberg. Mit 24 Jahren hat Leo Jindrak auch seine Frau Christine geheiratet, natürlich im Dom mit dem damaligen Dompfarrer Johann Bergsmann. „Über tausend Leute sind gekommen", sagt Leo Jindrak. Einer der Ministranten damals war Günther Lainer. Der Kabarettist und Schauspieler ist sein gern gesehener Nachbar im Domviertel. „Ich hab' ihm die Geschichte nie geglaubt, aber auf dem Hochzeitsvideo ist er tatsächlich zu sehen!"

Leo Jindrak war selbst einmal Ministrant, sogar „Chefministrant" in der Karmelitenkirche an der Linzer Landstraße und auch im Dom bei einer Firmung mit Bischof Franz Zauner. Er denkt gern daran, dass der Bischof ihm dafür persönlich gedankt hat. „Das sind Erlebnisse, die vergisst man nicht." 1982 bekamen die Jindraks mit Bischof Maximilian Aichern einen neuen Nachbarn gegenüber im Bischofshof, der sich regelmäßig erkundigte, wie die Geschäfte liefen. Mit ihm und wichtigen familiären Ereignissen begann Leo Jindraks ganz persönlicher Bezug zum Dom: Das Begräbnis des viel zu früh verstorbenen Vaters Leo Jindrak II., die eigene Hochzeit und die Taufen der drei Kinder, aber auch die Auferstehungsfeiern und Weihnachtsmetten, bei denen mittlerweile Bischof Manfred Scheuer der Familie frohe Weihnachten wünscht. Der Gang zum Dom ist für Leo Jindrak etwas Selbstverständliches. „Wir sind Christen und wir stehen dazu."

Die Konditorei ist nicht das Einzige, wofür Leo Jindrak öffentlich in Erscheinung tritt. Er ist unter anderem Bundesinnungsmeister des Verbands der Konditoren, Vizepräsident der Wirtschaftskammer Oberösterreich und Mitglied im Beirat von Pro Mariendom. Die Initiative hat sich das Ziel gesetzt, die Bausubstanz der Bischofskirche zu erhalten. Leo Jindrak nimmt seine Aufgabe ernst. Er hat mit seinem Team den Domspitz und die Dompraline kreiert, schokoladige Köstlichkeiten mit Mandelnougat, Creme und Krokant, deren Reinerlös an Pro Mariendom geht. Leo Jindrak organisierte den ersten Tortenball in Linz – „wahnsinnig viel Arbeit" – mit Bonbons, die wie Zeppeline von der Decke hingen, und einer eigens angefertigten Waage, um die Ballkönigin mit Linzer Torten aufzuwiegen. Den Reinerlös erhielt der Dom.

Bei der Konzertreihe „Klassik am Dom" schneiden die Stars nach ihrem Auftritt eine Linzer Torte an, und beim Advent am Dom wurden Glögg, eine Art Glühwein, und Orangenpunsch aus dem Hause Jindrak ausgeschenkt. Der Reinerlös ging wiederum an den Dom. Ein wenig Herzblut war auch dabei. Denn der Adventmarkt steht in der Nachfolge eines kleinen Marktes, den Leo Jindrak 30 Jahre lang im Innenhof des Bischofshofs organisiert hat.

Spezialgeschäft für Teegebäck, Konditorei – Kaffee beim neuen Dom
Leo Jindrak
LINZ
Herrenstrasse 22.

Christine und Leo Jindrak: Die Hochzeit fand natürlich im benachbarten Dom statt.

Kirche für die nächste Generation

Eine Kirche für die nächste Generation zu erhalten – ist das eine ähnliche Aufgabe wie bei einem Familienbetrieb? „Unser Betrieb läuft sehr gut", sagt Leo Jindrak. Er ist dankbar, dass eines seiner Kinder übernehmen will: Sohn Leo IV. ist Konditormeister, hat ein Studium beendet und bereitet sich langsam auf die Nachfolge vor. Wie schwierig das sein kann, zeigen die wenigen Familienbetriebe in der Lebensmittelbranche. Die zähe Suche nach geeigneten Mitarbeiterinnen und Mitarbeitern spielt dabei eine Rolle – „aber das kennt die Kirche ja auch", so Leo Jindrak. Drei Faktoren hält er für wesentlich, um ein Unternehmen gut in die Zukunft zu führen: Qualität im Service, beim Personal und beim Ambiente.

Die Atmosphäre im Dom erlebt Leo Jindrak jedenfalls als stimmig, mit dem Kirchenschiff, das immer wieder überraschend groß erscheint, oder dem Hochaltar. Wichtig wäre, den Dom noch stärker bekannt zu machen, ist Leo Jindrak überzeugt. Die Domführungen und die Veranstaltungen seien schon ein guter Anfang. „Aber er müsste noch mehr geöffnet werden, damit kein Tourist an ihm vorbeikommt."

Zu seinem 60. Geburtstag hat Leo Jindrak eine Führung im Dom geschenkt bekommen. Dompfarrer Maximilian Strasser will ihm Plätze zeigen, die er noch nie gesehen hat. „Ich bin stolz auf den Dom und das zunehmend, seit ich in die Restaurierungen involviert bin." Bei den Glasfenstern vermisse er die Abbildung der Linzer Torte, sagt er mit einem Augenzwinkern. „Aber ich bin vorsichtig, denn dann heißt es sicher, ich könnte ja ein Fenster zahlen."

Apropos Linzer Torte: Wäre es nach Leo Jindrak gegangen, befände sich ein Stück von ihr in einer der Zeitkapseln, die 2021 in die Turmkreuzkugel eingefügt wurden. Doch Torte und Turmspitz waren einander schon recht nahe: Auf einem Foto in luftiger Höhe hält Jindrak eine Tortenschachtel in die Kamera. Er steigt gerne auf den Turm, hinauf bis zum oberen Kranz. „Hier hat man den Überblick und sieht so vieles, was man nicht kennt." Der Blick in die Zukunft ist weniger klar, einfacher werde sie nicht. „Aber sicher ist, dass der Dom in unserem Logo bleibt."

Apothekerin Gunda Gittler – Arbeitsplatz mit Blick auf den Mariendom

Brigitta Hasch

„Ich arbeite nicht nur hier gegenüber dem Dom. Es ist auch meine Kirche, wenn ich sonntags den Gottesdienst besuche", sagt Gunda Gittler. Und ihre besondere Beziehung zum Linzer Mariendom hat noch weit mehr Facetten, wie sie zu erzählen weiß.

Seit mehr als 22 Jahren leitet die Pharmazeutin Mag. Gunda Gittler die Apotheke des Krankenhauses der Barmherzigen Brüder in Linz. Geboren in Krems, absolvierte sie ihr Studium und ihre ersten Berufserfahrungen in Wien. Dann wurde Ehemann Philipp an die Linzer Johannes Kepler Universität berufen, und auch Gunda Gittler übernahm kurze Zeit später ihren neuen Job. Direkt gegenüber dem Mariendom.

Von Dom zu Dom

„Interessanterweise war auch mein Arbeitsplatz in Wien am Stephansplatz nahe dem Dom. Doch im Gegensatz zum Linzer Dom, fühlte ich mich dort nicht so richtig heimisch", erzählt Gittler. Ganz anders war das in ihrer neuen Heimat. Wohnhaft auf dem Freinberg zog es sie von Beginn an zu den Gottesdiensten in den Mariendom. Anfangs noch ohne Kinder, später waren es gerade der Sohn und die Tochter, welche das Band zum Dom weiter verstärkten. „Wir haben sie von klein auf nicht nur zu den Gottesdiensten mitgenommen. Wir haben ihnen zum Beispiel auch den Dom als Bauwerk gezeigt." Besonders gerne und regelmäßig kam die Familie in der Adventszeit zur beliebten Krippenausstellung. Anders, aber doch noch immer birgt diese für die beiden Jugendlichen einen besonderen Reiz.

Nicht verwunderlich also, dass es Gunda Gittlers Kinder nach der Erstkommunion direkt zur Jungschar in der Dompfarre zog. In bester Erinnerung bleiben da nicht nur die Heimstunden, sondern auch einige sonntägliche Pfarrkaffees, die Dompfarrer Maximilian Strasser gerne zu einem Fußballspiel mit den jungen Leuten nutzte. „Unseren Kindern hat das immer sehr gefallen." Dementsprechend wurden auch beide im Dom gefirmt.

Domglocken beenden den Nachtdienst

Aus dem Dienstzimmer der Apotheke kann man den Turm des Doms erspähen. Kein Wunder also, dass hier auch die Glocken gut zu hören sind. „Das stört mich gar nicht", lacht Gunda Gittler, „im Gegenteil. Wer bei uns Nachtdienst hat, wird um 7 Uhr früh nicht von einem herkömmlichen Wecker, sondern von den Glocken des Doms aus dem Schlaf geweckt." Zudem haben Glocken für sie eine außergewöhnliche Symbolkraft. „Die Leute leben mit dem Glockengeläut, und das gehört einfach dazu."

Apropos Glocken: Da erinnert sich Gunda Gittler an eine heitere Episode. Als das Hotel am Domplatz eröffnet wurde, hatten dort anscheinend einige Gäste Probleme mit dem Einschlafen. Sie hatten wohl nicht daran gedacht, dass man hier den Dom nicht nur bestaunen, sondern auch hören kann. In Ihrer Apotheke konnte man diesen „Notfällen" schnell und kreativ helfen. „Wir haben Bachblüten-Notfalldragees extra verpackt, und das Päckchen wurde den Gästen als Betthupferl auf die Pölster gelegt." Allem Anschein nach hat das geholfen.

Wird es der Pharmazeutin in der Apotheke einmal zu hektisch, nimmt sich Gunda Gittler gerne eine Auszeit, in der sie sich in den Dom setzt und darin die Ruhe und die Weite genießt. „Für mich ist es beschaulich, obwohl alles so riesig ist. Ich fühle mich dort nicht beengt, kann durchatmen. Das gibt mir wieder Kraft und Energie." Auf die Neugestaltung des Altarraumes hat sie einen eher kritischen

Gunda Gittler, Leiterin der Apotheke des Krankenhauses der Barmherzigen Brüder, empfiehlt einen Dombesuch: Dieser ist rezeptfrei und wohltuend.

Blick, „vielleicht bin ich da etwas altmodisch, aber früher war alles in eine Richtung ausgerichtet, das hatte ich irgendwie lieber". Ihrer Beziehung zum Dom tat die Neugestaltung allerdings keinen Abbruch. Im Gegenteil. Die sportliche Pharmazeutin kletterte im Rahmen einer Begehung bis zur Turmspitze und ins Dachgebälk und genoss einzigartige Blicke über Linz und in den Kirchenraum.

Konzerte als Highlights

So oft es möglich ist, besuchen Gunda Gittler und ihre Familie Konzerte im und vor dem Dom. Dabei haben es ihr konzertant aufgeführte Messen besonders angetan. „Ich liebe diese Musik, den Klang der Orgeln und die Akustik im Dom. Es ist ein Genuss der besonderen Art." Eine völlig andere Stimmung vermitteln die Konzerte auf dem Domplatz. „Wenn dazu noch eine Lichtshow geboten wird, sieht man auch diese Verbindung von Dom und Musik. Diese Kulisse ist absolut einzigartig und sehr eindrucksvoll." Und auch hier kommt ihr die Nähe ihrer Arbeitsstätte zugute: Von der Terrasse über der Apotheke kann man nämlich in gemütlicher Atmosphäre das Geschehen auf der Bühne direkt mitverfolgen. „Einmal wurden wir dabei sogar begrüßt. Bobby McFerrin hat uns entdeckt und herübergerufen: Hi, free viewers up there!"

Wer so nahe an den Musikboxen arbeitet, ist aber auch schon beim Soundcheck unabsichtlich mitten im Geschehen. „Wenn Martin Grubinger und seine Schlagzeuger am Nachmittag proben, wackeln bei uns in der Apotheke die Gläser", lacht die Chefin.

Auch den beschaulichen Adventmarkt besucht Gunda Gittler gerne. „Die Standln am Domplatz heben sich schon positiv ab von dem, was man sonst oft auf Adventmärkten findet. Hier gibt es kunsthistorisch gutes, traditionelles Handwerk." Und sie hofft, dass dies auch so bleibt und keine Langos-Buden auf dem Domplatz Einzug halten.

Auch wenn ihr der Teich und das Grün des Parks aus früheren Jahren manchmal abgehen, sieht sie die Veränderungen zugunsten von Konzerten und Märkten positiv. „Aber ein bissl mehr Grün würde schon gehen. Allein schon wegen des Klimas!", wünscht sie sich.

Gratulation an den Mariendom

Ute Sailer

Jubiläumsfeiern laufen meist nach einem gewissen Schema ab: Jubilar:in vorstellen, Rückblick auf Leben und Taten, danken, gratulieren und beschenken. – Ein Bauwerk in gleicher Weise zu würdigen, mutet vielleicht etwas seltsam an. Aber einen Versuch ist es wert: Herzlichen Glückwunsch, mein Mariendom!

Der Linzer Mariendom ist mehr als nur Gotteshaus und Sehenswürdigkeit. Der längst geöffnete Vorplatz erlaubt es der Kirche, sich von ihrer besten Seite zu präsentieren, beinahe rundumerneuert, herausgeputzt für das Jubeljahr. Die Kathedrale, ob nun Mariendom, Maria Empfängnis-Dom oder Neuer Dom genannt, ist wohl nicht nur mir im Rahmen von Stadtführungen zur steten Wegbegleiterin geworden.

Man ist versucht, mit Superlativen Besonderheiten hervorzuheben: Ja, größter Kirchenbau Österreichs. Nein, nicht den Stephansdom überragend, das ist nun amtlich. Zahlenspiele und sich messen müssen, das macht den Dom auch nicht aus.

Mit einer Bescheidenheit ruht der gewaltige Kirchenbau nicht etwa an prominenter Stelle, sondern in dicht verbautem Wohngebiet in guter Gesellschaft mit Bischofshof und Ordenskrankenhäusern. Der Dom drängt sich nicht auf, ganz im Gegenteil, fast brav und geordnet ist sein äußeres Erscheinungsbild.

Es gibt freilich vergleichbare Kathedralen, kann ich den Gesichtern der Besucher:innen entnehmen. *Und das Alter? So jung noch?*

Das 19. Jahrhundert bot eine Palette an Baustilen der Nachahmung – Neugotik, Neorenaissance, Neoklassizismus ... Der Bischof übte Zurückhaltung und entschied sich für ersteren Stil, man war ja zudem auf Spenden der Bevölkerung angewiesen – Verzicht auf Schnörkel und Ablenkung. Erst beim Betreten durch die Hauptpforte im rückwärtigen Teil – so wünscht es der Dompfarrer, zu Recht – zeigt der Dom seine wahre, innere Größe.

Die Gruppe hinter mir staunt, die Erwartungen sind übertroffen. Und automatisch macht sich eine bedächtige Ruhe breit, Ehrfurcht. Wahrlich ein Ruhepol. Lärm und Hektik müssen draußen bleiben. Es verwundert nicht, dass Menschen, egal welchen oder gar keines Glaubens, sich im Dom einfinden und Platz nehmen, innehalten, nachdenken oder ihre Gedanken ausblenden, betrachten, beten, bitten, trauern ... Es ist ein offenes Haus geworden, ein *domus dei* für alle; wir sind willkommen, danke!

Der Dom erklärt sich selbst

Durch Fenster kann man gewöhnlich durchblicken, die Gemäldefenster des Mariendoms geben Einblicke. Aus ihnen entstand ein Bilderbuch, das sich wunderbar liest. Die Kinder würden sagen: wie ein Comic. Dombaugeschichte, Marienkirchen und Klöster, Pilgerfahrten, Szenen aus den Leben Jesu und Mariens ... und all jene, die durch ihre Spenden erst dieses Gesamtkunstwerk ermöglich haben, sind Teil der gemalten Komposition.

Ein Direktor zeigt mir stolz das Konterfei seines Urgroßvaters, einer Schulklasse bin ich behilflich, das Fenster ihrer Innviertler Gemeinde zu finden. Der bayrische Pfarrgemeinderat fühlt sich sogleich mit Linz verbunden, als von „ihrer“ Sisi am Kaiserfenster die Rede ist. Die Liste der Überraschungen beim Betrachten des Bilderreigens ist lang.

Einen Bezug zwischen Linz und der eigenen Heimat herzustellen, ist im Mariendom vielfach möglich und gelegentlich auch Grund für einen Besuch: So war die jüngst restaurierte „Osterrieder-Krippe“, in der Krypta dauerhaft aufgestellt, für eine Gruppe aus dem bayrischen Abensberg Anlass für ihren Ausflug in die oberösterreichische Landeshauptstadt.

Als Mitglied der austriaguides führt Ute Sailer auch durch den Mariendom.

Mit Kinderaugen gesehen

Den Dom mit Kindern zu erkunden, ist immer spannend – für beide Seiten. Kinder lassen sich gerne auf Rate- und Suchspiele ein. Aber was begeistert sie heute noch? Es ist gar nicht einfach, hier mit den medialen Alleskönnern und Dauerberieslern mitzuhalten. Ich betrete mit der Schulklasse den Dom, unterhalb der Orgelempore höre ich schon Erstaunen. Wir sammeln uns und drehen uns zur Rudigier-Orgel. Ja, und wieder wird gestaunt und es darf geraten werden. Die Größe verblüfft und erst die Anzahl der Orgelpfeifen. Das Kind, das der Zahl 5890 am nächsten gekommen ist, freut sich riesig. Dann die obligatorische Frage der Kinder (jedes Mal!), wie denn der Organist zu seiner Orgel hochkommt. Die Tür zur Turmstiege und damit zur Orgelempore hat kaum jemand bemerkt.

Beim Betrachten des „Linzer Fensters" verlieren wir manchmal uns und nicht selten auch Zeit. Sind sie doch alle darauf zu entdecken: Anton Bruckner, Johannes Kepler, Friedrich III. und Maximilian I., der Alte und der Neue Dom, der Pöstlingberg und so weiter. Eigentlich, denke ich manchmal, könnten wir hier gemütlich sitzen bleiben und die Stadtführung mit diesem „Linz-Prospekt" fortsetzen.

Wir „besuchen" den Gründer des Doms, Bischof Rudigier (das leere Grabmal) – und auch hier gibt es wieder viele Fragen der Kinder, herrlich. Auch wenn die Zeit schon knapp ist, machen wir uns noch schnell auf die Suche nach Spinne, Schildkröte, Ratte … Im Dom? Noch nie gesehen? Dann fragen Sie einen der Steinmetze, deren Arbeitsstätte sich gleich neben dem Dom befindet.

„Stein gewordener Glaube"

Dass der Dom heute so dasteht, ist dem ständigen Bemühen um Instandhaltung durch die seit der Grundsteinlegung im Jahr 1862 bis heute bestehende Dombauhütte zu verdanken. Der Dom ist quasi eine Dauerbaustelle. Ist man an einem Ende fertig, fängt man am anderen Ende wieder zu renovieren an – das weiß auch so mancher Häuslbauer. Dombaumeister und Steinmetze leisteten zuletzt wieder ganze Arbeit in schwindelerregender Höhe: 633 Stufen führen nun vorbei an Glocken und Eremitenstube über die „Himmelsstiege" den Turm hinauf und lassen uns den Dom auch in seiner Vertikalen erleben.

Kultur in der Kirche

Das Kulturhauptstadtjahr 2009 war eine einmalige Gelegenheit für Linz und alle, welche die Kulturhauptstadt aktiv und nachhaltig bereichern wollten. Ein bedeutsamer Schritt auch für den Mariendom: eine Öffnung der Kirche nicht nur im Rahmen von Gottesdiensten und Stadtführungen, sondern für mehr Kunst, Kultur und besondere Projekte.

Ab sofort waren nicht nur Tauben und Falken die einzigen Turmbewohner. Als Horst für Ruhe-Suchende oder Sich-Selbst-Suchende wurde die Türmerstube zur Eremitage. Bis heute. Ein Zimmer mit 360° Blick über die Stadt, direkt im Zentrum, wo nur der stete Glockenschlag einen Rhythmus vorgibt, vielleicht sogar meditativ. „Herunterkommen" kann man da oben und herunterblicken auf das geschäftige Treiben der Innenstadt. Keine Anrufe, keine Nachrichten, kein Streaming ... Nehmen wir uns ein Beispiel an den Turmeremit:innen, die den Schritt zur Seite wagen. Man ist nur 395 Stufen davon entfernt.

Der Dom als Bühne

Wir haben uns schon lange daran gewöhnt, dass Konzerte und Ausstellungen an unüblichen Orten stattfinden. – So wird das Kirchenschiff immer wieder zum temporären Museum – unter anderem für die Dokumentation von Zeitgeschichte – und erfüllt auch mit der Jägerstätter-Stele einen wichtigen Bildungsauftrag. In einer interaktiven Ausstellung durften jüngst unsere Gesellschaft und die Kirche als Institution kritisch beäugt werden, als „Frauenbilder" im Dom sichtbar gemacht wurden. Auch auf diese Weise wird der Mariendom erlebbar!

Musik ist ...

Musik ist eine internationale Sprache. Musik ist Ausdruck von Gefühlen. Musik kann Botschaft sein. Musik lädt ein zum Mitfeiern, Mitsingen, Mitschwingen. Musik kennt keine politischen Grenzen. Musik begeistert Jung und Alt.

Von der Glockenstube bis zur Krypta, von der Orgelempore im Norden bis zur Votivkapelle im Süden (die Kirche ist nicht geostet!), in und vor dem Dom – Musik ist überall sicht- und hörbar, nicht nur im Rahmen von Gottesdiensten und kirchlichen Feiern. „Klassik am Dom" ist längst zu einer Marke geworden. Jedes Jahr machen so unzählige Konzertbesucher:innen auch mit dem Mariendom Bekanntschaft.

Als im Kulturhauptstadtjahr 2009 das „Te Deum der Tausend" aufgeführt wurde, war dies ein Symbol gelebter Gemeinschaft. Verschiedene Chöre sangen erstmals miteinander, Chor- und Rudigier-Orgel erklangen gemeinsam, und tausende Besucher:innen lauschten begeistert der einzigartigen Aufführung.

Anton Bruckner hätte seine Freude gehabt, hatte er doch 1862 mit seiner Festkantate den Grundstein für die Musik im Mariendom gelegt. Und so feiern wir heute beide, die untrennbar miteinander verbunden sind, und ihre Jubiläen: des Komponisten 200. Geburtstag und 100 Jahre Domweihe.

Besondere Momente erlebe ich bei einem Rundgang durch die Kathedrale, wenn ich von meiner Gruppe mit einer musikalischen Darbietung beschenkt werde. Unvergesslich: eine künftige Braut und ihre Freundinnen, die zu jeder Station meiner Stadtführung ein Lied vorbereitet hatten. Hier: Bruckners „*Locus iste*", wie schön! Anton Bruckner komponierte die Motette für gemischten Chor 1869 anlässlich der Einweihungsfeier der Votivkapelle.

Vor dem Rudigierportal des Mariendoms versammelt sich ein Gruppe zur Führung: Die Führungen durch den Dom stoßen auf großes Interesse.

Öffnung. Veränderung. Entwicklung.

Das Herzstück, der Altar, ist nun ins Zentrum gerückt. In der Vierung, dem Kreuzungspunkt von Langhaus und Querhaus, verortet. Von der feiernden Kirchengemeinde umgeben. Passant:innen, die ihren Weg nicht um, sondern durch die Kirche wählen, müssen nun innehalten, den sakralen Raum als solchen würdigen, bewusst wahrnehmen. Und? Ist das nicht ein besonderer Ort?

Der Mariendom hat sich verändert. Man ist mit der Zeit gegangen. Und die Reise geht weiter. Lassen wir uns überraschen.

Soweit meine Laudatio. Zum Abschluss mein Glückwunsch: Gratulation, Mariendom, Ort des Glaubens und Feierns, Begegnungszone, Ruhepol, Einsiedelei, Bühne, Erlebnisraum und Denkmal – „Hier ist gut sein". Der Künstler Karl Martin Hartmann aus Wiesbaden konzipierte unter diesem Motto 1995 die neuen Fenster im Kapellenkranz. Man kann ihm nur zustimmen: „Hier ist gut sein".

Klassik am Dom: Weltstars zu Gast in Linz

Elisabeth Leitner

Wenn man von der Mozartkreuzung aus Richtung Mariendom blickt und die Rudigierstraße entlangspaziert, ist man gleich da: auf dem Domplatz, vor der größten Kirche Österreichs, mitten in Linz – einem Platz, auf dem nun alljährlich mehrere Konzertabende mit jeweils mehr als 3.000 Besucherinnen und Besuchern angeboten werden. Im Lauf der Jahre hat das sommerliche Open-Air-Festival mit klassischem Schwerpunkt seine künstlerische Bandbreite erweitert und das Repertoire auch für Jazz, Soul, Chanson, Theater und Crossover geöffnet.

Seit der Premiere von „Klassik am Dom" im Jahr 2011 sind an die 95.000 Besucher:innen zu mehr als 30 Veranstaltungen auf den Linzer Domplatz geströmt – und all das gibt es nur, weil sich Simon Ertl, damals als Musiker an der Wiener Volksoper engagiert, gedacht hat, dies wäre ein passender Ort für Konzerte. Er erinnert sich: „Die Idee für Klassik am Dom ist 2010 entstanden – damals hatte ich eine fixe Anstellung an der Volksoper Wien und durfte im Sommer als Musiker ein Konzert mit Elīna Garanča spielen. Bei einem Spaziergang über den Domplatz kurz vor Weihnachten kam mir die Idee, dieses Konzerterlebnis nach Linz zu holen und einfach selbst zu veranstalten – direkt auf dem Domplatz. Das außergewöhnliche Ambiente hatte mich schon immer gereizt. Das war der Auftakt für Klassik am Dom!"

Ertl gelang es, seine Idee „Weltstars zu Gast in Linz" in die Tat umzusetzen. Partner vor Ort unterstützten ihn dabei. Einfach war es anfangs nicht, erzählt der Musiker, der sich mittlerweile als Kulturmanager und Veranstalter verdient gemacht und auch das „Woodstock der Blasmusik" initiiert und umgesetzt hat. Ertl berichtet: „Zu Beginn war die Suche nach international renommierten Künstler:innen etwas schwieriger – es fehlten 2011 noch jegliche Referenzen. Im Mittelpunkt stand immer die Qualität der Musik, und so haben wir es mit der Zeit geschafft, eine gute Mischung aus Superstars und ‚Klassikern' der Musikwelt auf dem Domplatz präsentieren zu können." Die Künstler-Agenturen wollen wissen, mit wem sie es zu tun haben. Einen Namen muss man sich hart erarbeiten – dies ist Schritt für Schritt gelungen. Heute hat sich „Klassik am Dom" etabliert – keine leichte Aufgabe, sich zwischen Salzburg und Wien gut zu positionieren.

Das Konzert mit Elīna Garanča war der Auftakt – sie kam übrigens bereits drei Mal nach Linz, viele internationale Stars wie José Carreras, Jonas Kaufmann, Paolo Conte, Tom Jones, Diana Krall, David Garrett, Katie Melua folgten. Mit Live-Übertragungen im ORF konnten auch mehrere hunderttausende Menschen vor den Bildschirmen erreicht werden. Durch die Einbindung prominenter Gäste, wie Bundespräsident Alexander van der Bellen, Top-Journalist Armin Wolf, Moderator und Entertainer Dirk Stermann oder Dirigent Franz Welser-Möst konnten damit bislang über 1,2 Millionen Zuseher erreicht werden.

Musik ohne Grenzen

2021 wurde ein Konzertabend von David Garrett aus dem Mariendom live im ORF übertragen. Garrett sagt dazu im Gespräch mit der Kirchenzeitung: „Es war ein sehr schöner und emotionaler Moment, im Linzer Dom zu spielen und hier Musik machen zu dürfen. Zudem bietet der Linzer Dom eine unglaublich tolle Kulisse. Abgesehen davon mag ich die Stadt Linz sehr gerne. Es war auch eines der wenigen Konzerte, die wir corona-bedingt überhaupt spielen konnten, und das auch mit einem etwas größeren Publikum. Deshalb war das für mich auch sehr emotional, dort zu spielen und das Konzert gleichzeitig für den ORF aufzuzeichnen. Dementsprechend freue ich mich natürlich schon jetzt sehr darauf, nächstes Jahr im Juli nicht im Dom, sondern vor dem Dom aufzutreten." Musik scheint

Open Air vor dem Mariendom: Der Domplatz wird zum Konzertsaal.

mühelos Grenzen zu überwinden. Auf die Frage, ob Musik hier auch für die Gesellschaft einen Beitrag leisten könnte, meinte Garrett damals: „Musik – und das ist das Schöne und deswegen bin ich gerne Musiker – hat nie gesellschaftliche Grenzen gehabt und wird nie Grenzen haben. Wer im Publikum sitzt, kommt nicht, weil er politisch motiviert ist, sondern weil er Spaß hat an dem, was ich tue, und weil er Freude an der Musik hat. Kunst und Kultur sind dafür da, alle Menschen zu vereinen und sie wieder zusammen zu bringen – und das ist auch unsere Aufgabe. Und genau deshalb vermisse ich Kulturveranstaltungen und Konzerte, weil sie die Gesellschaft zusammenbringen. Wenn die Türen für Konzerte wieder offen sind, dann wird die Gesellschaft, auch wenn hier und da eine Spaltung passiert ist, wieder zusammengeführt.“ (KIZ Nr. 51/52/2021)

Die Corona-Pandemie war für die Musik- und Kulturbranche eine harte Bewährungsprobe. Auftrittsmöglichkeiten waren kaum gegeben, beziehungsweise sehr begrenzt. Klassik am Dom reagierte prompt. Ertl organisierte 2021 eine eigene Konzertschiene mit Musik- und Kabarettabenden. Sie nannte sich „Bühne am Dom. Kleinkunst ganz gross“ und bot an 31 Abenden vor allem Musikschaffenden aus Österreich Auftrittsmöglichkeiten in den Sommermonaten.

Ein Blick zurück vor Corona: Martin Grubinger ist Weltstar und begeisterter Europäer. Auch er war einer der Stars, die auf dem Domplatz und im TV zu Gast waren und für Interviews zur Verfügung standen. Grubinger, der als Musiker immer an die Grenzen geht und sich mit größtmöglicher Perfektion auf die Konzerte mit seinem „percussive planet ensemble“ vorbereitet, nahm sich 2019 – noch vor der Pandemie – in Interviews kein Blatt vor den Mund und kritisierte soziale Missstände in Österreich oder Parteien, die Menschlichkeit und Würde in ihrem politischen Agieren vermissen ließen. Mit Blick auf die Europawahlen sagte Grubinger im Gespräch mit der Kirchenzeitung damals: „Was Europa betrifft, bin ich Enthusiast. Wenn wir wollen, dass es so bleibt wie es ist: Die wunderbare Landschaft, das Lebensgefühl, die Kultur, die Lebensqualität, fast keine Grenzkontrollen, die ganze Bandbreite dessen, was diesen Kontinent ausmacht, wenn wir das wollen, dann brauchen wir mehr Europa. Mein Traum sind die Vereinigten Staaten von Europa. Weil ich glaube, dass die großen Fragen der Zukunft, Umwelt, künstliche Intelligenz, Digitalisierung, Sozialstaat in einem großen Europa geklärt werden können. Wieso kommen die Leute aus Asien nach Europa? In Europa gibt es das alles, was es für ein gutes Leben braucht.“ (Linzer Kirchenzeitung Nr. 10/2019)

David Garrett zieht mit seiner Geige in Bann.

Kein Gegensatz: Sozialer Einsatz und Kunst

Ein wacher Blick auf die Gesellschaft, soziales Engagement und Einsatz für Kunst – sind kein Widerspruch in der Diözese Linz. Das sieht auch seit Jahrzehnten die Kirchenzeitung so. Die Wochenzeitung der Kirche in Oberösterreich, die seit über 75 Jahren existiert, ist seit 2014 Kooperationspartnerin von „Klassik am Dom" und berichtet daher auch regelmäßig über diese Konzertreihe, die Künstlerinnen und Künstlern aus aller Welt eine Bühne bietet und Menschen aus nah und fern im Publikum vereint. Künstler wie Konstantin Wecker sprechen ein Publikum an, das sich seit Jahrzehnten humanistischen Werten verpflichtet weiß. Auch Wecker ließ in einem Interview für „Klassik am Dom" aufhorchen und fand kritische Worte: „Mit dem Materialismus alleine werden wir es nicht schaffen. Eine Welt ohne Spiritualität und Poesie erstickt in gnadenlosem Funktionalismus", sprach sich der Künstler für mehr Mitgefühl und mehr Zärtlichkeit in Politik und Gesellschaft aus. „Wir müssen lernen, uns als Gemeinwesen zu entdecken, also nicht gemeine Wesen, sondern als Wesen einer Gemeinschaft. Wir sind von keinem Wesen auf dieser Welt getrennt. Wir sind alle eins! – Und kein Mensch ist besser als der andere – und kein Geschlecht und keine Nation." (KiZ Nr. 22/2019) Mit seinen Liedern gelang Wecker ein berührender Konzertabend, bei dem er das Linzer Publikum mit den Worten „Das hier ist ein unglaublicher Platz, ein magischer Auftrittsort" begrüßte.

Befragt, was das Besondere dieses Platzes ausmacht, meint auch Veranstalter Simon Ertl: „Der Domplatz, direkt vor der größten Kirche Österreichs, mit einer wunderschönen Fassade und dem geschützten Ambiente rundherum hat wirklich etwas Besonderes. Wir versuchen daher regelmäßig mit Lichtinstallationen genau diese Vorteile auch optisch in den Vordergrund zu rücken, und so entstehen einzigartige Bilder und Momente."

Fazit: Linz ist für viele, die bislang nur auf der Durchreise waren, eine Überraschung. Eine barocke Altstadt, viel Grün, moderne Museen, ein Brucknerhaus an der Donau, ein Musiktheater im Volksgarten und ein Domplatz, der sich gut für Freiluft-Konzerte eignet. „Die Künstler:innen fühlen sich sehr wohl hier, und auch die Akustik eignet sich hervorragend für Konzerte dieser Art. Aber so sehr man die Besonderheiten beschreibt: man muss es einfach selbst erlebt haben!", meint Ertl. Er findet, dass jedes Konzert ein Highlight ist: „Aber sehr berührt haben mich unter anderem die Konzertabende mit Bobby McFerrin oder auch Gregory Porter. In Erinnerung werden mir jedoch immer die Konzerte mit Elina Garanča 2011 und 2012 bleiben, bei denen ich selber noch als Musiker auf der Bühne sitzen durfte."

Superstars auf der Bühne, Backstage völlig bodenständig – auch diese Erfahrung hat Simon Ertl gemacht. Klassik am Dom bietet Raum für Begegnungen – vor, auf und hinter der Bühne. Ertl dazu: „Es gab hier zahlreiche Gespräche und persönliche Begegnungen, an die man sich gerne zurückerinnert. Auch der Austausch mit kirchlichen Vertretern nach den Konzerten ist immer sehr wohltuend und gibt uns Bestätigung für das Durchführen der Konzertreihe Klassik am Dom." Die Konzertreihe bringt nicht nur Künstler:innen und Konzertbesucher:innen zusammen. Immer wieder kommen auch Gäste aus Kirche und Politik, die sich in Linz ein Stelldichein geben und miteinander ins Gespräch kommen. Peter Schipka, Generalsekretär der Österreichischen Bischofskonferenz, ist einer von ihnen. Befragt, ob der Mariendom hier zweckentfremdet werde, sagte er: „Ganz im Gegenteil. Die Kooperation von Kirche und moderner Musik hat gut funktioniert. Wir als Kirche stehen mitten in der Welt – wie auch der Dom mitten in Linz steht." (KiZ Nr. 29/2019)

Elīna Garanča zu Gast bei „Klassik am Dom".

Der österreichische Schlagzeuger und Multi-Perkussionist Martin Grubinger ist ein Weltstar.

Wiederkommen als Kompliment

Aufgrund der pandemiebedingten Pause feierte „Klassik am Dom" mit etwas Verspätung im Jahr 2022 sein Zehn-Jahr-Jubiläum mit beeindruckenden und berührenden Konzertabenden von Elīna Garanča, Philipp Hochmair, James Blunt, David Garrett und Gregory Porter. Garanča freute sich, erneut nach Linz eingeladen zu werden: „Es ist immer ein Kompliment für einen Künstler, zum selben Veranstaltungsort zurückkehren zu dürfen, und ich bin sehr stolz, dass ich die Gelegenheit habe, zum dritten Mal bei Klassik am Dom aufzutreten. Heute ist es mir schon bewusst, dass der Mariendom die größte Kirche Österreich ist, jedoch ist es etwas anderes, das mir jedes Mal den Atem raubt. Was mich in Linz immer wieder überrascht, ist die unbeschreibliche magische Energie dieses Ortes. Wir Künstler spüren es, und diese gewisse Atmosphäre hilft uns, unvergessliche Momente durch die Musik zu kreieren. Klassik am Dom feiert sein zehntes Jubiläum. In der heutigen schnelllebigen Gesellschaft braucht man Flexibilität, Widerstand und immer wieder neue Ideen, um ein zehnjähriges Jubiläum zu feiern. Ich bin der festen Überzeugung, dass es bei ‚Klassik am Dom' die Menschen hinter, vor und auf der Bühne sind, die dieses Festival unvergesslich machen." (KiZ, Nr. 22/2022)

Im Jahr 2023 kamen Künstler:innen wie Placido Domingo, Austropop-Legenden Wolfgang Ambros und Gert Steinbäcker, Norah Jones und Italo-Barde Eros Ramazotti, und für Kinder gab es erstmals „Klassik am Dom for kids": Der Zauberlehrling traf Harry Potter – und das auf dem Linzer Domplatz!

Seit 2018 ist die Veranstaltungsreihe „Klassik am Dom" vom Bundesministerium für Nachhaltigkeit und Tourismus zudem als GREEN EVENT zertifiziert. Themen wie Nachhaltigkeit, Ressourcenschonung und Umweltschutz werden immer wichtiger. Dabei wird in allen Bereichen nach Langzeit- und Mehrweglösungen gesucht. – Die Bewahrung der Schöpfung ist auch der Diözese ein großes Anliegen. Musik, Kultur, Natur zu gestalten, zu erhalten und zu fördern: Klassik am Dom erfüllt hier auf verschiedenen Ebenen wichtige Anliegen der Kirche in Oberösterreich. Und mit Sicherheit ist eines geglückt: Den Mariendom österreichweit ins Zentrum der Aufmerksamkeit zu rücken – und das nicht nur bei den vielen Fans guter Musik. Ad multos annos!

„Klassik am Dom" verzaubert nicht nur das Kirchengebäude, sondern ganz besonders die Besucher:innen.

XERVON
Gerüstbau

Ein Dom als ewige Baustelle

An einem historischen Gebäude wie dem Mariendom muss ständig gearbeitet werden: ausgebessert und erneuert. Einmal ist es das Dach, der Turm oder die Fassade, dann wiederum verlangt der Innenraum nach Pflege. Vom Zeitpunkt der Entscheidung an, eine Kathedrale für die Diözese zu errichten, bis heute haben sich abertausende Menschen eingesetzt, dass der Dom entstehen konnte und auch erhalten werden kann.

Ein Verein finanziert den Bau des Mariendoms

Monika Würthinger

„Ich will den Kostenpunkt gar nicht wissen. Wir bauen für die Mutter Gottes, die wird schon sorgen", so der Initiator Bischof Franz Joseph Rudigier, nach dessen Vision der Dombau ausschließlich durch Spenden und ohne Kostenvoranschlag finanziert werden sollte.

Nachdem Papst Pius IX. 1854 das Glaubensdogma der Unbefleckten Empfängnis verkündet hatte, gab der Marienverehrer Bischof Rudigier im Hirtenbrief vom 13. April 1855 den Entschluss zum Bau einer Kirche zu Ehren der Unbefleckten Empfängnis Mariens, die zugleich Domkirche sein sollte, bekannt und ordnete ein diözesanes Fest für den 1. Mai 1855 in Linz und allen Pfarren an. Bei der Festpredigt im (Alten) Dom verlautbarte er dabei nicht nur die Verkündigung des Dogmas und den Bau einer Domkirche, sondern verwies gleichzeitig auf den mit 1. Mai 1855 gegründeten Dombauverein, dessen Zweck ausschließlich dem Bau und der Ausstattung der Domkirche dienen sollte. Die Statuten des „Diözesanverein zum Dombau Linz" hatte der Bischof bereits mit 10. April und die Statthalterei mit 15. April 1855 genehmigt. Dem Verein, dessen Leitung automatisch der jeweilige Bischof innehat, kam daher die Aufgabe zu, die nötigen finanziellen Mittel aufzubringen und den Dombaufonds zu verwalten.

Für die Finanzierung war die Sammlung von Spenden in Form von Geld- als auch Sachspenden in der gesamten Diözese vorgesehen. Bischof Rudigier setzte am meisten auf das einfache Volk in den Pfarren, die kleinen Geldspenden, die er entsprechend der Widmung des Baus symbolisch als „Marienpfennige" bezeichnete: „... *wenn viele von euch nur einige Pfennige im Jahr geben können – so gebet dieselben, ich rechne ohnehin ganz vorzüglich auf diese Marienpfennige wegen ihrer Menge und wegen ihres Segens, der auf denselben liegt.*"

In Bezug auf die flächendeckende Verbreitung des Anliegens und die aktive Mitgliederwerbung setzte Bischof Rudigier – so wie seine Nachfolger – auf die Priester in den Pfarren, die auch die organisatorische Abwicklung übernahmen: „*Wenn sich der Verein über die ganze Diözese ausbreitet und in allen Gemeinden zahlreiche Mitglieder findet, so ist dem großen Werk Erfolg gesichert, ohne dass irgendjemand deswegen schwere Opfer bringen müsste.*"

Voraussetzung für Rudigier war die unbedingte Freiwilligkeit der Spender:innen, die den Mitgliedsbeitrag bei Austritt oder finanziellen Problemen zurückfordern konnten; manchmal zahlte der Verein auch Geld zurück, wenn ihm das Opfer des Spenders/der Spenderin zu groß schien oder eine Gegenleistung erwartet wurde.

Der Dombauverein hatte sich verpflichtet, die Spenden in Obligationen (Wertpapieren) Gewinn bringend anzulegen und den Baufortschritt den finanziellen Mitteln anzupassen, was in einzelnen Fällen – besonders in den 1920er-Jahren – zu Änderungen im geplanten Vorhaben oder Zeitablauf führen konnte. Kaiser Franz Joseph befreite 1855 den Dombaufonds von der Einkommenssteuer bis zur Fertigstellung des Baus.

Mitglieder füllen Dombaukasse

Das Anliegen des Vereins, die Akquirierung von möglichst vielen Mitgliedern – jede Familie, Erwachsene und Kinder, sollte sich angesprochen fühlen –, die Werbung für das Bauvorhaben und die Sammlung von Spenden, war äußerst erfolgreich: Innerhalb des ersten Jahres hatte der Dombau-Verein 97.000 Mitglieder aufgenommen. „*Fast sämtliche Studierende des Gymnasiums und fast alle Schüler der Realschule, sowie sehr viele Schüler und Schülerinnen der Volksschulen, auch die Zöglinge des Taubstummen- und Blindeninstituts haben als Mitglieder ihre Beiträge geleistet. Dass die Zöglinge des Knabenseminars und die Herren Alumnen nicht zurückblieben, versteht sich von selbst*", so die Bilanz Ende 1855. Ende Mai 1855 beschloss auch die Provinzialversammlung der Katholikenvereine Oberösterreichs den Dombau-Verein zu fördern und brachte zugleich zahlreiche Anregungen ein.

Die Titelseite der ersten Beitrittserklärung (Juli) 1855 zeigte eine „Römische Darstellung der unbefleckten Empfängnis Maria“.

Um möglichst vielen die Mitgliedschaft zu ermöglichen, wurde ein relativ geringer Beitrag eingehoben. Die Vereinsstatuten, die den Beitrittserklärungen auszugsweise aufgedruckt waren, sahen damals im § 5 als den geringsten Mitgliedsbeitrag monatlich einen Kreuzer C.M. vor, der im Laufe der Jahre natürlich den allgemeinen finanziellen Gegebenheiten angeglichen werden musste. Unter § 17 ist festgehalten, dass die Bilanz des Dombaufonds jederzeit für jedermann zur Einsicht in der bischöflichen Kanzlei aufliege. Jährlich wurde im damals neu gegründeten Amtsblatt, dem Linzer Diözesanblatt, Bilanz gelegt, Eingänge mit Namen der Spender:innen monatlich auch in der Mitgliederzeitschrift „Ave Maria“ veröffentlicht. Die umfangreichen, nach Pfarren organisierten Beitragslisten in den Beständen des Diözesanarchivs zeigen die weite Verbreitung des Vereins und die beständigen Geldflüsse. Daneben finden sich im Archiv unzählige vermögensrechtliche Akten wie Legate (testamentarische Abhandlungen), sogenannte Vitalitien (meist Schenkungen von Obligationen/Wertpapieren, Sparbüchern etc., bei denen Erträge wie Zinsen noch an die schenkenden Personen ausbezahlt wurden) oder Stiftungen (etwa für Messintentionen, die nach dem Tode für den Stifter/die Stifterin gelesen werden sollten). Exakte Bilanzen sollten Transparenz garantieren, zusätzliche Ausweisung von Gabenspenden (Naturalien, Baumaterialien, Silber, ...) zur Nachahmung anregen. Domherren und der Großteil des Klerus setzten den Dombauverein geradezu selbstredend als Universalerben ein, bis 1893 Bischof Franz M. Doppelbauer neben der „Riesenbaustelle Dom“ den Bau des bischöflichen Collegium Petrinum in Urfahr initiierte, getragen vom 1855 gegründeten Diözesanhilfsfonds, der ebenfalls zum Spenden aufgerufen hatte. Von nun an schien dem Weltklerus eine testamentarische Teilung der Verlassenschaft zweckmäßig: je zur Hälfte der Dombauverein und das Petrinum. Über einen regelmäßigen finanziellen Beitrag hinaus verpflichteten sich die Dombau-Vereinsmitglieder, täglich ein Ave Maria zu beten und den Zusatz anzufügen: „Königin ohne Makel der Erbsünde empfangen, bitte für uns.“ (§ 4).

Als Dank an die Mitglieder hatte die Dechantenkonferenz am 14. Juni 1855 beschlossen, dass jährlich am 1. Mai in jeder Pfarre ein feierliches Amt für alle dortigen Mitglieder und Wohltäter:innen des Dombauvereins gehalten werden solle. Ab dem 13. Juli 1855 wurde täglich in diesem Sinne in der Domkirche eine hl. Messe gelesen. Man baute auf die zu dieser Zeit forcierte Marienverehrung, den Mitgliedern wurden Schutz und Heil durch die Fürsprache Mariens in Aussicht gestellt; sie konnten Vollkommene oder Teil-Ablässe erlangen, die Papst Pius IX. am 14. Juni 1855 gewährt hatte.

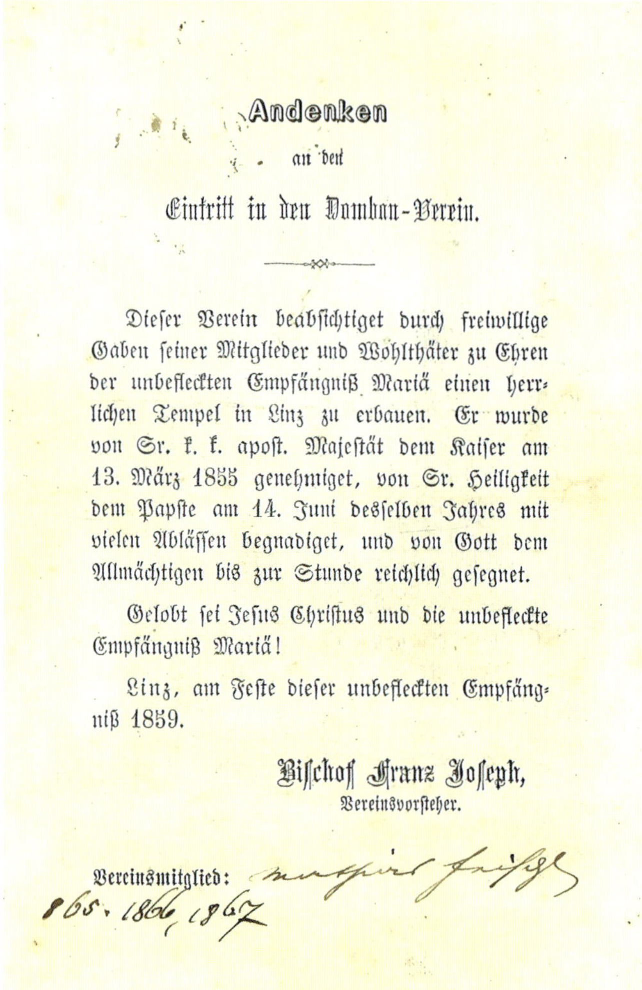

Andenken

an den

Eintritt in den Dombau-Verein.

Dieser Verein beabsichtiget durch freiwillige Gaben seiner Mitglieder und Wohlthäter zu Ehren der unbefleckten Empfängniß Mariä einen herrlichen Tempel in Linz zu erbauen. Er wurde von Sr. k. k. apost. Majestät dem Kaiser am 13. März 1855 genehmiget, von Sr. Heiligkeit dem Papste am 14. Juni desselben Jahres mit vielen Ablässen begnadiget, und von Gott dem Allmächtigen bis zur Stunde reichlich gesegnet.

Gelobt sei Jesus Christus und die unbefleckte Empfängniß Mariä!

Linz, am Feste dieser unbefleckten Empfängniß 1859.

Bischof Franz Joseph,
Vereinsvorsteher.

Vereinsmitglied:
865. 1866, 1867

Ab 1859 zeigte die Beitrittserklärung als Werbemaßnahme die „Idealansicht" des geplanten Domes: einen Stahlstich nach dem Entwurf von Vincenz Statz.

Schon in den Statuten 1855 ist für sogenannte Wohltäter beziehungsweise Nichtmitglieder die Möglichkeit vorgesehen, sich am Bauwerk durch die – bis heute gültige – jährliche in den Pfarren verpflichtende Kollekte am Fest Mariae Empfängnis (8. Dezember) zu beteiligen. Zusätzliche anlassbezogene Spendensammlungen zu den Marienfesten, besonders im Marienmonat Mai, dem Bischof Rudigier mit der Einführung der Maiandachten besondere Bedeutung zusprach, wurden immer genützt.

Die ausführliche Information der Spender:innen über den Baufortschritt war ein wesentlicher Teil des Erfolgs. Nicht nur die Mitglieder, die gesamte Bevölkerung sollte sich eingebunden fühlen; eine Aufgabe, die außerhalb der Stadt Linz dem Weltklerus aufgetragen wurde, mit dem Hinweis auf die Notwendigkeit einer eigenen Domkirche, deren Funktion (Priesterweihen, ...) allen zugutekomme. Es war ein Prestigebau für die Kirche, der die katholischen Kräfte im Zeitalter des Liberalismus bündelte und das Diözesanbewusstsein des jungen Bistums Linz stärkte.

Über allgemein verständliche Schriften und Vorträge wurden die Vereinsziele in der Bevölkerung verbreitet und beworben. P. Florian Wimmer, Benediktiner von Kremsmünster, verfasste (anonym) eine eigene Broschüre mit dem Titel: „*Einladung an das katholische Volk der Diöcese von Linz zum Dombau-Verein. Am Ausgang des Jahres nach Christi Geburt 1855. Von einem Cooperator auf dem Lande. Linz 1856*", mit der er als Kooperator in Pfarrkirchen die „katholischen Mitbrüder und die katholischen

Mitschwestern“ von der Notwendigkeit des Baus überzeugen sollte. P. Wimmer sollte sich in der Folge ebenso wie etwa Balthasar Scherndl, Friedrich Pesendorfer oder Florian Oberchristl mit zahlreichen Publikationen und populärwissenschaftlichen Schriften über das neue Bauwerk und dessen künstlerische Ausgestaltung um den Dombau beziehungsweise um die Einbindung der Bevölkerung noch sehr verdient machen.

Als 1857 bei Kanonikus Joseph Strigl der Grundstein aus Palästina eintraf, warteten bereits ca. 100.000 Mitglieder gespannt auf den Baubeginn.

Sobald 1858 die Entscheidungen für den Bauplatz, für Architekt Vincenz Statz aus Köln und für den gotischen Baustil feststanden und die ersten Entwürfe eintrafen, informierte Bischof Rudigier das Volk, im Besonderen die Dombauvereinsmitglieder, indem er den Entwurf der „Idealansicht“, ein Stahlstich des geplanten Bauwerks gezeichnet von Vincenz Statz, auf die Vorderseite der neuen Mitgliedskarte drucken ließ. Die Rückseite verwies auf die kaiserliche Genehmigung am 13. März 1855 und auf Ablässe, die Pius IX. gewährte.

Dombauverein kauft 1858/1867 „Dombauhäuser“

Das konzentrierte Marketing, die vielfachen Aufrufe des Bischofs und dessen eindringliche Appelle an die Geistlichkeit, waren erfolgreich. Schon im ersten Vereinsjahr flossen 60.000 fl. an Marienpfennigen in die Kasse, neben materiellen Leistungen wie unentgeltlichem Baumaterial oder sonstigen verschiedenen kostbaren Gegenständen. Am 30. April 1856 schloss das erste Dombaujahr mit 83.693 Gulden in Obligationen plus 366 Gulden in bar; der Dombaufonds war nicht zuletzt durch eine Spende von 4.000 fl. C.M. vom vormaligen Kaiser Ferdinand und seiner Gattin Maria Anna am 22. Februar 1856 aufgebessert worden.

Mit der Entscheidung für den Bauplatz, der ein ganzes Häuserviertel zwischen Herren-, Baumbach-, Hafner- und Wurmstraße beanspruchte, konnte der Diözesankämmerer als Bevollmächtigter mit 29. Oktober 1857 das erste Haus auf diesem Areal ersteigern. Damit war der Dombauverein (die Dombaukasse) zum Hausbesitzer geworden; bis 1860 wurden insgesamt elf Häuser zum Preis von 190.000 Gulden Ö. W. angekauft, das Dombauvermögen betrug zu dieser Zeit circa 300.000 Gulden. Unter anderem kam 1858 ein Barockpalais von Johann Michael Prunner aus dem Jahr 1714 in der Herrenstraße in den Besitz des Vereins, das nunmehr im Eigentum der Dompfarre als Pfarrhof dient.

Die sowohl für die Organisatoren des Dombaues als auch für die Mitglieder des Dombauvereins herausfordernde, lang anmutende Zeitdauer zwischen Projektierung und tatsächlichem Baubeginn begründeten die Verantwortlichen manchen (anonymen) Kritikern gegenüber mit der finanziellen Lage und langwierigen Grundstückserwerben. Die sofortige Demolierung der auf dem zukünftigen Baugrund bestehenden Wohnhäuser wäre nicht vorgesehen gewesen, vielmehr sollte durch die noch laufende Vermietung der Wohnungen und Geschäfte ein Teil der Baukosten finanziert werden. Tatsächlich verzögerte auch der Einspruch einer Hausbesitzerin gegen die Errichtung des Doms die Erteilung der definitiven Baubewilligung. So wurde mit der Umsetzung der Dombaupläne im Bereich der Votivkapelle mit dem ersten Spatenstich am 5. April 1862 durch Bischof Rudigier zu einem Zeitpunkt begonnen, als sich noch nicht der gesamte Baugrund im Besitz des Dombauvereins befand. Von den vierzehn Häusern, die auf dem Gebiet standen, wurden schließlich 1857 bis 1867 alle bis auf eines um circa 215.000 Gulden (428.000 Kronen) gekauft; das letzte, für die „verrückte“ Ausrichtung des Domes maßgebende Haus wurde 1902 um 90.000 Kronen erworben.

Dombaukomitee verantwortet ab 1862 die Baumaßnahmen, der Verein die Gelder

Zur *„Wahrung der Interessen der Dombausache, zur Kontrolle und Förderung des Baues“* ernannte Bischof Rudigier in seiner Funktion als Vorstand des Dombau-Vereins im Jänner 1862 ein „Comité“, das hinsichtlich der konkreten Baugestaltung, Materialwahl etc. bis zu arbeitsrechtlichen Belangen beratend wirkte, während der jeweilige Bischof die Letztentscheidung traf. Zuvor waren neben dem Katholikenverein die Dechanten und das bischöfliche Konsistorium als beratende Gremien herangezogen worden. Die ersten Mitglieder des Dombau-Komitees waren Domdechant Johann B. Schiedermayr, Prof. Josef Angermayr, Bistumskämmerer Leopold Dangl, Prof. Max Pammesberger, der Kaufmann Karl Hammerl und Gemeindebauamtsingenieur

Die Fahne wurde dem Verein vom Domkapitel anlässlich der Grundsteinlegung 1862 gewidmet, eingestickt ist auf der einen Seite der Grundriss des Domes, rechts und links findet man die Namenspatrone des Bischofs Franz Joseph Rudigier, oben die Inschrift „Eintracht, Ausdauer", unten „gew. v. Domcap. z. Linz" in gotischen Buchstaben. Die zweite Seite trägt das Bild der Unbefleckten Empfängnis, das Landeswappen von Oberösterreich und das Stadtwappen von Linz. Die Zeichnung der Fahne stammt von Dombaumeister Vincenz Statz, die Bilder wurden vom Maler Edward von Steinle, die Stickereien von Klosterfrauen vom armen Kinde Jesu in Aachen gestaltet. Kosten: 1.400 Gulden (= 2800 Kronen ab 1892).

Selbstbildnis von Vincenz Statz (1861): Er bittet um die Begleichung einer Rechnung.

Anton Waldvogel. In der Regel übernahmen Domkapitulare (der Domkustos) den Vorsitz: Johann Schiedermayr 1862–1878, Friedrich Baumgarten 1878–1882, Josef Angermayr 1882–1892, Anton Pinzger 1892–1919, Balthasar Scherndl 1919–1922, Karl Schöfecker 1922–1951, Ferdinand Weinberger 1951–1962, Josef Ledl („geschäftsführender Obmann u. Stellvertreter des Bischofs") 1962–1979, Gottfried Schicklberger 1979–1985 (Übernahme der Agenden durch Bischof-Rudigier-Stiftung).

Ergänzt wurde das Komitee durch einzelne Baumeister und Honoratioren; Experten wurden zur Beratung herangezogen, wobei häufig personelle Überschneidungen mit anderen Vereinigungen der Kunstförderung bestanden, wie etwa mit dem diözesanen „Christlichen Kunstverein", der 1859 gegründet wurde. Zudem zeichneten die im Dombau-Komitee vertretenen Kleriker für die Ausarbeitung des Kirchenschmucks zu einem hohen Anteil mitverantwortlich. So gingen die Vorschläge für die Bildwerke großteils auf Florian Wimmer zurück, welcher auch für den Kunstverein tätig war. Nicht wenige Domherren gehörten mehreren Gremien an, die ineinander verzahnt das Gesamtprojekt im Auftrag des Bischofs umsetzten.

Während das Dombau-Komitee vorrangig den Bau abzuwickeln hatte, fiel dem Dombau-Verein weiterhin die Aufgabe der Vermögensverwaltung des Doms zu, Agenden, die zumindest zeitweise in Personalunion verantwortet beziehungsweise mangels Originalquellen, korrekt definierten Aufgabenbeschreibungen und Funktionsbezeichnungen personell nicht immer exakt zuordenbar waren.

So wurde Ordinariatssekretär Florian Oberchristl, ab 1907 Schriftführer des Dombau-Komitees, 1908 auch Vermögensverwalter des Domes; 1914 übernahm Karl Schöfecker diese Aufgabe, damit verbunden die Verwaltung der Dombauhäuser. Als Domkustos wurde er 1922 auch Obmann des Dombau-Komitees, zusätzlich als Nachfolger Friedrich Pesendorfers Vorstand des Diözesankunstvereins. Als Prälat Schöfecker 1951 altersbedingt sämtliche den Dombau und den Dombauverein betreffenden Agenden zurücklegte, übernahm Kanonikus Ferdinand Weinberger mit 1. Jänner 1952 die Domkustos-Stelle, Bischof Joseph Calasanz Fließer übertrug ihm als Stellvertreter gleichzeitig die dem Bischof zustehenden Agenden des Dombauvereins. Damit oblag ihm die Verwaltung der Dombauhäuser und der Vereinsgelder. Gleichzeitig bestellte der Bischof Kanonikus

Ferdinand Weinberger zum Obmann des Baukomitees. Für die Verwaltung der dem Dombauverine gehörenden Häuser wünschte der Bischof ausdrücklich, dass Weinberger diese einer Laienkraft übertragen solle; diese möge unter dessen Verantwortung und Aufsicht die Geschäftsführung besorgen.

Für die Ausführung der Bauarbeiten wurde mit dem tatsächlichen Baubeginn im Mai 1862 eine Dombauhütte unter der Leitung des Dombaumeisters eingerichtet, die ebenfalls (bis 1985) vom Dombauverein getragen wurde. Das für den Bau notwendige Sandsteinmaterial wurde zum Großteil aus einem im Eigentum des Dombauvereins stehenden Steinbruch in Altlengbach (Niederösterreich) herangeschafft.

Die erste Nummer der Mitglieder-Zeitschrift „Ave Maria!“.

Ave Maria! Illustrierte Monatshefte zur Erbauung, Belehrung uund Unterhaltung – das breitenwirksamste Werbemittel

Die Mitglieder-Zeitschrift des Linzer Dombauvereins, „Ave Maria“, wurde auf Wunsch Bischof Franz Maria Doppelbauers von dem späteren Domkapitular Friedrich Pesendorfer, damals Kaplan in der Stadtpfarre Wels, gegründet; die erste Nummer erschien als Probeheft im März 1894.

Die Redaktion setzte sich vier Programmpunkte für die „Marien-Zeitschrift“ zum Ziel:

1. Als religiöse Zeitschrift die Verehrung der Gottesmutter zu fördern;
2. Als Marien-Zeitschrift das im Bau begriffene Denkmal des „großen Geheimnisses“ [Dogma der Unbefleckten Empfängnis] zu ehren;
3. Als Linzer Dombauzeitschrift soll sie eine willkommene Lektüre sein und *„zugleich die Liebe zum in Stein gehauenen Denkmal oberösterreichischer Marienverehrung in weite Kreise tragen“. Zu diesem Zweck wurde in jeder Nummer von Balthasar Scherndl die Geschichte des Dombaues und „Der Dombau in Wort und Bild“* – entsprechend den damaligen fototechnischen Möglichkeiten – mit aktuellen Abbildungen exakt dokumentiert.
4. Soll Ave Maria als katholische Volksschrift, einfach und populär geschrieben, durch schöne Illustrationen, gediegene Erzählungen, Gedichte und allgemeiner Belehrung zur Erbauung und Unterhaltung des Volkes beitragen.

Kaplan Friedrich Pesendorfer, Gründer und Redakteur der Mitglieder-Zeitschrift „Ave Maria!“

Am „Ave Maria“ Fenster sind der Druck der Zeitschrift zu sehen und aufmerksame Leserinnen.

Das Ave Maria diente außerdem als Organ des „Vereins der christlichen Familie“, das Bischof Doppelbauer jeder Familie als Pflichtlektüre nahelegte.

Veröffentlicht wurden Nachrichten aus aller Welt und besondere Reiseberichte (in europäische Länder), meist verfasst von Friedrich Pesendorfer; neben religiösen Themen und aktuellen Belangen der katholischen Kirche behandelten namentlich gut bekannte Autoren historische als auch zeitgenössische kirchliche Kunstwerke, was unstrittig dazu beitrug, eine weitgefasste Leserschaft mit Wissen über Kunst zu versorgen und zugleich ein Verständnis für die Vorgänge beim Dombau zu schaffen.

Um auch ärmeren Schichten das Abonnement zu ermöglichen, wurde der Preis auf nur 80 Kreutzer pro Jahr (12 Hefte) festgesetzt. Wiederum hatte besonders der Klerus für eine hohe Verbreitung zu sorgen, der Erfolg blieb auch hier nicht aus, wie der Anstieg der Abonnentenzahlen von circa 6.000 Ende des Jahres 1895 auf 15.000 im Jahr 1898 zeigt. Ab Oktober 1898 wurde eine Marien-Kinderzeitschrift, „Das kleine Ave Maria“, redigiert von „Onkel Fritz“ (Pesendorfer) geschaffen; 1906–1933 erschien zusätzlich ein Ave Maria Jahres-Kalender.

Die Zeitschrift wurde bald über die Diözese hinaus bekannt und brachte auch aus dem Ausland zahlreiche Spenden und Legate, die monatlich im jeweiligen Heft veröffentlicht wurden. Ave Maria-Leser finanzierten die von Sebastian Osterrieder hergestellte Weihnachtskrippe (1909–1913) und ein Gemäldefenster, das die Erfolgsgeschichte der Zeitschrift „Ave Maria“ widerspiegelt: Dargestellt ist in der Mitte eine Druckerpresse mit dem Redakteur Friedrich Pesendorfer, als Maschinenmeister dessen Bruder Karl und ein Lehrling (dessen Neffe). In den Feldern links und rechts sind Leser der Dombauzeitschrift aus allen Ständen mit den Gesichtszügen von Verwandten Pesendorfers und Mitarbeitern des Pressvereins, dem Pesendorfer ebenfalls vorstand, abgebildet.

Als eine Verstrickung von Friedrich Pesendorfer als Herausgeber von Ave Maria und anderer Zeitschriften (z.B. Elisabethblatt, Treugold) mit seiner Funktion im diözesanen Pressverein (Direktor der Pressvereinsdruckereien 1896–1925) zu persönlichen Differenzen gepaart mit gesundheitlichen Problemen führte, ging in den 1930er-Jahren die Zahl der Abonnenten jedoch so stark zurück, dass die Zeitschrift mit dem Tode Pesendorfers ihr Erscheinen einstellen musste.

Gedenkblatt „25 Jahre Ave Maria", Kunstbeilage zum Jubiläumsheft Ave Maria.

Korrespondenzkarte aus Linz mit dem im Bau befindlichen Turm des Mariendomes, um 1895.

Ansichtskarten nützen dem Dombauverein zur Bewusstseinsbildung

Die Entwicklung der Fotografie ab der zweiten Hälfte des 19. Jahrhunderts und der in Österreich-Ungarn 1869 eingeführten „Correspondenzkarten" fiel zeitgleich mit dem Baufortschritt an der Domkirche zusammen; die verschiedenen Bauphasen bildeten das begehrteste Motiv, ein „Image-Effekt", der dem Dombauverein insofern zugutekam, als dessen Anliegen im Bewusstsein der Bevölkerung über Jahrzehnte und Generationen wachgehalten werden musste. Der Dom musste „populär" vermittelt werden – nicht nur in der Stadt Linz, sondern im ganzen Land – ein Anliegen, das mit dem Druck entsprechender Ansichtskarten in der diözesaneigenen Pressvereinsdruckerei erfolgreich umgesetzt wurde. Der „diözesane Kunstexperte" Florian Oberchristl hielt in seinem „Dombaualbum" mehr als 260 Ansichten von Linz fest. Eine umfangreiche Bilder- und Ansichtskartensammlung hinterließ auch Friedrich Pesendorfer.

... die Spendenfreudigkeit am Laufen halten

Obwohl ab 1909 die Kathedralfunktion und feierliche Gottesdienste neue Anziehungskraft auf weite Kreise der Bevölkerung auslösten, war die Zahl der Dombau-Vereinsmitglieder Anfang des 20. Jahrhunderts stark gesunken. Zudem stockten gewerkschaftliche Forderungen der Bauarbeiter den reibungslosen Bau-Ablauf; die Probleme konnten erst durch Bischof Rudolph Hittmairs persönlichen Einsatz bereinigt werden. Besonders mit modernen technischen Hilfsmitteln wurden enorme Arbeitserleichterungen geschaffen: 1910 wurde die Zahl der Steinmetze

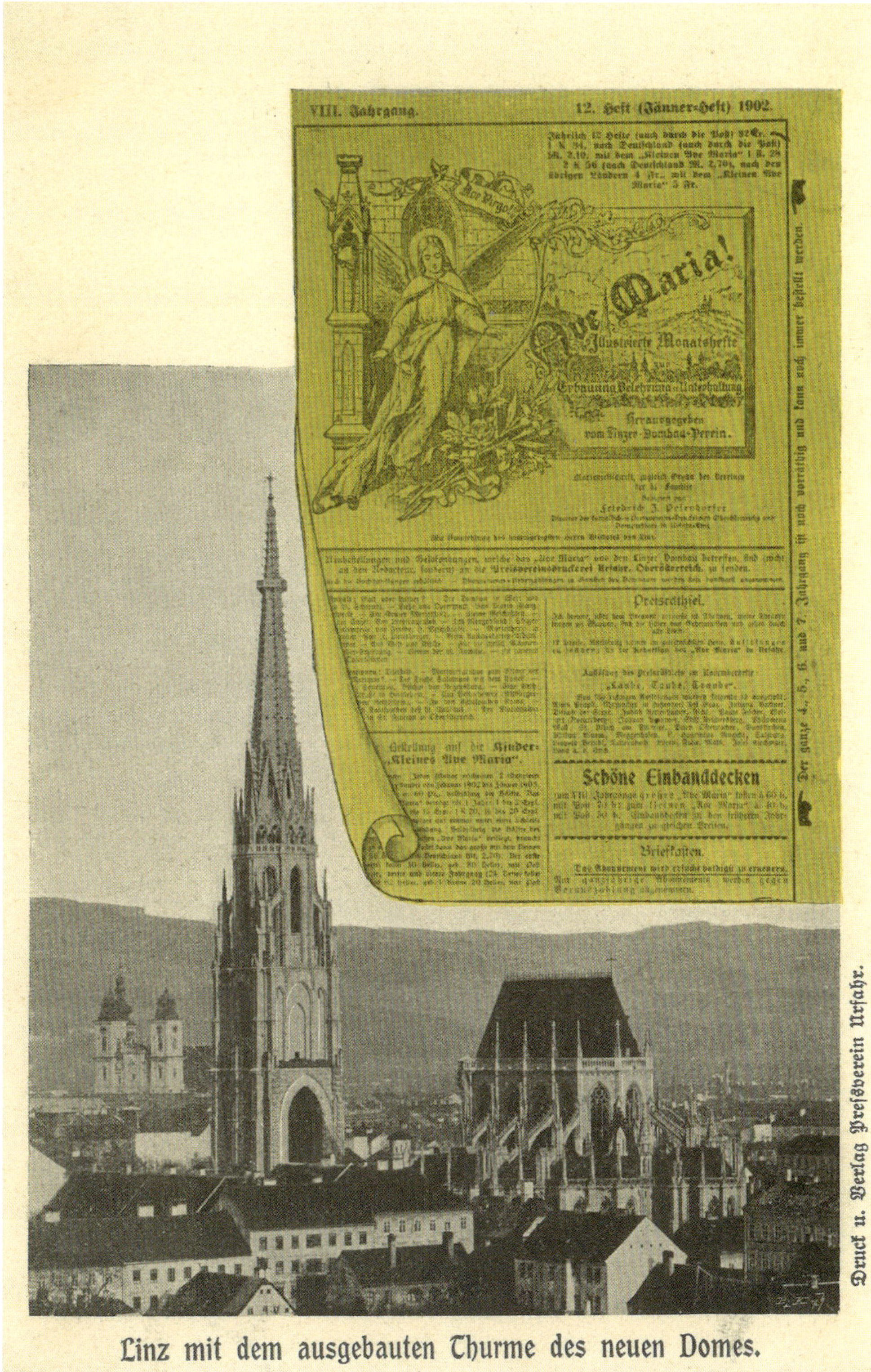

Ansichtskarte mit dem 1902 fertiggestellten Turm und Titelblatt der Zeitschrift Ave Maria

Ein einfaches Bildchen als Baustein, der den Weiterbau des Domes finanzieren sollte, wurde 1919 an die Bevölkerung gegen eine Spende verteilt.

von 30 auf 53 erhöht, sodass der Dombau doppelt schnell voranging. Für die Gemäldefenster konnten 1910 genug Stifter gefunden werden, zumal das Konzept von Bischof Hittmair, unterstützt von Generalvikar Balthasar Scherndl, die gesamte Diözese eingebunden hatte. „*Nun werden die Fenster sogar noch zu wenig!*" Die Sponsoren konnten sich in den Fenstern mit ihren eigenen Gesichtszügen verewigen lassen.

Anlässlich des 50-Jahr-Jubiläums der Grundsteinlegung hatte 1912 das Dombaukomitee im Aufruf um besondere Jubiläumsgaben der Bevölkerung eine restliche Bauzeit von sechs bis sieben Jahren in Aussicht gestellt; ein Vorhaben, das der Erste Weltkrieg und die schlechte wirtschaftliche Situation nach dem Krieg zunichtemachten.

Als aus finanziellen Gründen die Einstellung des Baus zur Debatte stand, entschied sich das Dombaukomitee am 28. April 1919 in einer Krisensitzung trotz leerer Kasse für den Weiterbau, „*solange es möglich ist, ein Baustopp würde einen peinlichen Eindruck in der ganzen Diözese hinterlassen*". Die Mitgliedsbeiträge hatten sich weiter stark reduziert, „*der Wohltätigkeitssinn war früher ein regerer als in der heutigen Zeit des Wohlstands*", so die nicht ganz nachvollziehbare Argumentation im Diözesanblatt 1919; zur Entwertung der Wertpapiere waren die inflationär stark gestiegenen Preise der Baumaterialien und der Arbeitslöhne gekommen, womit die Dombaukasse innerhalb des folgenden Jahres völlig erschöpft sein würde, konstatierte Bischof Johannes M. Gföllner. Der Klerus hatte die Bevölkerung über die triste finanzielle Lage zu informieren, ein Dombauandenken in Form von Bildchen als Baustein zur Vollendung des Doms sollte gegen ein entsprechendes Almosen bei den Gottesdiensten verteilt werden; im Jänner 1920 war ein entsprechender Hirtenbrief zu verlesen.

Nicht zuletzt mit Hilfe Papst Benedikts XV., der im Dezember 1920 100.000 Lire als Ansporn für die Bevölkerung spendete, konnten die nötigsten Ausgaben gedeckt und die Krise überwunden werden. Die Bank hatte einen Kredit in der Hälfte der noch vorhandenen Wertpapiere gewährt.

Eine reich bebilderte Domweihefestschrift erschien als Sonderheft der Zeitschrift Ave Maria.

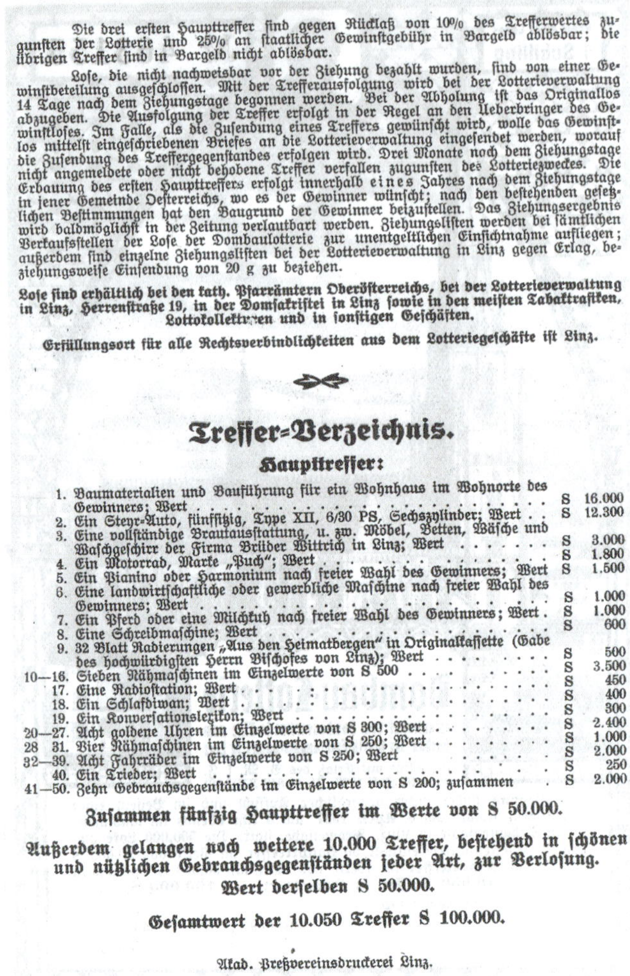

Die drei ersten Haupttreffer sind gegen Rücklaß von 10% des Trefferwertes zugunsten der Lotterie und 25% an staatlicher Gewinstgebühr in Bargeld ablösbar; die übrigen Treffer sind in Bargeld nicht ablösbar.

Lose, die nicht nachweisbar vor der Ziehung bezahlt wurden, sind von einer Gewinstbeteilung ausgeschlossen. Mit der Trefferausfolgung wird bei der Lotterieverwaltung 14 Tage nach dem Ziehungstage begonnen werden. Bei der Abholung ist das Originallos abzugeben. Die Ausfolgung der Treffer erfolgt in der Regel an den Ueberbringer des Gewinstloses. Im Falle, als die Zusendung eines Treffers gewünscht wird, wolle das Gewinstlos mittelst eingeschriebenen Briefes an die Lotterieverwaltung eingesendet werden, worauf die Zusendung des Treffergegenstandes erfolgen wird. Drei Monate nach dem Ziehungstage nicht angemeldete oder nicht behobene Treffer verfallen zugunsten des Lotteriezweckes. Die Erbauung des ersten Haupttreffers erfolgt innerhalb eines Jahres nach dem Ziehungstage in jener Gemeinde Oesterreichs, wo es der Gewinner wünscht; nach den bestehenden gesetzlichen Bestimmungen hat den Baugrund der Gewinner beizustellen. Das Ziehungsergebnis wird baldmöglichst in der Zeitung verlautbart werden. Ziehungslisten werden bei sämtlichen Verkaufsstellen der Lose der Dombaulotterie zur unentgeltlichen Einsichtnahme aufliegen; außerdem sind einzelne Ziehungslisten bei der Lotterieverwaltung in Linz gegen Erlag, beziehungsweise Einsendung von 20 g zu beziehen.

Lose sind erhältlich bei den kath. Pfarrämtern Oberösterreichs, bei der Lotterieverwaltung in Linz, Herrenstraße 19, in der Domsakristei in Linz sowie in den meisten Tabaktrafiken, Lottokollekturen und in sonstigen Geschäften.

Erfüllungsort für alle Rechtsverbindlichkeiten aus dem Lotteriegeschäfte ist Linz.

Treffer-Verzeichnis.

Haupttreffer:

1.	Baumaterialien und Bauführung für ein Wohnhaus im Wohnorte des Gewinners; Wert	S 16.000
2.	Ein Steyr-Auto, fünfsitzig, Type XII, 6/30 PS, Sechszylinder; Wert	S 12.300
3.	Eine vollständige Brautausstattung, u. zw. Möbel, Betten, Wäsche und Waschgeschirr der Firma Brüder Wittrich in Linz; Wert	S 3.000
4.	Ein Motorrad, Marke „Puch"; Wert	S 1.800
5.	Ein Pianino oder Harmonium nach freier Wahl des Gewinners; Wert	S 1.500
6.	Eine landwirtschaftliche oder gewerbliche Maschine nach freier Wahl des Gewinners; Wert	S 1.000
7.	Ein Pferd oder eine Milchkuh nach freier Wahl des Gewinners; Wert	S 1.000
8.	Eine Schreibmaschine; Wert	S 600
9.	32 Blatt Radierungen „Aus den Heimatbergen" in Originalkassette (Gabe des hochwürdigsten Herrn Bischofes von Linz); Wert	S 500
10–16.	Sieben Nähmaschinen im Einzelwerte von S 500	S 3.500
17.	Eine Radiostation; Wert	S 450
18.	Ein Schlafdiwan; Wert	S 400
19.	Ein Konversationslexikon; Wert	S 300
20–27.	Acht goldene Uhren im Einzelwerte von S 300; Wert	S 2.400
28 31.	Vier Nähmaschinen im Einzelwerte von S 250; Wert	S 1.000
32–39.	Acht Fahrräder im Einzelwerte von S 250; Wert	S 2.000
40.	Ein Trieder; Wert	S 250
41–50.	Zehn Gebrauchsgegenstände im Einzelwerte von S 200; zusammen	S 2.000

Zusammen fünfzig Haupttreffer im Werte von S 50.000.

Außerdem gelangen noch weitere 10.000 Treffer, bestehend in schönen und nützlichen Gebrauchsgegenständen jeder Art, zur Verlosung. Wert derselben S 50.000.

Gesamtwert der 10.050 Treffer S 100.000.

Akad. Preßvereinsdruckerei Linz.

Bei der ersten Dombau-Lotterie konnte man 1927 die Baumaterialien für ein Wohnhaus gewinnen.

Schwindender Geldfluss nach der Domweihe

Mit der Fertigstellung und Einrichtung der Domkirche – sie ist seit 1922 auch Pfarrkirche – hätte laut den Gründungsstatuten der Verein seinen Zweck erfüllt. Bischof Johannes Gföllner aber weihte am 1. Mai 1924 einen unfertigen Dom, zu dessen Vollendung vieles fehlte. Die nach der Domweihe fast gänzlich ausbleibenden Spenden verursachten 1925 die erste tatsächliche Einstellung der Bautätigkeit – die Dombauhütte wurde am 1. August 1925 vorübergehend gesperrt, weil die Kasse fast leer war.

Erst durch die Abhaltung einer Dombau-Lotterie im Jahr 1926 konnte der Verein die nötigen Mittel für eine Wiederaufnahme des Betriebs 1928 aufbringen, zwei weitere Ziehungen folgten. Die Haupttreffer waren ansprechend, wie etwa Baumaterial und Bauführung für ein Wohnhaus im Wert von 16.000 S bei der ersten Ziehung (Losauflage von 500.000 Stück à 1 Schilling) oder ein Steyr-Auto bei der dritten Ziehung (100.000 Stück zu S 1,-). Die erfolgreiche Idee der Lotterie wurde 2012 und 2016 wieder aufgegriffen.

1935, zum 150-Jahr-Bistumsjubiläum, wurde der Bau weitgehend fertiggestellt und im Zuge der Vorbereitung für die Feiern zugleich der Domplatz gestaltet. Noch zuvor waren 1930/1935 witterungsbedingte Ausbesserungsarbeiten und erste Reparaturen nötig geworden, deren Kosten gedeckt werden mussten.

Der Dombauverein wird 1949 reaktiviert

In der NS-Zeit wurde der Dombauverein nicht aufgelöst, d.h. er wurde *„mit Note des Reichstatthalters in Oberdonau vom 24. Mai 1940 nach Umbildung seiner Statuten im Sinne des Vereinsgesetzes vom 15. Nov. 1867 RGBl. 134, nicht untersagt“*: §1 legte fest: Zweck des Vereins ist der Bau, die Erhaltung und die würdige Ausstattung der Domkirche, sowie die Sicherung der Abhaltung der nach den kirchlichen Bestimmungen für die Domkirche vorgeschriebenen gottesdienstlichen Handlungen. Die Mittel [...] werden aufgebracht durch Mitgliedsbeiträge und Spenden, sowie letztwillige Zuwendungen von Gönnern und Förderern des Dombaus (§3). Um Personen, welche nicht Vereinsmitglieder sind, Gelegenheit zu verschaffen, an diesem gottgefälligen Unternehmen sich zu beteiligen, wird jährlich in jeder Pfarre [...] eine Sammlung [...] veranstaltet. Der jährliche Mitgliedsbeitrag wurde mit 1 Reichsmark festgelegt.

Um einerseits das Bestehen des Vereins nicht zu gefährden und andererseits den Zweck des Vereins zu fördern, bat Kapitelvikar Josephus Cal. Fließer im Mai 1942 die Pfarrämter, die alte Praxis der Mitgliederverzeichnisse wieder aufzunehmen. Ab 1915 und wegen der darauffolgenden Inflation hatte die Aufzeichnung allmählich nachgelassen und mancherorts ganz aufgehört.

Im März 1945 intervenierte Dombaumeister Matthäus Schlager beim Dombaukomitee, der Bischof möge als Vorstand des Dombauvereins diesen entgegen den Statuten von 1855 nicht auflösen, sondern bestehen lassen, da die Beseitigung der Kriegs- und Witterungsschäden sowie die Erhaltung des Doms (eine notwendige beständige Dombauhütte) ständige Kosten verursachten. Erst am 7. Dezember 1947 kündigte Bischof Fließer offiziell die Reaktivierung an, zur Behebung der Kriegsschäden, die der Dom unter anderem durch die Bombeneinschläge am 20. Jänner 1944 und im April 1945 erlitten hatte; so waren zahlreiche Gemäldefenster durch den Luftdruck der Einschläge in der Umgebung zerstört worden.

Wie schon zu Rudigiers Zeiten bildeten auch jetzt die kleinen Beiträge des Volkes die Hauptsumme des Bauvermögens – umso mehr wurde die Funktion der Domkirche für die gesamte Diözese betont. Dennoch empfahl der Bischof den Dombau nun auch für große Widmungen, z. B. als Spenden für Gelübde, Legate als fromme Werke, ...

Das Dombaukomitee erinnerte 1949 an die oben genannte Anweisung des Bischofs, aber auch an seine Worte: *„Wir wollen die vordringlicheren Bauarbeiten an menschlichen Wohn- u. Arbeitsstätten nicht hemmen, andererseits aber auch im rechten Verhältnis dazu unsere herrlichen Gotteshäuser nicht halbvollendet oder in ruinösem Zustand stehen und verfallen lassen.“* Der Verein solle wieder in jeder Familie zur Selbstverständlichkeit werden wie vor dem Ersten Weltkrieg: Der Mitgliedsbeitrag wurde für Kinder mit 20 g, für Erwachsene mit 50 g festgelegt, der Mitgliederstand in den einzelnen Pfarren soll wieder – wie bis 1915 üblich – im Diözesanblatt ausgewiesen werden.

Bischof-Rudigier-Stiftung zur Erhaltung des Mariä-Empfängnis-Doms in Linz

Bischof Maximilian Aichern errichtete mit 15. August 1985 zusätzlich zum Dombauverein die „Bischof-Rudigier-Stiftung zur Erhaltung des Mariä-Empfängnis-Domes in Linz“ als selbstständige kirchliche Stiftung mit Rechtspersönlichkeit als öffentliche juristische Person. Zweck und Ziel ist die Erhaltung und würdige Ausstattung der Domkirche und die Basissicherung für gottesdienstliche Handlungen im Dom. Der Dom und die anderen Vermögenswerte (Liegenschaften) des Dombauvereins, der im Sinne des Vereinsgesetzes eine juristische Person, aber keine kirchliche Einrichtung ist, wurden in das Eigentum der Stiftung übergeführt, diese ist auch Trägerin der Dombauhütte.

Der „Diözesanverein zum Dombau in Linz“ besteht weiter, mit dem Hauptzweck der Förderung der Erhaltung und Ausgestaltung der nunmehr „Mariendom“ genannten Bischofskirche. Er sieht seine Aufgabe darin, Spenden und Kollekten für den Dom zu sammeln und diese an kirchliche Einrichtungen (insbesondere Bischof-Rudigier-Stiftung und Dompfarre) weiterzuleiten, welche sich um die Erhaltung des Doms kümmern. Der Verein ist nicht auf Gewinn ausgerichtet und trennte sich 2014 daher von seinen betrieblichen Aktivitäten wie der Produktion und Vermarktung von Printmedien (Ansichtskarten), Tonträgern, Foto-, Film- und Videomaterial. Die zweckdienenden Mittel sollen durch Mitgliedsbeiträge, Spenden, Sammlungen, Vermächtnisse und sonstige Zuwendungen aufgebracht werden. Vorsitzender des Vereins ist der jeweilige Bischof.

Pro Mariendom – eine Erfolgsgeschichte

Josef Pühringer

Als 2017 die Initiative Pro Mariendom gegründet wurde, zur Beratung der Bischof Rudigier-Stiftung, die Trägerin des Linzer Domes ist, war die Zielsetzung klar: Aus den Bereichen Öffentliche Hand, Wirtschaft und Zivilgesellschaft sollen finanzielle Mittel lukriert werden, da die Kosten für die notwendige Domrestaurierung weder von der Diözese (Kirchenbeitrag) und schon gar nicht von der relativ kleinen Dompfarre aufgebracht werde könnten. Immerhin gab es Schätzungen der Gesamtkosten für die Teilrestaurierung im Rahmen von 13 bis 14 Millionen Euro; diese Schätzung ist auch heute noch aktuell.

Es war aber ebenso von der ersten Stunde an klar, dass wir mit der Initiative Pro Mariendom auch den Dom noch mehr in die Herzen der Oberösterreicher:innen bringen wollen. Beides war und ist ein besonderer Anspruch, der allerdings im Vergleich zum Dombau, der vor mehr als 160 Jahren begonnen und vor 100 Jahren abgeschlossen wurde, eine überschaubare Herausforderung darstellt.

Denn damals gab es weder Zuwendungen der öffentlichen Hand, mit Ausnahme einer Spende des Ex-Kaisers Ferdinand I., noch einen gesetzlichen Kirchenbeitrag. Der Bau wurde fast ausschließlich aus Spenden und Robotleistungen der Bevölkerung finanziert.

Der Mariendom ist in erster Linie ein wichtiger Ort des Glaubens und der Seelsorge, aber auch ein bedeutender, steinerner Zeuge der Geschichte der Stadt Linz und des Landes Oberösterreich und damit eine wichtige Schnittstelle zwischen Kirche, Gesellschaft und Kultur. Daher haben wir auch die Initiative Pro Mariendom sehr breit angelegt.

Heute, fünf Jahre nach Start von Pro Mariendom und kurz vor Ende dieser Initiative, können wir sagen, dass wir beim Erreichen der Ziele auf einem guten Weg sind! Durch eine Vielzahl an Aktivitäten, vor allem auch kulturellen, ist es gelungen, den Dom mit seinen Kunstschätzen, seiner Besonderheit als spiritueller Ort und als Zentrum der Kirche von Oberösterreich bekannter zu machen. „Er ist ins Gerede gekommen", auch dank einer guten und großen Öffentlichkeitsarbeit. Zu nennen sind Initiativen wie spezielle Führungen für Kinder oder auch Taschenlampenführungen durch den finsteren Dom, verschiedenartige Benefizkonzerte, gestaltet vom Brucknerorchester bis zu den St. Florianer Sängerknaben, von der Militärmusik bis zu den namhaften Chören des Landes, von dem Projekt „Dom-Eremit" bis zur Digitalisierung der Domkrippe (Europas größter Kirchenkrippe), der Initiative der Domfrauen oder der Domlotterie, um nur einige zu nennen.

Dies alles und vieles mehr hat dazu beigetragen, dass die Beziehung vieler Oberösterreicher:innen zu ihrem Dom in den letzten Jahren erfreulicherweise gewachsen ist.

Dank gebührt der öffentlichen Hand, dem Bund, der Stadt Linz und insbesondere dem Land Oberösterreich, für ihre bedeutenden finanziellen Leistungen. Ebenso der

Vorsitzender des Beirats Pro Mariendom ist Landeshauptmann a. D. Dr. Josef Pühringer.

oberösterreichischen Wirtschaft, die sich äußert großzügig gezeigt hat und durch Sponsoring und Spenden eine bedeutende Summe für das Restaurierungsvorhaben aufgestellt hat. Aber auch der gesamten Bevölkerung – viele Gruppen haben sich mit namhaften Beträgen eingebracht, wie zum Beispiel die Katholische Frauenbewegung, die Katholische Männerbewegung, die Goldhaubenfrauen, der Seniorenbund, die Studentenverbindungen, die Dompfarre und viele andere. Ganz besonders ist auch hervorzuheben, dass sich sehr viele Pfarren Oberösterreichs und auch Gemeinden in die Reihe der Spender eingefügt haben! – Den Medien, die uns bei der Erreichung der beiden Ziele besonders geholfen haben, ist ebenfalls sehr zu danken.

Dank gebührt auch unseren Schirmherren Bischof Dr. Manfred Scheuer, Landeshauptmann Mag. Thomas Stelzer und Bürgermeister MMag. Klaus Luger sowie den Persönlichkeiten, die sich im Beirat von Pro Mariendom engagiert haben und immer noch engagieren: Dr. Franz Dobretsberger, Mag. Alois Froschauer, DI Michael Hager, Dr.in Christine Haiden, Dr. Ferdinand Hochleitner, Dipl. Päd. Manfred Hofmann, KommR Leo Jindrak, Michael Kraml, Dr. Bernhard Marckhgott, Dr. Franz Mittendorfer, Mag. Reinhold Prinz, Martina Pühringer, Dr. Christian Radetic, Dipl. Päd. Bernhard Rudinger, DI Wolfgang Schaffer, Georg Adam Starhemberg, Dr. Maximilian Strasser, KommR Dr. Gerhard Stürmer, Lic. theol. Wilhelm Vieböck, Johannes Weindl und Franz Wurm. (*Anmerkung der Herausgeber: der Autor dieses Beitrags, Dr. Josef Pühringer, ist Vorsitzender des Beirats Pro Mariendom.*)

Das Team von Pro Mariendom: Dommeister Clemens Pichler, Sabine Cap, Martina Noll und Landeshauptmann a. D. Josef Pühringer.

Besonders danken möchte ich auch unseren engagierten Mitarbeitern, insbesondere Dommeister Mag. Clemens Pichler, Marketingleiterin Mag. Martina Noll und Sabine Cap.

Auch wenn es sich nur um eine große Teilrestaurierung handelt, ist es dennoch ein Mammutvorhaben. In einem ersten Schritt wurde die bröckelnde Turmspitze in bis zu 135 Meter Höhe saniert. Ab 65 Metern mussten sämtliche Fugen, alle Steinteile und Figurenelemente des Doms ausgebessert werden. Im Herbst des vergangenen Jahres 2022 wurde die Turmrestaurierung abgeschlossen. Renovierungsbedürftig sind auch eine Reihe von Altären sowie die Krypta; die Sanierung der berühmten Krippe ist bereits abgeschlossen und ein Großteil der 70 Fenster im Dom, von denen die Hälfte noch durch Granatsplitter aus dem 2. Weltkrieg beschädigt sind.

2031 wird diese Teilrestaurierung des Mariendoms abgeschlossen sein und unser Dom – ein Wahrzeichen für Linz und Oberösterreich und das Zentrum unserer Kirche und Glaubens – wird in einem neuen Glanz erstrahlen.

Der Dom – vor 160 Jahren das größte Bauprojekt Europas

Das muss uns noch heute Respekt abringen: Der Dom war vor 160 Jahren das größte Bauprojekt Europas. Das ist auch für uns ein großes, kulturelles Erbe. Aber wie es bei jedem Erbe ist, so auch bei diesem: „Erbe bereichert, aber Erbe verpflichtet auch!" – Wir haben die Verpflichtung angenommen, weil wir überzeugt sind, dass es unsere Aufgabe ist, den Dom auch für künftige Generationen zu sichern.

Möge der Dom tatsächlich in den Herzen der Oberösterreicherinnen und Oberösterreichern einen noch besseren Platz finden! Möge er noch mehr ein besonderer Ort sein, ein Ort der Stille, der Besinnung und Erbauung, des Erlebens der Liturgie und der christlichen Gemeinschaft, aber auch ein Ort besonderer kultureller Erlebnisse. Mit einem Wort: ein ganz besonderer Ort! Ein Ort der Begegnung mit Gott und den Menschen.

Unser Dom – ein in Stein gehauenes *Te Deum* – ein steinernes „Großer Gott wir loben Dich".

Bischof Manfred Scheuer und Landeshauptman a. D. Josef Pühringer bei einem der vielen Spender für Pro Mariendom: Georg Adam Starhemberg (Mitte). Er arbeitet darüber hinaus auch in der Initiativgruppe Pro Mariendom engagiert mit.

Das Brucknerorchester unter Leitung von Markus Poschner gab am 7. Juni 2023 im Mariendom ein Benefizkonzert. Es kam Bruckners 4. Sinfonie, die „Romantische", zur Aufführung.

Sponsoren über ihr Engagement für den Mariendom

Als eines der prägenden Wahrzeichen der Stadt Linz hat der Mariendom nicht nur eine zentrale religiöse, sondern auch eine enorme gesellschaftliche, kulturelle und nicht zuletzt auch touristische Bedeutung für unser gesamtes Bundesland. Den Erhalt dieses architektonischen Meisterwerkes zu unterstützen, ist uns daher ein großes Anliegen und bringt einmal mehr die enge Verbundenheit der voestalpine als global aufgestellter Stahl- und Technologiekonzern zum Standort Linz, an dem über 11.000 voestalpine-Mitarbeiter:innen beschäftigt sind, zum Ausdruck.

DI Hubert Zajicek, MBA
Mitglied des Vorstandes voestalpine AG und Leitung Steel Division

Der Mariendom ist genauso untrennbar mit Linz bzw. Oberösterreich verbunden wie die Oberbank. Er ist nicht nur Ort des Glaubens und der Seelsorge, sondern auch ein Zeuge der Geschichte der Stadt Linz und des Landes Oberösterreich und eine wichtige Schnittstelle zwischen Kirche, Gesellschaft und Kultur. Deshalb ist der Erhalt des Doms eine gemeinsame Aufgabe und es war keine Frage, dass sich die Oberbank an der Aktion Pro Mariendom beteiligt. Für mich ist der Dom ein besonderes Wahrzeichen von Linz, optisch und spirituell. Er hat bessere und schlechtere Zeiten gesehen und er war für viele Menschen auch in den schlechteren Zeiten immer ein Symbol der Hoffnung. Eine persönliche Beziehung habe ich aber auch zu unserem Bischof Dr. Manfred Scheuer. Wir haben schon mehrere Berge gemeinsam bestiegen und er ist ein geschätzter Gast und Gesprächspartner bei zahlreichen Veranstaltungen bei uns in der Oberbank.

Dr. Franz Gasselsberger
Generaldirektor der Oberbank

Der Linzer Mariendom ist nicht nur ein bedeutendes oberösterreichisches Wahrzeichen im Herzen der Landeshauptstadt. Er ist auch ein Ort des spirituellen Rückhalts und der Gemeinschaft, der den Menschen Orientierung und Trost im Glauben bietet. Gleichzeitig ist der Mariendom auch eine kulturelle Institution, die Traditionen, Werte und soziale Bindungen fördert. Dies alles gilt es zu erhalten, weshalb sich die Raiffeisenlandesbank Oberösterreich und die oö. Raiffeisenbanken gerne für die Sanierung des Linzer Mariendoms engagieren. Zum 100-jährigen Weihejubiläum gratulieren wir ganz herzlich!

Dr. Heinrich Schaller
Generaldirektor der Raiffeisenlandesbank Oberösterreich

Die Sparkasse Oberösterreich engagiert sich für eine lebenswerte Zukunft, und dazu gehört auch die Erhaltung kultureller Güter für künftige Generationen. Mit dem Mariendom – der größten Kirche Österreichs – hat Oberösterreich ein bedeutendes Kulturdenkmal mit gesellschaftlicher Relevanz. Daher unterstützen wir gerne die Sanierungsarbeiten im Rahmen der Initiative Pro Mariendom. Auch die Sparkasse Oberösterreich hat mit der Abbildung im „Linzer Fenster" einen besonderen Platz im Mariendom. Dieses zeigt die Verbindung der Sparkassen- mit der Stadtgeschichte.

Mag.[a] Stefanie Christina Huber
Generaldirektorin Sparkasse Oberösterreich

Der Mariendom ist ein Symbol für die Geschichte und Kultur von Linz und zeigt, welche Stärke in dieser Stadt zuhause ist. Vom PowerTower der Energie AG aus habe ich einen großartigen Blick auf dieses imposante Bauwerk und bewundere dessen architektonische Schönheit. Ich freue mich, dass sich die Initiative Pro Mariendom so sehr für die Erhaltung dieser großartigen und weit über Linz hinaus bekannten Kirche einsetzt – damit auch künftige Generationen dort in festlicher Atmosphäre kirchliche Feste und musikalische Highlights erleben können.

Dr. Leonhard Schitter
CEO Energie AG Oberösterreich

Als HYPO Oberösterreich verbindet uns nicht nur die räumliche Nähe mit dem Mariendom. Kirchliche, soziale und karitative Anliegen genießen in unserem Haus einen sehr hohen Stellenwert, dem wir mit unserem Beratungsteam „Kirche & Soziales" Rechnung tragen. Der Mariendom besitzt sowohl kirchliche als auch weltliche Strahlkraft: Er ist Ort der Besinnung, Anziehungspunkt für Besucherinnen und Besucher in Linz und mit Veranstaltungen wie „Klassik am Dom" auch Kulturstandort. Die Bewahrung dieses Wahrzeichens unterstützen wir daher gerne.

Klaus Kumpfmüller
Vorstandsvorsitzender HYPO Oberösterreich

*Der Mariendom ist ein prägendes Wahrzeichen von Linz und eng mit unserer Landeshauptstadt verbunden. Er hat für viele unserer Kund*innen eine große spirituelle Bedeutung. Als fest in der Region verankerter Energie- und Infrastrukturkonzern freut es uns, die Erhaltung dieses wertvollen Kulturguts unterstützen zu können. Denn die LINZ AG leistet nicht nur einen wichtigen Beitrag zur Sicherung der Lebensqualität im oberösterreichischen Zentralraum, sondern fördert auch aktiv ausgewählte Kulturprojekte in der Region.*

DI Erich Haider, MBA
Generaldirektor LINZ AG

Unser Mariendom in Linz ist nicht nur eines der schönsten Wahrzeichen der Landeshauptstadt, sondern auch ein Ort der Begegnung, der Gemeinschaft und ein Ruhepol für die Besucher. Zudem bietet die größte Kirche Österreichs eine einzigartige Kulisse für die Konzertreihe „Klassik am Dom". Nun feiert der Mariendom seinen 100. Geburtstag! Da sind wir als das führende Versicherungsunternehmen von Oberösterreich selbstverständlich sehr gerne dabei und gratulieren herzlich zu diesem Jubiläum.

Mag. Othmar Nagl
Generaldirektor Oberösterreichische Versicherung AG

Mit dem Mariendom verbindet uns als regional verankerte Versicherung nicht nur eine langjährige Partnerschaft, sondern auch ein Jubiläum: Der Mariendom feiert im heurigen Jahr seine 100-jährige Domweihe, die Wiener Städtische Versicherung ihr 200-jähriges Gründungsjubiläum. Für mich persönlich ist der Mariendom ein Ort der Ruhe, der Muße aber auch der Begegnung. Ein Ort, an dem sich vieles relativiert – speziell in turbulenten Zeiten. In diesem Sinne, meinen herzlichen Glückwunsch zum schönen Jubiläum!

Mag. Günther Erhartmaier
Landesdirektor Wiener Städtische Oberösterreich

Die Initiative Pro Mariendom bedankt sich bei allen Sponsoren, Spenderinnen und Spendern für die Unterstützung und das Engagement rund um die Restaurierung und Erhaltung des Mariendoms. Dank ihrer Hilfe kann die größte Kirche Österreichs als Ort des Glaubens und wertvolles Kulturgut auch für kommende Generationen bewahrt werden.

Lobgesang aus Stein und Fuge

Die Linzer Dombauhütte – Fürsorge für den Mariendom

Matthäus Fellinger

Eng duckt sich das schlichte Gebäude an die Westmauer des Linzer Mariendoms – als wollte es sich lieber im Hintergrund halten als der Öffentlichkeit präsentieren. Eine einfache Hütte mit zwei hölzernen Toren an der Süd- und an der Nordseite. Das ist die Linzer Dombauhütte. Kaum jemand käme auf den Gedanken, dass es sich hier um „Weltkulturerbe" handeln könnte. Seit Dezember 2018 werden die Linzer und die Wiener Dombauhütte von der Österreichischen UNESCO-Kommission im nationalen Verzeichnis des immateriellen Kulturerbes geführt. So unscheinbar nimmt sich die Bauhütte wohl auch deshalb aus, weil sie sich an das größte Kirchengebäude Österreichs schmiegt: den Linzer Mariendom. Da erscheint alles rundherum niedrig. Des Doms wegen wurde vor gut 160 Jahren die Linzer Dombauhütte gegründet, als im Jahre 1862 unter Bischof Franz Joseph Rudigier mit den Dombau begonnen wurde.

Vincenz Statz, der Baumeister und Architekt des Linzer Mariendoms, war auch der erste Leiter der Dombauhütte. Der sieben Jahre zuvor gegründete „Diözesanverein zum Dombau in Linz" hatte sich bei der Herangehensweise an das Riesenprojekt an der mittelalterlichen Tradition der Dombauhütten orientiert. Während der folgenden über sechzigjährigen Bauzeit des Doms bis zur feierlichen Domweihe am 29. April 1924 war die Dombauhütte Bauzentrale der markantesten Baustelle im Land.

In den weiteren 102 Jahren ihrer Geschichte seit der Domweihe besteht die Aufgabe der in der Dombauhütte beschäftigten Steinmetze in der ständigen Beobachtung der Bausubstanz und in der Durchführung aller Erhaltungs-Arbeiten. Rund drei, vier Jahrzehnte nimmt eine „Runderneuerung" um die gesamte Außenseite des Gebäudes in Anspruch. Da wird alles auf Schadstellen geprüft, ausgebessert oder gegebenenfalls erneuert. Die ab 2019 durchgeführte Turmhelm-Sanierung war überhaupt die erste seit der Fertigstellung des Turms im Jahr 1901. Das beweist die Qualität dieser Arbeit der damaligen Bauleute.

Nur zwei Dombauhütten gibt es noch in Österreich: Jene am Stephansdom zu Wien, die seit dem Mittelalter betrieben wird, und eben jene zu Linz, bei der es sich um die einzige bestehende an einem neugotischen Kirchengebäude handelt. Das macht sie für die Fachwelt besonders interessant. Deshalb wird sich die Dombaumeister-Vereinigung Europas im Dom-Jubiläumsjahr 2024 für eine Woche in Linz einfinden, um sich mit den Erfahrungen der Linzer Fachleute auseinanderzusetzen. Die berühmte „Sagrada Família" von Antoni Gaudi in Barcelona stammt aus derselben Zeit wie der Mariendom. Seit dem Jahr 1882 wird an dem Prachtbau „Sagrada Família" mit den vielen Türmen gebaut – und ein Ende der Bauzeit ist immer noch nicht absehbar.

Ewige Baustelle

Ganz fertig war der Mariendom zur Zeit seiner Weihe noch nicht – und ist es bis heute nicht: An der Außenseite des Hauptportals an der Baumbachstraße ist das Tympanon – der Torgiebel – nur als Entwurf aufgemalt. Fragmente aus Gips sind zwar vorhanden, doch zur Ausfertigung in Stein ist es nie mehr gekommen. Auch viele der Figuren-Nischen stehen bis heute leer. Und: Ein Gebäude wie dieses bleibt Baustelle, solange es steht. Doch – davon ist Bauhüttenmeister Gerhard Fraundorfer überzeugt – das wird noch sehr lange der Fall sein.

Die Dom-Steinmetze brauchen ein gutes räumliches Vorstellungsvermögen, um aus einer Skizze am Stein eine plastische Figur zu meißeln.

Mittelalterliche Vorbilder

Dombauhütten hatten im Mittelalter seit dem 12. Jahrhundert große Bedeutung. Im 14. und 15. Jahrhundert erlebten sie mit dem Bau der großen europäischen gotischen Kathedralen ihren Höhepunkt. In Bern, Wien, Köln und am Straßburger Münster gab es die bedeutendsten Bauhütten. Doch auch in Österreich hatten große Kirchen ihre Bauhütten, wie jene in Admont oder in Hall in Tirol.

Es ging um hohe Handwerkskunst, deshalb hatten die dort Beschäftigten besondere Privilegien. Sie unterlagen einer eigenen Gerichtsbarkeit. Entscheidend war die Qualität des Handwerks selbst: Mit einfachen Hilfsmitteln wie Zirkel, Winkel und Maß, aber mit sehr viel Erfahrung und Können gingen die Steinmetze an ihre Aufgaben heran. Sechs Jahre dauerte damals die Lehrzeit eines „Hüttendieners", ehe er mit der „Freisprechung" zum Gesellen aufstieg. Er bekam nun sein Steinmetzzeichen und konnte in die Steinmetze-Bruderschaft aufgenommen werden. Das verliehene Steinmetzzeichen war ein Ehrenzeichen. Verstieß einer gegen die Regeln, konnte er es verlieren – und verlor damit auch seine berufliche Konzession im Gewerbe. Mit dem Ende der Gotik war es bald auch mit den Dombauhütten vorbei; 1731 wurden die im Mittelalter übertragenen Privilegien aufgehoben. Symbole der Dombauhütten fanden in der Folge übrigens bei den Freimaurern Verwendung.

Ein Leben mit dem Dom

Domhüttenmeister Gerhard Fraundorfer hat seit 33 Jahren mit dem Linzer Mariendom zu tun. Ursprünglich ausgebildet als Friedhof-Steinmetz machte er sich schließlich mit einem Steinmetzbetrieb in St. Martin im Mühlkreis selbstständig. Doch sein Schwerpunkt ist nach wie vor der Linzer Mariendom. Die größte Herausforderung und zugleich der Höhepunkt seiner Steinmetz-Laufbahn stellt die 2019 begonnene, auf rund zehn Jahre angesetzte Großsanierung am Mariendom dar, die damals mit der Restauration des Turmhelms begonnen hat.

Der Arbeitsplatz der Restauratorinnen befindet sich hoch oben am Gerüst im Kapellenkranz .

Alles, was aus Stein ist, fällt in den Aufgabenbereich der Dombauhütte. Und Stein gibt es viel im Dom. Aus 26.612 verbauten Steinen besteht allein der Turm. Im gesamten Dom wurden damals etwa 106.000 Steinblöcke verbaut. Beim Dombau kam das Material – der Sandstein – vom Mais-Berg im niederösterreichischen Altlengbach. „Dieser Berg steht jetzt in Linz“, erklärt Fraundorfer das Ausmaß des Projekts. Der Steinbruch war nach dem Dombau praktisch erschöpft. Heute bezieht die Dombauhütte die Rohsteine, in Blöcken auf die jeweils benötigten Größen zugeschnitten, aus dem Elb-Sandsteingebiet im Osten Deutschlands.

Als Hüttenmeister ist Fraundorfer Chef von fünf Steinmetzen. Derzeit arbeitet auch die Restauratorin Petra Berger im Hütten-Team – zusammen mit der Restauratorin Susanne Beseler. Deren Aufgabe ist die „Oberflächen-Architektur“. Die Marmoraltäre, Altaraufbauten aus Kalk- und Sandstein, die bis zu zwölf Meter hohen Wandmosaike mussten fachgerecht gereinigt und instand gesetzt werden. Im Schmutz und Russ der Jahrzehnte sind die Mosaike in ihrer ursprünglichen Farbigkeit mehr zu erahnen als zu sehen gewesen.

Was Farben betrifft, so bedienen sich die Restauratorinnen nicht aus dem Baumarktregal: Alles wird, den Vorgaben des Denkmalschutzes entsprechend, selbst gemischt und angerührt. Petra Berger ist schon an vielen wichtigen Baustellen gewesen. Bei der Restaurierung des Riesentores am Wiener Stephansdom zum Beispiel, im Schloss Schönbrunn oder im Stift St. Florian. „Jedes Projekt ist spannend auf seine Weise“, erzählt sie. Das Herz ging ihr beim Anblick der Filmaufnahmen aus der Drohne auf, als am 5. Oktober 2021 die „Zeitkapsel“ in die Turmkreuzkugel an der Turmspitze verbracht wurde. Da sah sie ihre Baustelle aus der Vogelperspektive statt nur aus der Nähe am Gerüst. Auch einfache, unspektakuläre Bereiche eines Gebäudes, wie etwa ein Sockel, verdienen die gleiche Aufmerksamkeit wie eine Figur, welche die Blicke auf sich lenkt, sagt sie. Alles will so recht, seiner Aufgabe entsprechend, in Szene gesetzt werden. Das wichtigste Baumerterial der Restauratorinnen besteht in erster Linie aus einer Mischung von Können, Sorgfalt und Geduld. Heutzutage ist die Arbeit am Stein keine reine Männerangelegenheit mehr. Vor allem im Restaurations-Bereich und in der Oberflächen-Bearbeitung sind immer mehr Frauen am Werk.

Die Ehrlichkeit der Gotik

Höhenangst darf man als Domhüttenmeister nicht haben. Gerhard Fraundorfer wagt sich in luftige Höhen.

Das ist ein Charakteristikum des gotischen und somit auch des neugotischen Stils: Es gibt keine unwichtigen Bereiche. Selbst in den verborgensten Winkeln wurde alles mit größter Sorgfalt ausgeführt. „Gott sieht alles" – von diesem Prinzip ließen sich die Erbauer, Handwerker und Handwerkerinnen leiten.

Man muss sich Zeit zum Schauen nehmen. Was sich dem Betrachter in ein faszinierendes Gesamtbild zusammenfügt, besteht aus hunderten, ja tausenden Details. So ist der Linzer Dom bevölkert mit hunderten Tier-, Pflanzen- und Menschenmotiven, die man bei einem normalen Dombesuch gar nicht wirklich zu Gesicht bekommt. Man muss die Treppen schon hochsteigen, um etwa im Rundgang um den Dom in 40 Metern Höhe die kunstvollen Darstellungen zu entdecken. Da sieht man den Fuchs mit der Henne im Maul, den Schusterbuben, der in der Lederhose auftanzt, und unter den vielen Köpfen entdeckt man Fratzen, ebenso unzählige Pflanzenornamente. Den Steinmetzen muss es ein Vergnügen bereitet haben, den Dom mit all diesen Gestalten und Lebewesen auszuschmücken. Manchmal haben sie Tiere und Menschenköpfe aus anderen Kulturen dargestellt, die sie wohl nur aus Erzählungen kannten. So entstanden auch eher fabelhafte Wesen. Kein Tierkopf gleicht einem zweiten, auch kein Blattmotiv auf einem der rund 150 Kapitelle im Dom gleicht einem anderen. Dasselbe gilt etwa auch für die Wasserspeier an der Außenfassade. Am Dom wurde nicht mit „Schablone" gearbeitet und auch nirgends „geschummelt". Da ist alles einmalig und ehrlich, bis in die letzten Winkel hinein.

Manchmal brauchen die Steinmetze spezielle Werkzeuge, die nicht auf dem Markt erhältlich sind: besonders lange Meißel zum Beispiel. Für solche Fälle gibt es eine kleine Schmiede in der Hütte, in der die Werkzeuge angefertigt oder zurechtgerichtet werden. Und Werkzeug wird viel gebraucht. Jeder Steinmetz hat ein Bündel davon stets zur Hand.

An einem einzigen Tier- oder Pflanzenmotiv meißelten Steinmetze im Linzer Dom etwa eine Woche lang. Aufgabe der Lehrlinge war es dabei, die Sandsteinblöcke zuzurichten. Die ausgebildeten Steinmetze meißelten dann die groben Strukturen in den Block. Die Bildhauer-Steinmetze waren die am besten ausgebildeten Leute, die schließlich die Feinarbeit von Hand ausführten. Wenn in der kalten Jahreszeit in der Hütte mehrere Steinmetze gleichzeitig am Werk sind, ist das eine staubige Angelegenheit. Den Vorschriften entsprechend und der Gesundheit zuliebe wird mit Gehör-, Sicht- und Staubschutz gearbeitet. Dem Laien erscheint es, als würden die Handwerker so leicht ans Werk gehen, als ob sie mit Butter arbeiteten.

Aus der Nähe kann man die Kunst der Linzer Steinmetze übrigens an der Außenwand der Dombauhütte betrachten. Originalgetreu finden sich dort unter dem Dachvorsprung Abdrucke von Tierskulpturen, deren Originale nach der Sanierung wieder an ihrem ursprünglichen Platz angebracht wurden. Eine kleine „Ausstellung" um die

Im Winter wird in der Bauhütte gearbeitet. Ob mit Pressluft oder mit Hand gemeißelt, es braucht Fingerspitzengefühl.

Dombauhütte herum wurde für das Jahr 2009, als Linz Europäische Kulturhauptstadt war, angebracht. Ein „Fialtürmchen" kann man im Dominneren beim Ausgang zum Westtor betrachten. Dort befindet sich auch das 1:1-Modell der Türmerstube, die seit dem Kulturhauptstadtjahr regelmäßig von den Dom-Eremitinnen und -Eremiten bewohnt wird. Während der Turmsanierung diente die Stube am Turm als Pausenraum für die Bauleute.

Eine moderne Baustelle

Die Dombaustelle war eine für die damalige Zeit sehr moderne Einrichtung. Nur anfangs wurde alles mit Meißel und Hammer von Hand geschaffen. Bald nutzte man die Erfindung des Pressluft-Meißels. Das sparte viel Zeit und Kosten. Noch heute wird in der Dombauhütte mit denselben Techniken gearbeitet. Man merkt einer Oberfläche an, ob sie mit dem Pressluft-Werkzeug oder manuell geschlagen wurde. Die Maschine schlägt schneller und, erklärt Fraundorfer, der „Handschlag" geht tiefer in das Material. Im Winter ist für die Steinmetze Hüttenarbeit angesagt, doch sobald es die Witterung erlaubt, geht es hinauf auf die Gerüste. Bei den zuletzt warmen Wintern war das schon im Februar der Fall. Alles, was sich restaurieren lässt, wird auch restauriert. Nur bei Gefahr für Leib und Leben, erklärt Meister Fraundorfer, werden Teile neu angefertigt und ausgetauscht.

Umwelteinflüsse, Taubenkot und die Witterung setzen dem Sandstein zu. Rund fünf Kubikmeter Sandstein aus dem Elbegebiet werden in normalen Jahren am Dom neu verarbeitet, um schadhafte Teile zu ersetzen. Beim Dombau hat man das damals noch neue Material Zement statt des bis dahin üblichen Kalks verwendet. Doch der Zement sprengt bei Wassereintritt und Frost das Gestein. Auch das in der Nachkriegszeit kurzzeitig als Ersatzmaterial verwendete vulkanische Tuffgestein führte zu anderen Schadensbildern und erwies sich als ungeeignet. So bleibt man beim Sandstein. Jener aus dem Elbe-Gebiet entspricht etwa der Zusammensetzung und der Qualität des ursprünglich verwendeten niederösterreichischen Gesteins.

Die „Kunst der Fuge“

Die Fachleute aus der Dombauhütte müssen nicht nur handwerklich geschickt sein. Nach einer dreijährigen Basisausbildung absolvieren sie in mehreren Kursabschnitten eine Denkmalschutzausbildung sowie solche für das nötige Wissen in Chemie und Physik. Letzteres ist besonders bei der „Kunst der Fuge“, also beim Fugenmaterial wichtig. „Moderne“ Materialien wie etwa Silikon haben sich als ungeeignet erwiesen. Mit der Zeit werden sie rissig und somit undicht, sobald aber Wasser in die Fugen dringt, ist für die Steinmetze „Feuer am Dach“. Da könnten Wasser und Frost ihr Zerstörungswerk so recht beginnen. Für die Fugen an den Außenfassaden wurde viel experimentiert, um die richtige Mischung zu finden. Schließlich sollten die nächsten Ausbesserungsarbeiten etwa oben am Turm erst in hundert Jahren wieder nötig sein. Aus den Erfahrungen macht man keine Geheimnisse. Die Fachleute der europäischen Bauhütten profitieren voneinander, bei den jährlichen Fachtreffen tauscht man sich aus.

Eine genaue Einschätzung, wann man mit Renovierungsmaßnahmen beginnen muss, gehört zur Aufgabe des Hüttenmeisters. Beginnt man zu spät, kommt die Sache teuer zu stehen. An die meisten Stellen im Dom gelangt man im Lauf des Berufslebens nur einmal. Da muss also mit dem Blick auf jahrzehntelange Haltbarkeit gearbeitet werden – sonst würde der Aufwand nur umso größer.

Ein Zeugnis auf Dauer

Ob der Linzer Mariendom, aus Sandstein gebaut, in 500 Jahren noch stehen wird? „Leicht!“ ist Hüttenmeister Fraundorfer überzeugt. Andere Materialien wie Eisen und selbst „Nirosta-Stahl“ zerfallen nach mehr oder weniger langer Zeit. So lange Zeiten hält nur Stein. Fraundorfer

Dom-Steinmetz bei der Arbeit mit dem Pressluftmeissel.

verweist auf die Cheops-Pyramide in Ägypten oder die Chinesische Mauer, die man auch in tausend Jahren noch sehen wird können.

Bei den Kirchen haben sich die Steinmetze früherer Zeiten viel mehr Mühe gegeben als bei einem weltlichen Auftraggeber. Im Eingangsbereich der Dome wurde besonders fein gearbeitet. Bei einem „weltlichen“ Projekt ging es oft darum, einen Bau möglichst rasch in die Höhe zu ziehen. Beim Kirchenbau jedoch ließ man sich die Zeit, die das Werk eben benötigte.

Als Fachbetrieb für denkmalgeschützte Objekte sind die Mitarbeiterinnen und Mitarbeiter der Dombauhütte auch an anderen Objekten in Oberösterreich tätig. An die Restaurierung des Stiegenhauses in Schloss Cumberland erinnert sich Fraundorfer gerne. Doch die Faszination Mariendom ist für ihn etwas Besonderes: allein schon, wie er dasteht mit seiner Nord-Süd-Ausrichtung. Das ist sonst in Österreich nur noch bei der Admonter Stiftskirche der Fall: Verkehrt gewissermaßen, aber dafür mit einem Lichteinfall, wie man ihn sonst nirgendwo erleben kann.

Seit dem Jahr 1985 ist die von Bischof Maximilian Aichern errichtete „Bischof-Rudigier-Stiftung zur Erhaltung des Maria-Empfängnis-Domes in Linz“ Trägerin der Linzer Dombauhütte. Ihre Hauptaufgabe ist die Erhaltung und Ausstattung der Domkirche – damit es lange erklingen kann: das Gotteslob aus Stein und Fuge im Herzen der Diözese Linz.

Wem gehört der Mariendom?

Heinz Niederleitner

Die Frage, die diesem Beitrag als Titel voransteht, klingt einfach, ist aber durchaus spannend zu beantworten. Das beginnt schon bei der Auswahl der Perspektive: Blickt man beispielsweise auf die Bedeutung des Doms für Österreich, Oberösterreich und die Stadt Linz, dann kann man sagen: Der Mariendom „gehört“ allen, die sich an dieser größten Kirche Österreichs erfreuen: den Gläubigen, die darin beten; den Touristen und Kunstinteressierten, die ihn erkunden; den Musikbegeisterten, die dort Konzerte hören; den Linzern und Linzerinnen, die ihr Wahrzeichen schätzen usw. Religiös betrachtet könnte man argumentieren, der Dom gehöre der Gottesmutter, der er geweiht ist und zu deren Ehre er erbaut wurde. Theologisch noch klarer wäre heute die Antwort, dass der Dom als Gotteshaus Gott gehört.

Erste Vermutungen

Aber es gibt auch den profanen Blickwinkel, den juristischen Zugang, um den es in diesem Beitrag gehen soll. Die Frage lautet dann genauer: Wer ist Eigentümer des Mariendoms? Hier mag es verschiedene Vermutungen geben, die auf der Hand liegen, überraschender Weise aber nicht zutreffen. So könnte man annehmen, der Dom gehöre der Diözese Linz, immerhin ist er die Kathedrale (Bischofskirche) des Linzer Bischofs. Doch die Diözese ist nicht Eigentümerin dieser Kirche. Eine zweite, ebenso naheliegende Vermutung wäre, der Dom gehöre der Dompfarre. Auch das trifft nicht zu. Der Dom gehört auch nicht, wie das zum Beispiel beim Stephansdom in Wien über den Umweg des Konkordats (siehe unten) der Fall ist, als eigene Rechtspersönlichkeit quasi „sich selbst".

Auf den ersten Blick nachvollziehbar ist die Antwort, dass der Linzer Dom kein staatliches Eigentum ist. Aber selbst da gäbe es Beispiele wie den Veitsdom in Prag: Dieser gehört nach einem langen Rechtsstreit infolge der Enteignung durch die Kommunisten heute endgültig dem Staat, während die Erzdiözese Prag nur ein Nutzungsrecht hat. Auch Notre Dame in Paris ist seit 1905, als die laizistische Bewegung einen Höhepunkt hatte, Staatseigentum.

Die Rudigier-Stiftung

Wem also gehört der Mariendom juristisch? Die richtige Antwort lautet: der „Bischof-Rudigier-Stiftung zur Erhaltung des Mariä-Empfängnis-Domes in Linz". Sie wurde mit Rechtskraft vom 15. August 1985 durch Bischof Maximilian Aichern errichtet und hat das Eigentumsrecht – samt den damit verbundenen Pflichten – vom Dombauverein (vollständige Bezeichnung: „Diözesanverein zum Dombau in Linz") übernommen, der als Verein nach staatlichem Recht 1855 zur Errichtung des Domes entstanden war (siehe dazu den Beitrag von Monika Würthinger in diesem Band). Hintergrund dieser speziellen Entwicklung ist, dass Bischof Franz Joseph Rudigier als Initiator wünschte, der Dom möge aus der Spendenleistung der gläubigen Bevölkerung heraus entstehen und nicht einfach ein Projekt der Diözesanspitze sein. Eine ähnliche Idee liegt auch die Errichtung der Basilika „Sagrada Família" in Barcelona zugrunde.

Bei der „Rudigier-Stiftung" handelt es sich um eine Einrichtung nach kanonischem, also kirchlichem Recht. Konkret nennt Kanon 115 § 3 des Corpus Iuris Canonici (CIC) eine Gesamtheit von Sachen „selbständige Stiftungen" (fundatio autonoma). Genau genommen ist sie eine „pia fundatio autonoma", eine „selbständige fromme Stiftung" nach Kanon 1303 CIC. Das allein verleiht ihr aber noch kein Recht dem Staate gegenüber. Erst durch das Konkordat von 1933, den Vertrag der Republik Österreich mit dem Heiligen Stuhl, erlangte die kirchliche Stiftung auch Rechtspersönlichkeit in der Republik Österreich. Im Konkordat heißt es in Artikel II: *„Die katholische Kirche genießt in Österreich öffentlich-rechtliche Stellung. Ihre einzelnen Einrichtungen, welche nach dem kanonischen Rechte Rechtspersönlichkeit haben, genießen Rechtspersönlichkeit auch für den staatlichen Bereich,*

Bei Wallfahrten oder großen Gottesdiensten werden zu den feststehenden Sitzreihen noch zusätzlich Bänke für tausende Mitfeiernde aufgestellt.

insoweit sie bereits im Zeitpunkt des Inkrafttretens dieses Konkordates in Österreich bestehen. Künftig zu errichtende erlangen Rechtspersönlichkeit für den staatlichen Bereich, wenn sie unter der in diesem Konkordate vorgesehenen Mitwirkung der Staatsgewalt entstehen."

Konkret bedeutet dies, dass die Kirche die Errichtung einer Einrichtung, die Rechtspersönlichkeit erlangen soll, der staatlichen Kultusbehörde anzeigen muss (Artikel XV § 7 Konkordat). Seit diesem Formalakt kann die Rudigier-Stiftung als juristische Person gegenüber dem Staat und anderen Rechtspersönlichkeiten auftreten und handeln.

Nun ist es nicht die juristische Person „Stiftung", die agiert, sondern es sind ihre Organe. Die Rudigier-Stiftung besitzt ein zentrales Kollegium, das einen Vorsitzenden hat und in dem aus dem Domkapitel der Domkustos, der Dompropst und der Dompfarrer vertreten sind, dazu der Geschäftsführer der Stiftung, der Diözesanökonom und weitere Mitglieder (insgesamt derzeit elf). An der Spitze der Stiftung steht aber nicht das Kollegium, sondern als „Protektor" der Diözesanbischof. Laut Statut hat dieser die „generelle Richtlinienkompetenz in allen Angelegenheiten" der Stiftung.

Wie beschrieben übernahm die Rudigier-Stiftung das wesentliche Eigentum des Dombauvereins. Das sind aber nicht nur Dom und Domplatz, sondern auch weitere Liegenschaften im Geviert zwischen Herrenstraße, Baumbachstraße, Stifterstraße und Hafnerstraße, also in unmittelbarer Domnähe. Soweit diese Liegenschaften nicht von der Stiftung selbst genutzt werden (wie zum Beispiel ein Haus in der Hafnerstraße, in welchem sich die Büros des Geschäftsführers der Rudigier-Stiftung, des Dombaumeisters und der Initiative Pro Mariendom befinden), haben diese Liegenschaften den Zweck, so bewirtschaftet zu werden, dass Erträge in die Erhaltung des Doms fließen. Professionell verwaltet wird diese Bewirtschaftung von der Diözesanen Immobilienstiftung. Ein bekanntes Beispiel ist das „Hotel am Domplatz", welches infolge eines Baurechtsvertrags auf dem Grundstück der Rudigier-Stiftung errichtet wurde. Allerdings konnten nicht alle Immobilien der Stiftung den Finanzierungszweck für die Domerhaltung auf Dauer erfüllen. In manchen Fällen führte das Alter der Bausubstanz mit der Zeit zu mehr Kosten als Erträgen. Aus diesem Grund wurde beispielsweise das Haus Baumbachstraße 3 aus der Rudigier-Stiftung ausgeschieden. Nach einer umfassenden Sanierung wird es heute von der Caritas und der Dommusik genutzt.

Der Rudigier-Stiftung als Beirat angeschlossen ist die Initiative Pro Mariendom. Dieser Beirat unterstützt das Kollegium bei der Beschaffung der Mittel für notwendige Erhaltungs- und Restaurierungsarbeiten am Dom.

Das Domkapitel

Rund um die Rudigier-Stiftung besteht eine Reihe von verbundenen Institutionen. Am bekanntesten dürfte das Domkapitel sein: Dieses besteht aus acht Priestern, die neben anderen Aufgaben mit den Gottesdiensten in der Kathedrale sowie der Verwaltung der Domkirche betraut sind. Die zweite Aufgabe ist zwar grundsätzlich an die Rudigier-Stiftung delegiert, in der jedoch wie erwähnt das Domkapitel mit Dompropst, Domkustos und Dompfarrer Sitze und Stimmen hat. Die umfassende Sorge für den Dom nimmt nach dem Statut des Domkapitels vor allem der Domkustos wahr.

Das Domkapitel entstand 1785 durch kaiserliche Stiftung mit sieben Domkapitularen (Domherren). 1901 fügte Bischof Franz Maria Doppelbauer einen achten Domherrn dazu. Im Wirtschaftsleben tritt das Domkapitel mit seinem Forstbetrieb auf. Aus dieser Stiftung heraus ist das Domkapitel selbsterhaltungsfähig und benötigt kein Geld aus dem Kirchenbeitrag , es leistet sogar für die Erhaltung des Mariendoms einen Beitrag.

Dompfarre, Domcenter, Dombauhütte, Dombaumeister

Der Linzer Dom ist auch Pfarrkirche. Die Dompfarre ist im Dom eingemietet, nur das Gebäude des Dompfarramts gehört der Pfarre selbst. Allerdings ist die Pfarre Arbeitgeberin der Dommesner.

Da der Dom ein touristisches Highlight in Linz ist, gibt es auch ein Domcenter mit Shop und Domführungen. Dieser Bereich wird von der DomShop Linz GmbH betrieben, die wiederum der Rudigier-Stiftung gehört. Die Dombauhütte ist ein privat geführter Betrieb, der in einem Vertragsverhältnis zur Rudigier-Stiftung steht. Ähnlich ist die Lage beim Dombaumeister, der auf Honorarbasis für die Stiftung arbeitet.

Das Domkapitel Linz in liturgischer Kleidung. Von links: Dompropst Wilhelm Vieböck, Domkapitulare Adolf Trawöger, Michael Münzner, Domkustos Johann Hintermaier, Domdechant und Dompfarrer Maximilian Strasser, Domkapitulare Christoph Baumgartinger, Klaus Dopler, Martin Füreder.

Der Dombauverein

Die Errichtung der Rudigier-Stiftung bedeutete keineswegs das Aus für den „alten" Dombauverein. Vielmehr kam es zu einer Aufgabenteilung: Während die Organe der Stiftung vor allem die Eigentümerinteressen vertreten, ist Hauptzweck des Dombauvereins die Förderung der Erhaltung des Mariendoms. Dazu nutzt er Mittel wie Mitgliedsbeiträge, Spenden, Sammlungen, Vermächtnisse und sonstige Zuwendungen sowie die Produktion und Vermarktung von Printmedien, Tonträgern, Foto-, Film- und Videomaterial samt Öffentlichkeitsarbeit und sonstige geeignete Maßnahmen. Im Unterschied zur Rudigier-Stiftung kann dem Dombauverein eine Vielzahl von Mitgliedern angehören: Er ist laut Statut offen für „alle natürlichen und juristischen Personen, denen die Erhaltung des Domes ein Anliegen ist und die der katholischen Kirche verbunden sind".

Für alle da

Wenn wir uns die Eingangsfrage, wem der Mariendom gehört, wieder vor Augen führen, dann war das eine Frage nach Eigentumsrechten. Was aber in der täglichen Arbeit der Rudigier-Stiftung am deutlichsten hervortritt, sind nicht Rechte, sondern Pflichten: die Pflicht zur Erhaltung des Doms als bleibendes Kulturdenkmal und als religiöse Stätte; die Pflicht zur Sicherung und guten Verwaltung der Liegenschaften; die Pflicht zur Offenhaltung dieser großen Kirche. Denn jenseits aller juristischen Fragen gilt: Der Linzer Mariendom ist für alle da – und soll es auch weiterhin sein.

Der Autor dankt Dommeister Mag. Clemens Pichler für seine Unterstützung.

In die goldene Kugel unter dem Turmkreuz wurde nach der Renovierung des Domturms die Zeitkapsel von 1924 wiederum eingesetzt und eine neue Zeitkapsel hinzugefügt.

Anhang

Anm.: Akademische Titel entfallen

Diözesanbischöfe und Weihbischöfe

Ernest Johann N. Reichsgraf von Herberstein	1785–1788
Joseph Anton Gall	1788–1807
Sigismund Ernst Graf von Hohenwart	1809–1825
Gregorius Thomas Ziegler	1827–1852
Franz Joseph Rudigier	1853–1884
Ernest Maria Müller	1885–1888
Franz Maria Doppelbauer	1889–1908
Rudolph Hittmair	1909–1915
Johannes Maria Gföllner	1915–1941
Josef Calasanz Fließer	1941/1946–1955
Franz Sal. Zauner	1956–1982
Alois Wagner (Weihbischof)	1969–1982 seit 1992 Erzbischof
Maximilian Aichern OSB	1982–2005
Ludwig Schwarz SDB	2005–2015
Manfred Scheuer	seit 2015

Domkapitel seit 1925

Die Reihung der Namen erfolgt chronologisch nach dem Eintrittsjahr in das Domkapitel. Die in der Klammer angegebenen Jahreszahlen beziehen sich auf das Geburtsjahr, auf die Aufnahme in das Domkapitel und auf das Todesjahr.

Josef Kolda	(1864/1904/1947)
Josef Rettenbacher	(1859/1909/1937)
Josef Franz Lohninger	(1866/1913/1926)
Karl Schöfecker	(1873/1914/1955)
Johann B. Andlinger	(1863/1919/1930)
Florian Oberchristl	(1876/1921/1951)
Friedrich Pesendorfer	(1867/1923/1935)
Karl Angerbauer	(1886/1925/1968)
Vinzenz Blasl	(1864/1927/1940)
Josef Zierer	(1879/1930/1956)
Josef Lugstein	(1891/1936/1953)
Karl Fruhstorfer	
Wilhelm Johann Binder	(1887/1940/1963)
Ferdinand Weinberger	(1896/1949/1981)
Anton Peham	(1887/1953/1971)
Franz X. Hackl	(1903/1954/1981)
Josef Ledl	(1901/1956/1980)
Franz Vieböck	(1907/1956/1984)
Ferdinand Klostermann	(1907/1957/1982)
Karl Böcklinger	(1916/1964/1977)
Hermann Pfeiffer	(1914/1964/1991)
Ludwig Kneidinger	(1914/1971/2004)
Gottfried Schicklberger	(1927/1971/2003)
Peter Gradauer	(1921/1977/1991)
Josef Ahammer	(1935/1982/2017)
Josef Wiener	(1927/1982/1999)
Johann Bergsmann	(1935/1982/1998)
Johannes Singer	(1921/1984/2007)
Franz Huemer-Erbler	(1931/1990/2013)
Josef Mayr	(1931/1991/ –)
Wilhelm Vieböck	(1949/1996/ –)
Maximilian Mittendorfer	(1944/1998/ –)
Maximilian Strasser	(1950/1998/ –)
Walter Wimmer	(1943/2003/ –)
Johannes Marböck	(1935/2004/ –)
Christoph Baumgartinger	(1957/2006/ –)
Johann Hintermaier	(1962/2009/ –)
Martin Füreder	(1963/2011/ –)
Klaus Dopler	(1957/2014/ –)
Adolf Trawöger	(1960/2020/ –)
Michael Münzner	(1978/2020/ –)

Die Linzer Ehrendomherren seit 1925

Johann Ev. Strobl	(1851/1914/1931)
Georg Wagnleithner	(1861/1917/1930)
Franz X. Stadler	(1868/1921/1936)
Wenzel Grosam	(1877/1921/1942)
Johann B. Steindl	(1860/1923/1933)
Josef Hemmelmayr	(1863/1924/1928)
Josef Pöschl	(1865/1928/1944)
Matthias Hufnagl	(1867/1930/1937)
Michael Pramer	(1851/1931/1935)
Michael Kraus	(1854/1934/1935)
Woldemar Theodor Großmann	(1870/1935/1942)
Karl Fruhstorfer	(1875/1936/1956)
Franz Aitzetmüller	(1869/1935/1947)
Alois W. Schließleder	(1875/1937/1941)
Ludwig Weiß	(1863/1938/1949)
Josef Birgmann	(1871/1942/1962)
Josef Grosam	(1874/1942/1947)
Josef Bamberger	(1882/1942/1950)
Josef Starzinger	(1874/1944/1961)
Ignaz Traunwieser	(1869/1947/1962)
Franz Ohnmacht	(1893/1947/1954)
Heinrich Mayrhuber	(1889/1949/1959)
Franz Riepl	(1884/1950/1972)

Ludwig Aspöck	(1884/1956/1978)
Karl Göschlberger	(1887/1959/1972)
Franz Haidinger	(1877/1962/1971)
Leopold Brandstätter	(1893/1963/1974)
Alois Raster	(1898/1963/1979)
Karl Thöne	(1909/1973/1976)
Alois Dobretsberger	(1904/1975/1984)
Ferdinand Ansorge	(1903/1975/1984)
Johann Steinbock	(1909/1980/2004)
Heinrich Josef Hirscher	(1920/1980/2006)
Johann Gütlinger	(1915/1983/2007)
Reinhard Walter Hubert Brzoska	(1927/1984/1988)
Johann Schicklberger	(1930/1984/2017)
Josef Holzmann	(1920/1993/2002)
Franz Renetseder	(1914/1993/2006)
Josef Dikany	(1934/2004/2014)
Alois Mayr	(1940/2004/2020)
Severin Lederhilger OPraem	(1958/2006/ –)
Franz Haidinger	(1939/2006/ –)

Domprediger

Josef Pfeneberger	bis 1922
Willhelm Siegel	bis 1923

Domvikare

Franz Kirchberger	1922–1922
Ferdinand Giesriegl	1922–1928
Josef Gerl	1922–1926
Leopold Griesser	1922–1924
Franz H. Frühmann	1924–1941
Karl Gatterer	1926–1933
Rudolf Albertha	1928–1934
Franz de Paula Kücher	1933–1939
Josef Ledl	1934–1940
Herrmann Ehrengruber	1939–1939
Rudolf Harringer	1939–1949
Engelbert Schwarzbauer	1940–1945
Josef Kronsteiner	1941–1943
Hermann Kronsteiner	1943–1946
Josef Steurer	1945–1953
Josef Stegfellner	1946–1954
Franz H. Renetseder	1949–1956
Josef Hintersteininger	1954–1958
Karl Pilz	1956–1956
Heinrich Hirscher	1957–1960
Wilhelm Zauner	1958–1962
Josef Janda	1960–1966
Georg Stadler	1962–1967
Johann Kaltseis	1966–1969
Horst Binder	1967–1970
Johann Ruhsam	1969–1974
Johann Enichlmayr	1970–1982
Walter Gottwald	1975–1982
Franz Wild	1982–1986
Karl Kastner	1986–1989
Rupert Granegger	1989–1994
Heinz Purrer	1994–1995
Peter Paul Gangl	1995–1996
Gerald Geyrhofer	1996–1999
Johann Hintermaier	1999–2003

Domkuraten

Franz Wöckinger	2003–2008
Josef Keplinger	seit 2008

Pastoralassist*innen

Ferdinand Kaineder	1982–1992
Alois Mayer	1992–2006
Sr. Brigitte Thalhammer	2006–2009
Barbara Hammerl	2009–2011
Gabriele Miglbauer	2011–2013
Peter Kartaschov	2014–2019
Stefanie Hinterleitner	seit 2019

Dombaumeister

Vincenz Statz	1862
Otto Schirmer	1862–1900
Franz Statz	1900–1909
Matthäus Schlager	1909–1959
Gottfried Nobl	1959–2005
Wolfgang Schaffer	2005–2022
Michael Hager	seit 2023

Domkapellmeister am Alten Dom Linz 1785–1909

Franz Haller (1785–1787)
Johann Georg Roser (1787–1797)
Franz Xaver Glöggl (1797–1839)
Johann Baptist Schiedermayr (1839–1840)
Karl Zappe sen. (1840–1871)

Karl Zappe jun. (1871–1890)
Karl Waldeck (1890–1905)
Ignaz Gruber (1905–1909)

Domorganisten am Alten Dom Linz 1785–1909

Joachim Winkler (1785–1788)
Thaddäus Pichler (1788–1809)
Johann Baptist Schiedermayr (1810–1840)
Wenzel Pranghofer (1840–1855)
Anton Bruckner (1855–1868)
Karl Waldeck (1868–1905)
Ignaz Gruber (1890–1905)
Franz Neuhofer (1905–1909)

Domkapellmeister am Mariendom Linz seit 1909

Ignaz Gruber (1909–1924)
Franz Xaver Müller (1924–1943)
Joseph Kronsteiner (1943–1981)
Balduin Sulzer (1981–1986)
Anton Reinthaler (1986–2003)
Norbert Matsch (2003–2005)
Josef Habringer (2006–2022)
Andreas Peterl (seit 2022)

Domorganisten am Mariendom Linz seit 1909

Franz Neuhofer (1909–1930)
Ludwig Daxsperger (1930–1982)
Wolfgang Kreuzhuber (seit 1982)

Dommesner
soweit in der Pfarrchronik erfasst

Johann Doppelhammer	1901–1939
Johann Willnauer	1913–1939
Franz Bachbauer	1923–1933
Karl Lorber	vor 1939–ca. 1955
Johann Gahleitner	1939–1965
Hermann Knoll	1939–1975
Franz Fuchshuber	1955–1988
Ernst Galischko	1975–1984
Gerhard Laub	1984–1989
Josef Tiefenthaler	1988–2007
Franz Wittmann	1989–2000
Günther Rabengruber	2000–2001
Nikolaus Ober	2001–2002
Anton Oberansmayr	2002–2005
Eugen Emilian Ban	2005–2009
Calin Gabriel Ban	2007–2009
Siegfried Hafner	2010–2011
Ryszard Warzeszak	2010–2015
Cecilia Riccetti	2011–2012
Claudia Ines Solis-Haje	2011–2011
Horst Spannlang	2012–2015
Herbert Höfler	2014–2016
Nadine Müller	2016–2016
Regina Fürlinger	2016–2023
Katarina Mestrovic	2016–2019
Marica Kasalo	2017–2021
Monika Raguž	2019–2021
Sebastian Fürlinger	2020–2023
Karin Fürlinger	2021–2023
Mateusz K. Kadziola	seit 2023
Maria Hochreiter	seit 2023
Romana Auberger	seit 2023

Ehrenamtliche Mesner

Franz Fuchshuber
Karl Gruber
Sylvia Aufreiter
Hermann Smetana
Gerhard Schauer

Fotonachweis

Der Herausgeber hat sich bemüht, alle Bildrechte abzuklären. Bei einigen Bildern konnten die Rechteinhaber nicht ausfindig gemacht werden. Rechteinhaber werden gebeten, sich an den Herausgeber zu wenden.

Archiv der Dompfarre Linz: 73
Siegfried Adlberger: 161
Monika Aigner: 221 unten
Andreas Balon: 93, 94, 95, 97
Bundesdenkmalamt/Irene Hofer: 115, 129, 135
Diözesanarchiv Linz: 11, 13, 15, 16, 19, 23, 25, 26, 27, 56, 79, 81, 83, 85, 143, 145, 150 links, 151, 153 links, 201, 202, 204, 205, 207, 208, 209, 210, 211, 212
Diözese Linz: 51, 66, 67
Diözese Linz/Maria Appenzeller: 187, 223, 226, 227
Diözese Linz/Jack Haijes: 43
Diözese Linz/Johannes Kienberger: 47, 63, 224
Diözese Linz/Hermann Wakolbinger: 31, 59, 61, 69, 171
Diözese Linz/Erwin Wodicka: 101, 122

Nik Fleischmann: 65
FlightKinetic: Einband innen (Drohnenaufnahme)
Margit Greinöcker: 91
Richard Haidinger: 170, 217 oben
Peter Haimerl Architektur: 169
Samuel Hanner: 75
Werner Harrer: 219 unten
Dennis Herrmann: 89 oben, 89 unten
Stefanie Hinterleitner: 74
Andreas Hofer: 218 oben
Katholischer Preßverein: 141
Kirchenzeitung Diözese Linz/Heinz Niederleitner: 157, 159
Kirchenzeitung Diözese Linz/Josef Wallner: 39, 52
Elisabeth Leitner: 146
Franz Litzlbauer: 193, 195, 196
Mariendom: 225
Mariendom/Christoph Niemand: 99, 102
Robert Maybach: 177, 179, 220
Reinhold Mayr: 130, 131, 133
Klaus Mittermayr: 197
Atelier Moherndl: 147 links
Nachlass Franz Xaver Müller: 142
Christoph Neubauer: 40
Stefanie Petelin: 153 rechts
Andreas Peterl privat: 147 rechts
Pfarre Ostermiething: 37 links
Daniel Podosek: 20, 37, 116, 117, 119, 124, 125, 206
Peter Rigaud: 218 unten
Wolfgang Sachsenhofer privat: 49 links
Ulrich Schwarz, Berlin: 105, 107
Ute Sailer: 191
Schlossmuseum Freistadt: 149
The Best Kunstverlag: 155
Hermann Wakolbinger: 221 oben
Josef Wallner: 137
Gertraud Weghuber privat: 49 rechts
Volker Weihbold: Einband, 7, 8, 28, 33, 34, 45, 55, 70, 87, 108, 113, 114 rechts, 120, 121, 123, 127, 138, 148, 163, 165, 166, 172, 173, 174, 181, 194, 198, 215, 216, 228, 230, 231, 233, 234, 235
Wikimedia Commons/Andreas Praefcke: 114 links
Reinhard Winkler: 150 rechts
WKOÖ: 189
Michael Wöss: 219 unten
Franz Wurm: 77, 89 mitte
Franz Wurzinger: 217 unten

Übersicht und Klangspektren der Linzer Dom-Glocken

Glocke	1	2	3	4	5	6	7
	Immaculata	**Josefi-Glocke**	**Petrus-Glocke**	**Pilger-Glocke**	**Agnes-Glocke**	**Maximilian-Glocke**	**Michaeli-Glocke**
Gießer	A. Gugg	A. Gugg	A. Gugg	A. Gugg	A. Gugg	A. Gugg	A. Gugg
Gußjahr	1901	1901	1901	1901	1901	1901	1901
Ton	f°	a°	c1	d1	f1	a1	c2
Durchmesser	2,39 m	1,82 m	1,55 m	1,37 m	1,15 m	0,91 m	0,76 m
Gewicht	8.120 kg	9.930 kg	2.370 kg	1.640 kg	940 kg	480 kg	290 kg
Tonanalyse							
Nominal	f° +2	a° +7	c1 +8	d1 +8	f1 +4	a1 +11	c2 +10
Unterton	G -8	H +1	d° +1	e° +2	g° -4	h° +2	d1 +1
Prime (V)	e° -8	as° -4	h° -6	c1 +10	e1 -9	as1 -6	b1 +8
Terz	as° +2	c1 +8	es1 -7	f1 +9	as1 +4	c2 +11	es2 +8
Quinte (V)	d1 -9	fis1 ±0	a1 -3	h1 -2	cis2 +7	ges2 -3	as2 +12
Oktav	f1 +2	a1 +7	c2 +8	d2 +8	f2 +4	a2 +11	c3 +10

Basis a1/453 Hz, Angaben in Halbtonsechzehntel, © Siegfried Adlberger 4/2000, Quelle: Bischöfliches Ordinariat Linz/Pastoralamt, vertreten durch Bischofsvikar Willi Vieböck (2001): Jahrbuch der Diözese Linz. Linz: Veritas.

Autoren und Autorinnen

Adlberger Siegfried, Mst, geb. 1961 in Haag, Orgelbaumeister, Kirchenmusikalische Ausbildung, Glockensachverständigenausbildung an der Hochschule Heidelberg, Glockenreferent (seit 1995) und Orgelreferent (seit 1996) der Diözese Linz.

Aichern Maximilian OSB, Dr. h.c., geb. 1932 in Wien, Theologiestudium in Salzburg und Rom-Sant'Anselmo, Abt der Abtei St. Lambrecht, Abtpräses der Österreichischen Benediktinerkongregation, Diözesanbischof von Linz (1982–2005).

Auinger Sam, geb. 1956 in Linz, Prof. für Experimentelle Klanggestaltung UdK Berlin (2008–2012), Komponist und Klangkünstler. Seit 1997 immer wieder Gastprofessuren, Workshops und Lectures an verschiedenen internationalen Universitäten im Bereich Architektur, Design und Klangkunst.

Birngruber Anton, Mag., M.A., geb. 1976 in Freistadt, Studium an der Katholische Privat-Universität Linz und an der Technischen Universität Kaiserslautern, Direktor des Bischöflichen Schulamtes der Diözese Linz, Vorsitzender des Hochschulrates der Privaten Pädagogischen Hochschule Linz.

Fellinger Matthäus, Mag., geb. 1955 in Grieskirchen, Studium der Fachtheologie und Religionspädagogik in Linz und Graz, Redakteur und Chefredakteur der Kirchenzeitzung der Diözese Linz bis zur Pensionierung 2020.

Grüll Christine, Mag.[a], geb. 1972 in Linz, bis 2011 u. a. in Buchverlagen in Wien tätig (Deuticke, Christian Brandstätter, Linde, Kremayr & Scheriau), bis 2020 Redakteurin der KirchenZeitung Diözese Linz, seither Referentin im Bereich Finanzen & Verwaltung der Diözese Linz.

Hasch Brigitta, Mag.[a], geb. in Linz, Studium Sozialwirtschaft JKU Linz, Marketing in einem Industriebetrieb, Pressearbeit Werbeagentur Conquest, Redakteurin der KirchenZeitung Diözese Linz, ehrenamtlich: Öffentlichkeitsarbeit der Pfarrgemeinde Leonding-St. Michael und Jugendrotkreuz-Lesecoach.

Hintermaier Johann, Dr., geb. 1962 in Braunau, Studium in Linz, Benedikbeuern und Rom, Berufliche Stationen: Tischler, Kaplan, Spiritual, Lehrbeauftragter, Regens des Priesterseminars der Diözese Linz (2009–2018), Bischofsvikar für Bildung, Kunst und Kultur (seit 2012) und Mitglied des Linzer Domkapitels (als Domkustos für die Domkirche zuständig).

Kreuzhuber Wolfgang, Prof. Mag. Dr., geb. 1957 in Hohenzell, Studium an der Wiener Musikhochschule, Studium der Musikwissenschaft an der Universität Salzburg, Domorganist am Mariendom (seit 1982), Leiter der Orgelforschung an der Universität für Musik und darstellende Kunst Wien (2003–2021), Leitung des Konservatoriums für Kirchenmusik der Diözese Linz (1992–2022).

Lainer Günther, geb. 1969 in Linz, Tischlerlehre, Pastoralarbeiter in der Betriebsseelsorge Voest, Religionslehrer in der Berufsschule, seit 1998 freischaffender Kleinkünstler, Kabarettist und Schauspieler.

Lehner Gerold, Dr., geb. 1962 in Wels, Studium der Theologie in Basel und Wien, Lehrvikar in Linz-Urfahr, Pfarrer in Purkersdorf, Rektor des Evangelischen Predigerseminars, Superintendent der Evangelischen Kirche A.B. in Oberösterreich (seit 2005).

Leitner Elisabeth, Mag.[a], geb. 1970 in Linz, Musikgymnasium Linz (ORG der Diözese), Bruckner-Konservatorium Konzertfach (Querflöte, Klavier), Selbstständige Religionspädagogik (KU Linz), Katholische Medienakademie Wien, Kulturredakteurin Kirchenzeitung der Diözese Linz.

Luger Klaus, MMag., geb. 1960 in Linz, Studium der Geschichte und Publizistik an der Universität Salzburg sowie Sozialwissenschaften an der JKU Linz, amtierender Bürgermeister (SPÖ) der Landeshauptstadt Linz (seit 2013).

Maier Elisabeth, Mag.[a], Dr.[in], geb. 1947, Musikwissenschaftlerin und Theologin, langjährige (jetzt ehrenamtliche) Mitarbeiterin der Österreichischen Akademie der Wissenschaften mit dem Schwerpunkt Brucknerforschung, langjährige Leiterin der „Wiener Katholischen Akademie".

Menner Markus, Mag., geb. 1976 in Vöcklabruck, Studium der Theologie und Deutschen Philologie in Salzburg und Linz, Pfarrer/ Pfarrprovisor in Ostermiething, Haigermoos, Riedersbach, St. Pantaleon, St. Radegund und Tarsdorf.

Niederleitner Heinz, MMag. Dr., geb. 1978 in Linz, Studium der Publizistik- und Kommunikationswissenschaft sowie der Geschichte an der Universität Salzburg, Studium der Rechtswissenschaft an der Universität Linz, Redakteur der OÖNachrichten; Leiter der Kirchenzeitungs-Kooperationsredaktion, Chefredakteur der Kirchenzeitung der Diözese Linz (seit 2020).

Niemand Christoph, Univ.-Prof. Dr., geb. 1959 in Linz, Studium der Philosophie und Theologie an der römischen Benediktinerhochschule S. Anselmo, Professor für Neutestamentliche Bibelwissenschaft an der KTU Linz (seit 1995), Rektor der Katholischen Privat-Universität Linz (seit 2021).

Petelin Stefanie, Mag.[a], Bakk., geb. 1985, Studium der Angewandten Kulturwissenschaft mit Schwerpunkt Literaturwissenschaft und Geschichte an der Alpen-Adria-Universität Klagenfurt, Chorleiter:innenausbildung, Administratorin am Konservatorium für Kirchenmusik der Diözese Linz, Content Executive/Content Manager (Digitale Kommunikation) in der Diözese Linz.

Pühringer Josef, Dr., geb. 1949 in Linz, Studium der Rechtswissenschaften an der JKU Linz, Religionslehrer, Beamter der Oö Landesregierung (Kulturabteilung), Landeshauptmann von Oberösterreich (1995–2017).

Pühringer Maximilian (Bernhard) OPraem, Mag., geb. 1985 in Linz, 2005 Eintritt in das Stift Schlägl (Prämonstratenser Chorherren), Theologiestudium in Salzburg, 2010 Ewige Profess, 2012 Priesterweihe, Pfarrer in Oberkappel und Expositus von Neustift im Mühlkreis (seit 2016), zusätzlich Pfarradministrator in Lembach (seit 2022), zusätzlich Pfarrprovisor in Hofkirchen im Mühlkreis (seit 2023).

Putz Erna, Mag.[a], Dr.[in], Dr.[in] h. c. , geb. 1946 in Ohlsdorf, Arbeit am elterlichen Bauernhof, Seelsorgshelferin, Religionslehrerin, Redakteurin, Pfarrhaushälterin; Haupttätigkeit: Publikationen und Organisation von Gedenkveranstaltungen im Zusammenhang mit Franz und Franziska Jägerstätter sowie weiteren NS-Verfolgten.

Rohrhofer Franz X., Dr., Prof. h. c., geb. 1938 in Linz, Volksschullehrer, Jurist; Sonderschullehrer (Gleink); Institut für kirchliche Sozialforschung (Wien), Redakteur (Linzer Volksblatt des Kath. Pressvereins), Chefredakteur ORF Oberösterreich, Chefredakteur Neues Volksblatt.

Sachsenhofer Wolfgang, Dr., geb. 1942 in Linz, Bankkaufmann (1960–2004), danach Studium der Kunstwissenschaft und Philosophie an der KU Linz, Sponsion 2012 mit einer Arbeit über „Die Linzer Domkrippe und die Tradtion der Volkskunstkrippe in Oberösterreich", Promotion 2016 über den Glasmaler Josef Raukamp.

Sailer Ute, geb. 1968 in Linz, geprüfte Fremdenführerin (austriaguide), Stadtführungen mit Schwerpunkten Anton Bruckner und Musik in Linz, Adalbert Stifter, literarische Spaziergänge, Sozial- und Medizingeschichte, Frauen. Kinderführungen.

Scheuer Manfred, Dr., geb. 1955 in Haibach ob der Donau, 1980 Priesterweihe; Seelsorgetätigkeit in der Diözese Linz (1980–1985); Universitätsassistent Universität Freiburg (1985–1988); Spiritual Priesterseminar Linz (1988–1996); Universitätsprofessor für Dogmatik und Dogmengeschichte an der Theologischen Fakultät Trier (2000–2003); Bischof der Diözese Innsbruck (2003–2016); Bischof der Diözese Linz (seit 2016).

Schlager Stefan, Mag.; Th.D., geb. 1966 in Gmunden, Theologische Erwachsenenbildung und Interreligiöser Dialog (seit 1992 im Referat Theologische Erwachsenenbildung der Diözese Linz); Lektorat „Grundlagen der Ethik" an der FH Oberösterreich Campus Linz seit 2011; Autor und Lyriker.

Schultes Lothar, HR Dr., geb. 1955 in Mistelbach (NÖ.), Studium der Bildhauerei bei Wander Bertoni an der Hochschule für angewandte Kunst, Studium der Archäologie und Kunstgeschichte an der Universität Wien; OÖ. Landesmuseum Linz (1985–2020; Leiter der Sammlungen Kunst und Kunstgewerbe), Kunsthistoriker, Künstler, Autor.

Schwarz Ludwig SDB, Dr., geb. 1940 in Bratislava, Rektor des Interdiözesanen Seminars für Priesterberufe in Horn, Provinzial der österreichischen Salesianerprovinz, Professor für Latein, Griechisch und Archäologie an der Università Pontificia Salesiana in Rom, Nationaldirektor der Päpstlichen Missionswerke Österreichs, Weihbischof in Wien, Diözesanbischof von Linz (2005–2016).

Stelzer Thomas, Mag., geb. 1967 in Linz, Abgeordneter (ÖVP) zum Oberösterreichischen Landtag (1997–2015), Landesrat für Bildung, Jugend, Forschung und Personal (2015–2017), Landeshauptmann von Oberösterreich (seit 2017).

Sternbauer Irmgard, Dipl. Pass[in], geb. 1969 in Ried im Innkreis, Seminar für kirchliche Berufe in Wien (1988–1992), ab 1992 Jugendleiterin in der Pfarre Freistadt und im Jugendzentrum, Streetworkerin im Verein I.S.I., Pastoralassistentin und Pfarrassistentin in der Pfarre Freistadt, Dekanatsassistentin im Dekanat Freistadt, seit 2023 Personalreferentin im Fachbereich Seelsorger:innen in Pfarren.

Strasser Maximilian, Dr., geb. 1950 in Wels, Priesterweihe 1980, Kooperator, Religionslehrer, Pfadfinder-Kurat, Professor für Religionspädagogik an der Pädagogischen Akademie der Diözese Linz, Mitglied der Ökumenischen Kommission, Pfarrer der Dompfarre Linz (seit 1988).

Sturmbauer Rebekka, Mag.[a], geb. 1996 in Wels, Diplomstudium Katholische Theologie inkl. Religionspäd. Erweiterungsmodul an der KU Linz, Theologisches Studienjahr in Jerusalem 2018/19, Hochschulseelsorgerin in der Katholischen Hochschulgemeinde Linz (2021–2023), Religionslehrerin am Kollegium Aloisianum Linz (Schuljahr 2022/2023).

Wallner Josef, Mag., MAS, geb. 1961 in Steyr, Studium der Fachtheologie in St. Pölten, Wien und Jerusalem, Europäische Journalismusakademie an der Donauuniversität Krems, Redakreur bei der Kirchenzeitung Diözese Linz (seit 2000).

Weghuber Gertraud, geb. 1951, Hauptschullehrerin in Waldhausen, Baumgartenberg und von 1975 bis zur Pensionierung in Molln.

Windischbauer Susanne, geb. 1970 in Linz, Meisterklasse Fotografie (Linz), Lehrgang Geistliche Begleitung (Europakloster Gut Aich), Berufliche Stationen: Grafikerin, Mutter und Hausfrau, selbstständige Fotografin, Öffentlichkeitsarbeit im Europakloster Gut Aich (St. Gilgen).

Würthinger Monika, Dr.[in], geb. 1955 in Ried im Innkreis, Studium der Geschichte an der Universität Salzburg, Verlagslektorin; Archivarin am Diözesanarchiv Linz (ab 1990), Direktorin des Diözesanarchivs Linz (2012–2016).

MEHR KULTUR.
MEHR MÖGLICH.
OÖ. KULTURSOMMER
Festivals landesweit genießen
KUNST UND KULTUR ENTDECKEN
Landestheater Linz
OÖ. Landes-Kultur GmbH
OÖ. Landesmusikschulwerk
Bruckner Orchester Linz
Anton Bruckner Privatuniversität OÖ
StifterHaus
OÖ. Landesbibliothek
OÖ. Landesarchiv
Kunstsammlung des Landes OÖ
www.facebook.com/ooe.gv.at
www.instagram.com/landoberoesterreich
Foto: © www.pphilipp.com | Bezahlte Anzeige!
www.land-oberoesterreich.gv.at
Kultur
ober
österreich

Marienschwestern vom Karmel
Heilkraft im Kloster

curhaus
BAD KREUZEN · BAD MÜHLLACKEN

MUTTERHAUS UND SPIRITUELLES GESUNDHEITSZENTRUM

In unserem kleinen und feinen spirituellen Gesundheitszentrum erfahren Sie familiäre Atmosphäre, aufmerksame Zuwendung und heilsame Geborgenheit. Die Verbindung mit uns Schwestern des Mutterhauses und der Klosterkirche gibt Ihnen Raum, zur Ruhe zu kommen und einen gesunden Lebensrhythmus zu finden. Freude und Hoffnung, Trauer und Angst bringen wir im Gebet zu Gott, von dem Heil und Heilung kommt.

BEGEGNUNG VON MENSCH ZU MENSCH

Es gibt immer wieder Anlässe, Situationen und Umstände im Leben, in denen Menschen sich für ihre Nöte und Bedrängnisse verschiedenster Art, nach einer heilsamen Auszeit für ihre verwundete und erschöpfte Seele sehnen, in der die Gedanken wieder Halt und Orientierung, die Gefühle ihre Klarheit und der Geist seine Lebensquelle findet. Wir sind gerne für Sie da:

- **bei heilsamen Singrunden und Meditationsabenden**
- **bei Exerzitien und Besinnungstagen aus den Quellen der Karmelspiritualität**
- **in vertraulichen Einzelgesprächen**

Im Pesenbachtal, einem der schönsten Plätze Österreichs, finden Sie in der Natur wandernd zu innerer Ruhe, Stille, Kraft und Klarheit.

Spirituelles Gesundheitszentrum

AUSZEIT VOM ALLTAG

Fein und beseelt – so präsentiert sich das Zentrum für Gesundheit und Spiritualität am Eingang zum Naturschutzgebiet Pesenbachtal. Das Haus ist für seine Qualität im Bereich Fasten und individuelle Kurwochen und Angebote zur inneren Einkehr im Kloster bekannt.

Kloster und Gesundheitszentrum unter einem Dach. Diese Kombination, gepaart mit der Schönheit und Naturkraft des Pesenbachtals, verleiht dem Haus eine einmalige Atmosphäre. Ein idealer Ort für Ihre ganz persönliche Auszeit um seelischen Ballast abzuwerfen, zu entgiften und regenerieren. Zeit, nur für mich - Zeit für ein leichteres Lebensgefühl!

www.curhaus.at

MARIENSCHWESTERN VOM KARMEL
MUTTERHAUS | Tel. 07233 / 72 15 - 103
www.marienschwestern.at

CURHAUS BAD MÜHLLACKEN
Tel. 07233 / 72 15
badmuehllacken@marienschwestern.at

CURHAUS BAD KREUZEN
Tel. 07266 / 62 81
badkreuzen@marienschwestern.at

Anders, weil:
Nur wer an das Gute glaubt, kann selbst immer besser werden.
Oberbank
Nicht wie jede Bank
In diesen komplexen Zeiten werden Werte wie Zusammenhalt und Menschlichkeit wieder viel wichtiger.
Nur gemeinsam können wir Dinge zum Besseren wenden. Sprechen Sie mit uns, was wir für Sie Gutes tun können. Wir freuen uns schon darauf.

100 JAHRE
MARIENDOM LINZ
WIR
OBERÖSTERREICHISCHE
GLÜCKWÜNSCHER.
Der Linzer Mariendom ist ein Ruhepol und ein architektonisches Meisterwerk. Die größte Kirche Österreichs prägt die Landeshauptstadt weit über ihre Grenzen hinaus. Wir gratulieren herzlich zum 100-jährigen Jubiläum.
Oberösterreichische
www.keinesorgen.at

Raiffeisen
Oberösterreich
WIRKUNGSVOLL
Im Füreinander liegt unsere Kraft,
die Vertrauen schafft.
raiffeisen-ooe.at/wir

missio
Spendenkonto:
AT96 6000 0000 0701 5500
Verändere mit uns die Welt.
www.missio.at
Foto: STEFAN CSAKY | Agentur: IDENTUM

Führungen im Mariendom
Die größte Kirche Österreichs bei eindrucksvollen Erkundungstouren entdecken, ungewohnte Wege und Orte aufspüren und spannende Geschichten über den Mariendom Linz erfahren.
www.mariendom.at
Fotos: © Mariendom, FlightKinetic
Führungen buchbar im Domcenter am Domplatz 0732 / 946100

100 Jahre Mariendom Linz
WIR GRATULIEREN ZUM WEIHE-JUBILÄUM
HARGASSNER
HEIZTECHNIK DER ZUKUNFT
Seit 1984 ist Hargassner als Pionier von automatisierten Biomasse-Heizungen bestrebt, den Kunden als zuverlässiger Partner zur Seite zu stehen. Mittlerweile sind wir zu einem international erfolgreichen Unternehmen mit hohem Innovationsgeist gewachsen.
Optimaler Heizkomfort
Energiesparend & kostensenkend
Komplettanbieter
Maßgeschneiderte Lösungen aus einer Hand
40 Jahre Erfahrung
Hohe Qualität & innovative Heiztechnik
HARGASSNER
HARGASSNER
HARGASSNER
40 JAHRE PELLET- | STÜCKHOLZ- | HACKGUT-HEIZUNGEN
hargassner.com

BILDUNGSHAUS SCHLOSS PUCHBERG
Begegnung, die begeistert
UNSER ANGEBOT
Spiritualität / Theologie / Philosophie
Gesellschaft / Umwelt / Kommunikation
Partnerschaft / Familie / Kinder
Psychologie / Gesundheit / Pädagogik
Kunst / Kreativität
Exkursionen / Reisen / Pilgern
Kostenloses Kursprogramm und Newsletter
jetzt bestellen unter www.schlosspuchberg.at
Bildungshaus
Schloss Puchberg
Puchberg 1, A-4600 Wels
puchberg@dioezese-linz.at
www.schlosspuchberg.at

Geschenke
AN DIE SINNE
AUS UNSERER
MANUFAKTUR
von Meisterhand
gefertigt!
MARC CHOCOLATIER
HAUTE CUVÉE
LINZER TORTE
in drei Größen,
jede handgefertigt &
ein Original!
HIMMLISCHE MACARONS
in zwölf
unwiderstehlich knusprig-
cremigen Sorten!
AM „PLACE DU CHOCOLAT" IN LINZ
Harrachstraße 4 · OK-Platz · 0732 77 54 61 · www.marc-chocolatier.at ·

Wir schaffen Raum
für Menschen
Wohnanlage Wohnen am Park, Haid / Oberösterreich
ELAG
ELAG Immobilien AG
Wer nachhaltig innovative Immobilien entwickelt, muss nicht nur an heute, sondern auch an morgen denken. Die ELAG schafft Lebensqualität für Generationen.
Ein Auszug aus unseren aktuellen Bauprojekten:
Linz St. Severin, Lederergasse 50
34 Mietwohnungen, voraussichtlicher Bezugstermin April 2025
www.elag.at

POWER
IN MOTION
FELBERMAYR GRATULIERT ZUM 100-JÄHRIGEN JUBILÄUM
FELBERMAYR®
www.felbermayr.cc

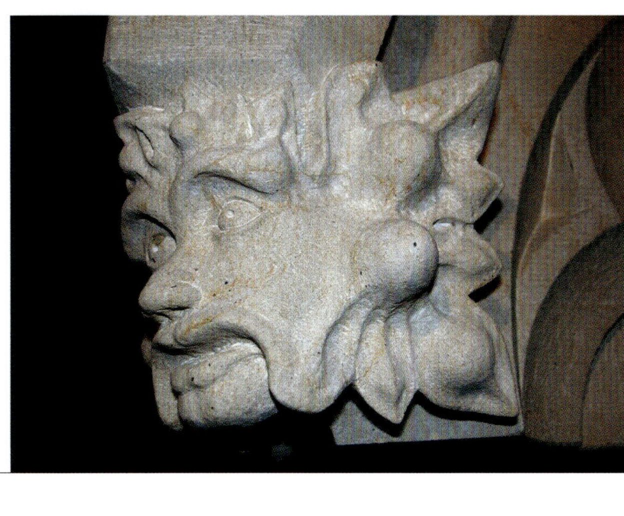

GRATULATION –
„Lieber Mariendom! Du warst schon auf dem Titelblatt unserer allerersten Ausgabe im Jahr 1945. Die Jahre zogen ins Land, aber Du bliebst fester Bestandteil unserer Berichterstattung. Als Dein Vertreter kommentiert zudem der Domspatz bei uns jede Woche das Weltgeschehen auf seine ganz spezielle Weise.
In herzlicher Verbundenheit wünschen wir Dir deshalb zum Jubiläum alles Gute. Ad multos annos!“
Dein Team der Kirchenzeitung
KIRCHEN
DIÖZESE LINZ
ZEITUNG
100

READY TO RACE
Motohall
DIE WELT VON KTM
BESUCHE DIE WELT DER SIEGER
www.ktm-motohall.com // @ktmmotohall // #KTMMotohall // + 43 7742 6000 1953
KTM

50 Jahre
Bruckerhaus Linz
200. Geburtstag
von Anton Bruckner
Jetzt das Programm
online durchblättern!
brucknerhaus.at/ab2024
BRUCKNER
HAUSLINZ

JETZT
FÖRDERUNG
BEANTRAGEN
GRÜN STATT GRAU:
MEHR PLATZ FÜR BODEN
Bezahlte Anzeige
Bildquelle: Fotomontage (fiktiver Ort)
Werden Flächen entsiegelt und die natürliche Bodenfunktion wiederhergestellt, hat das Vorteile fürs lokale Klima, den Wasserhaushalt und die Artenvielfalt.
Das Land OÖ fördert Entsiegelungsprojekte ab 100 m² mit mindestens 30 Euro/m².
Alle Infos & weitere Förderungen auf
ooe.gv.at/entsiegeln
Eine Initiative des
Landesrates für Umwelt & Klima
ober
österreich

Anton Bruckner hat Geburtstag. Seinen Zweihundertsten. Bad Ischl und das Salzkammergut sind Kulturhauptstadt Europas. Und alle feiern mit. 2024 wird ein Kulturjahr voller einzigartiger Ereignisse. Aber das ist noch lange nicht alles. Kultururlaub in Oberösterreich ist noch viel mehr. Es ist ein echtes Erlebnis. 2024 ist unser Super-Kulturjahr.
FÜR ALLE ALLE.
ALLE ALLE! KULTUR
Laut. Echt. Verbindend.
kultururlaub.at
salz kammer gut 2024
European Capital of Culture Bad Ischl Salzkammergut
anton bruckner 2024
ab 200jahre
ober österreich

nachrichten.at
OÖNachrichten
Nr. 01 | UNABHÄNGIG | WWW.NACHRICHTEN.AT
Wir gratulieren zu 100 Jahren Mariendom!
REICHLUNDPARTNER

GREIL
DENKMALSCHUTZ GERÜSTLOS
www.kirchturm.at
Greil Reinhard GmbH, 9991 Dölsach, Tiroler Straße 2
Tel. +43 4852 69730 · Mobil +43 664 2638705
E-mail: greil@kirchturm.at

WIR SORGEN FÜR
ENERGIE, SICHERHEIT
UND KOMFORT.
HAINZL
GEBÄUDETECHNIK
www.hainzl.at

Hueck Folien
Spezialist für Folienbeschichtung
Partner für überlegene Lösungen und höchste Ansprüche
hueck-folien.com

Wir gratulieren zu 100 Jahren Mariendom!
Ihr Malermeister und Bodenleger
JEDINGERhandwerk

GUTES VOM BAUERNHOF-
BETRIEBE
BIETEN HÖCHSTE QUALITÄT
GUTES VOM BAUERNHOF
REGIONALITÄT
Wirkliche Regionalität spielt sich am BAUERNHOF VOR ORT ab.
EINKÄUFE vor Ort stehen für:
■ Frische
■ Kurze Transportwege
■ Saisonales Prokuktangebot
■ Gesicherte Arbeitsplätze
ERFAHRUNGEN vor Ort:
■ Wissenswertes über die Produktion
■ Persönliche Beziehung zur Bäuerin/zum Bauer
Warum Lebensmittel um die halbe Welt transportieren, wenn gute Produkte so einfach und regional zu erwerben sind?
www.gutesvombauernhof.at
APP Schmankerl-Navi
lk Landwirtschaftskammer Oberösterreich
© Julian Qurchmair
© LK OÖ/Hötzendorfer

HOLZBAU
Nachhaltig, lebenswert, stabil
Geplant, gebaut vom Holzbau-Meister
LANDESRÄTIN
DER OÖ REGIONEN
ober österreich

LAWOG
Unsere freien Mietobjekte finden Sie hier:
GEMEINNÜTZIGE
BAUVEREINIGUNGEN
OBERÖSTERREICH
ober österreich
LAWOG | eingetr. Genossenschaft m.b.H.
Garnisonstraße 22, 4021 Linz, Tel.: +43 732 9396
www.lawog.at | office@lawog.at

Brems dich ein!
Mit einem professionellen Fahrsicherheitstraining
Fordern Sie Ihren Gutschein gleich hier an:
www.fahrsicherheitstraining.ooe.gv.at
Infrastruktur
ober österreich

PERNER SCHÄRDING
ALLES FÜR DEN GLOCKENTURM
Glocken, Uhren und Zubehör
Service in ganz Österreich in Ihrer Nähe
Glockenguss im Familienunternehmen seit ca. 400 Jahren
Die Glocken im MARIENDOM LINZ läuten seit 1970 mit PERNER-Technik
- Umbau 2023/2024 -
PERNER GLOCKEN UND UHREN GMBH
Innbruckstraße 15 4780 Schärding Telefon: 07712 2491
E-Mail info@glocken-perner.at Website: www.glocken-perner.at

Architekten ZT GmbH
stögmüller
www.stoeg.at
ARCHITEKTUR VERBINDET MENSCHEN

metall werkstätten GmbH
PÖTTINGER
ALU
STAHL
NIRO
SCHMIEDE
GLAS
INFO: 07734/34111
SCHÜCO
office@poettinger-metall.at
www.poettinger-metall.at
Obertrattnach 131
A-4715 Taufkirchen/Trattnach

W.STADLER GmbH
SPENGLERMEISTERBETRIEB
Qualität und Erfahrung seit über 60 Jahren!
www.stadler.at
ROOFSEC
Für ein dichtes Flachdach

Romanische Krypta
Gotische Stiftskirche
Haus der Impulse
Gartenanlagen
Stiftsbrauerei
Haus der Ruhe
Wanderwege
Stiftsausstellung
Hochficht
Bibliothek
Stift Schlägl
immer eine Reise wert!

DAS
BAROCKJUWEL
STIFT
ST. FLORIAN
TÄGLICHE FÜHRUNGEN Mai bis Oktober um 11, 13 und 15 Uhr
Gruppen jederzeit gegen Voranmeldung!
HÖRERLEBNIS BRUCKNERORGEL Live-Orgelkonzert an der Brucknerorgel von Mai bis Oktober, täglich außer Dienstag und Samstag, um 14.30 Uhr in der Stiftsbasilika
Dauer ca. 25 Minuten
• Konzerte • Seminarzentrum • Klosterladen
• Gästehaus • Hochzeitslocation
Wir freuen uns auf Ihren Besuch!
Stiftstraße 1, 4490 St. Florian | +43 7224 8902-12
info@stift-st-florian.at | stift-st-florian.at
STIFT
ST FLORIAN

STIFT WILHERING
Zisterzienserstift Wilhering
KULTUR, NATUR UND RELIGION
ZWISCHEN DONAU UND KÜRNBERGER WALD
Gegründet 1146, lädt das Stift mit seiner einzigartigen ROKOKOKIRCHE, dem STIFTSPARK und dem 2018 neugestalteten INNENHOF sowie dem MUSEUM mit kleinem CAFÉ und SHOP zum Verweilen und Innehalten ein.
FÜHRUNGEN GEGEN VORANMELDUNG:
+43 7226 2311-12
WWW.STIFTWILHERING.AT

Stift Kremsmünster
KLÖSTERLICHE
TRADITION seit 777
• Bibliothek •
• Fischkalter •
• Tassilo-Liutpirc-Kelch •
• Kunstsammlungen •
• Sternwarte • Feigenhaus •
• • •
www.stift-kremsmuenster.at

www.studentenwerk.at
OBERÖSTERREICHISCHES STUDENTENWERK
MEIN NEUES ZUHAUSE TEILE ICH MIT 2.000 FREUNDEN.
In den Schüler- und Studentenheimen des OÖ. Studentenwerks fühlt man sich sofort zuhause. Wir legen großen Wert auf ein gemeinschaftliches Miteinander der 2.000 Bewohner. Ob beim gemeinsamen Essen, oder bei den vielen Sport- und Freizeitangeboten – in unseren Heimen herrscht eine freundliche, familiäre Atmosphäre.
SCHÜLER- UND STUDENTENHEIMPLÄTZE DES OÖ. STUDENTENWERKS
INT. STUDENTENZENTRUM JULIUS RAAB / LINZ
STUDENTENHEIM HAGENBERG
SCHÜLERINTERNAT BAD LEONFELDEN
SCHÜLERINTERNAT BAD ISCHL

t. TRAUNER
Bildung, die begeistert!
75 JAHRE

Unsere Betriebe sichern die Arbeitsplätze in der Region!
ALLES UNTERNEHMEN.
WKO
WIRTSCHAFTSKAMMER OBERÖSTERREICH

Teufelberger
100 Jahre Mariendom
Ein Wahrzeichen feiert Geburtstag und Teufelberger gratuliert
www.teufelberger.com